Ouvrage publié pour la première fois en Grande-Bretagne en 1998 sous le titre *The Encyclopedia of the Horse* par Hamlyn Octopus, une division du groupe Octopus Publishing Group Ltd
2-4 Heron Quays, Docklands, London E14 4JP

Traduction : Christine Chareyre, Catherine Ludet

Consultation et relecture technique : Frédéric Chéhu

Suivi éditorial : SARBACANE, Marie-Hélène Albertini

ISBN : 2-84550-052-1
N° d'éditeur : 84550

Imprimé en Chine
Achevé d'imprimer : août 2000
Dépôt légal : octobre 2000

L'éditeur tient à remercier les Haras nationaux qui ont aidé à la réalisation de cet ouvrage.

Sous la direction d'Elizabeth Peplow

L'encyclopédie du CHEVAL

Préface de Frédéric Chéhu

Sommaire

Chapitre I :
L'évolution du cheval

Chapitre II :
Les races dans le monde

Chapitre III :
Les sports et loisirs équestres

Chapitre IV :
Physiologie, comportement et soins

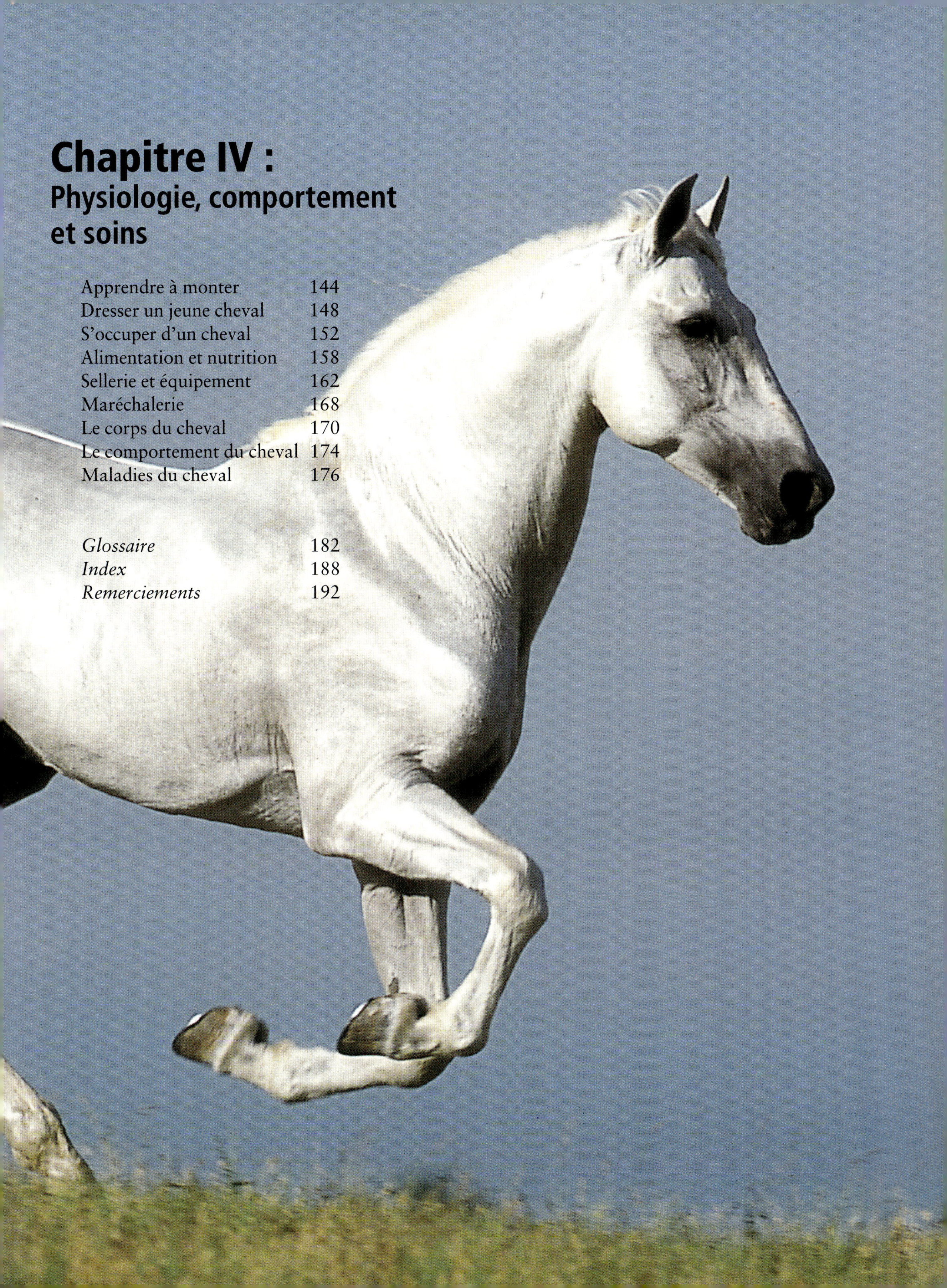

Préface

par Frédéric Chéhu

Pour moi, le cheval est autant une passion qu'un mode de vie. C'est à dessein que je n'écris pas l'« équitation », mais le « cheval ». Car dans ce sport, c'est l'animal lui-même qui fascine, plus que la technique qui permet de le chevaucher. Le plaisir commence par l'observation des équidés, au pré. Leurs ébats, leur grâce, leur gentillesse sont autant de voluptés pour l'amateur averti. Une fois le cheval capturé, il se transforme en gros bébé qu'il faut prendre en charge. C'est sans doute la raison pour laquelle les filles excellent dans les multiples soins qu'il faut alors lui prodiguer : pansage, entretien de la litière, soin des pieds, harnachement, douche, etc. En équitation, le moment que l'on passe sur le dos de l'animal n'est que la cerise sur le gâteau : un gâteau constitué pour l'essentiel d'une relation d'amitié et de proximité entre le quadrupède et le bipède.

Certains équitants se contentent d'acquérir l'assiette et la maîtrise qui permettent d'évoluer à cheval. Ils s'imaginent que les séances de tapecul, de multiples leçons et stages suffisent à faire d'eux de véritables hommes de cheval. Ils se trompent, car on peut être bon cavalier sans jamais parvenir au statut d'homme de cheval, tout comme on peut être un homme de cheval en ne sachant pas bien monter à cheval. Pour devenir centaure, il faut non seulement passer des heures en selle, mais également apprendre à connaître le cheval à pied. Il faut s'en faire un ami et conquérir sa confiance... bref, cumuler le travail du groom et celui du jockey. Il n'y a qu'en passant autant de temps à côté de sa monture que sur son dos que l'on bâtit une véritable complicité entre humain et équin.

Pour mieux comprendre cet « alien » qu'est le cheval, il faut aussi lire de nombreux ouvrages et apprendre par compagnonnage auprès de « maîtres » équestres.

Voilà pourquoi l'équitation n'est pas un sport comme les autres et nécessite un changement de mode de vie pour celui qui en attrape le virus. C'est aussi pourquoi la pratique de ce sport est plus enrichissante que celle de tous les autres !

Frédéric Chéhu

Les chevaux ont tant à nous donner : David Broome et Llanegan à La Baule, en 1991.

Introduction

par Elizabeth Peplow

Heureux ceux qui, en guise de passe-temps, choisissent le cheval de préférence au golf, à la navigation, à la bicyclette ou au tennis. Quel que soit le type de relation que vous entretenez avec cet animal, que vous montiez une fois tous les quinze jours, dans votre club, que vous regardiez les courses à la télévision, que vous possédiez un cheval ou que votre travail en dépende, vous entreteniez un lien avec une espèce née il y a plusieurs millions d'années. Il peut sembler excessif de vouloir se trouver des points communs avec les anciens cavaliers de Mongolie, mais la prochaine fois que vous monterez à cheval, pensez à cela. Si l'on met de côté certains raffinements d'élevage, le cheval actuel est relativement le même qu'auparavant et partage les instincts et les élans de ses frères des steppes.

Sur le dos de votre cheval, vous pouvez oublier les téléphones mobiles et les fax. Privés de tous les moyens nouveaux de communication, vous êtes muni d'outils identiques à ceux des anciens guerriers. Ainsi que le dit le champion David Broome, la communication avec le cheval illustre la rencontre de deux esprits ; lorsqu'elle se révèle de qualité rare, elle peut même atteindre la dimension d'un art complexe, fondé sur d'immenses ressources d'intuition, de persuasion et de sympathie.

Avancer un peu dans la connaissance du cheval revient à découvrir l'étendue de ce qu'il nous reste encore à connaître. Ce livre est destiné à tous ceux qui se sont embarqués dans ce voyage.

Les chevaux fascinent l'homme depuis des siècles – ceux-ci, peints 15 000 ans av. J.-C. dansent pour l'éternité dans la grotte de Lascaux, en Dordogne.

Chapitre I :
L'**évolution** du cheval

LE CHEVAL PRÉ-DOMESTIQUE

Ci-contre : *Mustangs sauvages dans le Nevada, aux États-Unis. Ce cheval descend de l'Andalou, introduit en Amérique par les conquistadores, au XVIe siècle.*

Jusqu'à la fin du XVIIIe siècle, deux sous-espèces de chevaux sauvages, *Equus ferus*, existaient en Europe et en Asie : le Tarpan, en Europe de l'Est et dans les steppes russes, et le cheval sauvage de Mongolie, ou cheval de Przewalski (*cf.* p. 82), en Mongolie. Ces chevaux étaient un vestige des vastes populations d'équidés sauvages qui avaient peuplé la presque totalité de l'Europe, de l'Asie et de l'Amérique du Nord à la fin de l'ère glaciaire, il y a 12 000 ans. À cette période, quelques poulains furent peut-être domestiqués par des humains, mais les chevaux étaient beaucoup plus fréquemment mangés que montés. Le cheval sauvage devint de plus en plus rare – sur les sites archéologiques d'Europe remontant à 9 000 ans ou moins, ses restes sont très peu fréquents ; en Amérique du Nord, il disparut complètement.

Des os de chevaux datant de 6000 ans av. J.-C. commencent à apparaître dans des contextes culturels qui indiquent l'existence de la domestication. Les vestiges les plus authentiques proviennent de sites archéologiques du néolithique, en Asie centrale, tel celui de Dereivka, sur le Dniepr, où des restes en partie fossilisés révèlent une exploitation spécialisée du cheval par l'être humain. Les étalons étaient probablement tués pour leur viande, les juments fournissaient peut-être du lait et les deux étaient sans doute utilisés en tant qu'animaux de trait. Jusqu'à une époque récente, les archéologues croyaient en général qu'il n'existait pas de témoignages de monte du cheval jusqu'à environ 1000 ans av. J.-C. On sait cependant que certains des chevaux de Dereivka étaient attelés ou montés avec une bride et un mors : une usure anormale apparaît sur la prémolaire des squelettes enterrés, auprès desquels ont aussi été découverts six fourchons perforés de bois de cerf – qui servaient probablement de mors de bride.

On a suggéré que la domestication du cheval était survenue à cette époque car elle permettait aux populations humaines de plus en plus importantes de s'éloigner des vallées des fleuves et des rivières – trop déboisées et surpeuplées de chasseurs – pour pénétrer à l'intérieur des steppes, où les chevaux sauvages offraient une ressource nouvelle. Il est toutefois extrêmement difficile de confirmer le lieu et l'époque de la première domestication équine, bien que de nouveaux témoignages nous soient en permanence livrés par la datation et l'étude ostéologique (les squelettes et les os) du matériel mis au jour.

Ci-dessus : *Le poney Caspien, ancêtre supposé de l'Arabe et de quelques chevaux apparentés, que l'on trouve surtout en Perse, est la race la plus ancienne existante après le cheval de Przewalski.*

Vers 2000 av. J.-C., alors que les chevaux sauvages continuaient à être poussés dans leurs refuges de l'Est en raison de la perte d'habitat des humains, des changements de climats et de la chasse, les chevaux domestiques commencèrent à se répandre dans l'Ancien Monde, probablement issus, pour la plupart, d'une région située au nord de la mer Caspienne. On peut penser que des spécimens appartenant aux troupes de chevaux sauvages affaiblies d'Europe furent soumis à une domestication locale.

Depuis les temps anciens, il existe différentes formes de chevaux domestiques : les petits poneys trapus des régions froides du Nord, les chevaux lourds du centre de l'Europe, et les Arabes aux jambes fines des régions chaudes du Sud. Pourtant, les analyses biologiques, moléculaires et picturales indiquent que tous les chevaux passés et présents dérivent d'une unique espèce ancestrale, l'*Equus ferus*. La division de chevaux en types « sang froid » et « sang chaud » reflète simplement l'adaptation des espèces à différentes régions climatiques ; ces termes n'ont en réalité aucune valeur scientifique. Tous les chevaux ont la même température interne et toutes les races peuvent s'accoupler entre elles et engendrer une progéniture.

En dépit des grandes variations de couleurs de robe constatées chez les chevaux, on voit sporadiquement apparaître une bande sombre le long de l'arête dorsale, accompagnée de rayures sur les épaules et sur les antérieurs chez différentes races issues de pays aussi distants l'un de l'autre que la Grande-Bretagne et la Chine. Ces rayures, qui existent le plus souvent chez les poneys à la robe louvet, représentent probablement – à l'instar du « nez de renard » du Fjord (*cf.* p. 90) – une réversion au type primitif. Charles Darwin pensait que tous les chevaux domestiques descendaient d'« un unique animal primitif, de couleur brun grisâtre, plus ou moins rayé, auquel ils retournaient parfois ». Cette conclusion semble difficile à infirmer aujourd'hui.

Ci-dessus et ci-contre :
Le cheval de Przewalski, ou cheval sauvage asiatique, est le seul spécimen « primitif » à survivre sous sa forme originelle. Quelques troupes élevées en captivité ont été réintroduites dans leur habitat naturel, en Mongolie.

LA DOMESTICATION ET LES PREMIERS HOMMES DE CHEVAL

L'IMPACT DE LA PREMIÈRE domestication du cheval sur la société humaine fut sans doute aussi profond que celui de l'invention du moteur à vapeur ; pourtant, nous ignorons presque tout des circonstances, de l'époque et du lieu où elle se produisit. La mobilité accrue offerte par le cheval permettait aux êtres humains de se rendre plus loin, plus vite, et de transporter davantage de matériel. Ils pouvaient exploiter des terres plus vastes, entretenir des familles plus nombreuses, augmenter leurs contacts commerciaux et s'installer dans des régions auparavant inhabitables. Un homme à pied ne pouvant rivaliser avec un homme à cheval, les implications militaires de la domestication équine furent sans doute révolutionnaires. John C. Ewers montra à quel point l'introduction du cheval en Amérique du Nord transforma la culture des Indiens Pieds-Noirs. La première domestication en Eurasie centrale ne fut sans doute pas moins lourde de conséquences. Pourtant, jusqu'à une époque récente, cette question suscita peu d'intérêt.

Les chevaux sauvages, particulièrement les poulains, peuvent être capturés, apprivoisés et, en tant que tels, être montés, attelés, abattus et même mangés sans avoir été domestiqués. Les peuples aborigènes du monde entier apprivoisent toutes sortes d'animaux sauvages pour s'amuser. Nous n'avons nulle raison de penser que ce ne fut pas le cas de nos ancêtres. Lorsque le besoin du cheval se fit sentir, l'apprivoisement fut sans doute le premier pas vers la domestication. Bien que celle-ci soit couramment définie comme l'élevage contrôlé de plantes ou d'animaux par les êtres humains, sa particularité réside dans le fait qu'elle implique une notion de possession et aboutit à un niveau d'engagement particulier. Les conséquences sociales et économiques de l'apprivoisement à l'époque étaient, sans doute, de portée locale, et disparaissaient avec la mort de l'animal concerné – alors que les répercussions de la domestication atteignaient la société entière. Nous ne cherchons pas simplement à découvrir si les chevaux servaient de montures, d'animaux de trait, de fournisseurs de lait ou de viande dans les vestiges archéologiques ; nous cherchons des témoignages de l'élevage des chevaux, à ce jour, transparents sur le plan archéologique. Tentons d'approcher cette question en examinant par exemple la structure de la population et le contexte archéologique.

L'exploitation du cheval au paléolithique

Il n'existe pas de preuve évidente que les chevaux furent apprivoisés ou domestiqués au paléolithique. Paul Bahn a avancé des arguments anatomiques et iconographiques soutenant cette théorie, mais ils ne sont pas confirmés par les vestiges dont nous disposons. D'une part, le témoignage de l'art rupestre est inéluctablement ambigu. D'autre part, les anomalies dentaires décrites par Bahn comme étant issues de blessures par le mors, ou du frottement contre une sangle, pourraient plus facilement être expliquées par la morsure d'écorce fréquente, par une occlusion anormale ou par la perte accidentelle d'un fragment de dent. En outre, l'intégrité stratigraphique des sites mis au jour au tournant du siècle est douteuse.

Tout cela ne prouve pas que les chevaux ne servirent jamais de montures au paléolithique, ou qu'ils ne furent pas domestiqués ; cela signifie seulement que les preuves nous manquent pour l'affirmer. En revanche, nous avons des indices concluants, basés sur des analyses comparatives de sites récemment mis au jour – incluant Solutré, Feldkirchen-Gönnersdorft, Combe Grenal et Pech de l'Azé – indiquant que tout au long du paléolithique moyen et supérieur, les chevaux furent chassés en Europe occidentale.

Les débuts de l'élevage du cheval

Les chevaux apparaissent rarement sur les sites archéologiques datant du mésolithique et du néolithique. On en a déduit qu'ils ne pouvaient pas avoir été domestiqués durant ces périodes. En revanche, un nombre relativement important d'os et de dents équins ont été retrouvés sur des sites du chalcolithique (ou de l'énéolithique), dans la steppe eurasiatique centrale. Bien que d'autres informations, telles que la morphologie des dents, la structure de la population, la représentation d'éléments anatomiques et des distinctions taxonomiques basées sur des mesures soient considérées comme des preuves de la domestication du cheval, la seule confirmation réelle jusqu'à maintenant est celle fournie par la présence croissante de restes de chevaux. Jusqu'à une époque récente, les méthodologies employées pour interpréter les données se sont révélées plus qu'imparfaites – cette constatation ne vise pas à critiquer la science passée, mais plutôt à reconnaître que les techniques d'analyse de l'archéologie ont considérablement évolué ces dernières années.

Dereivka, lieu d'habitation énéolithique, constitue un élément central pour traiter la question de la domestication du cheval. Situé sur un affluent du Dniepr, en Ukraine, il abrite des vestiges remontant à une période comprise entre 4570 et 3380 av. J.-C. (Sredni Stog, Phase IIa). Mis au jour par D.Y. Telegin (Institut d'Archéologie de Kiev), entre 1960 et 1983, ce site semble nous livrer le témoignage le plus lointain de la domestication du cheval – illustré par ce qui est décrit comme un mors de bride – ce qui invite à penser que les chevaux étaient élevés à cet endroit d'abord pour leur viande, ensuite comme montures.

La structure méthodologique utilisée pour parvenir à ces conclusions a été celle que nous avons décrite, conventionnelle mais peu fiable. Les critères utilisés comme indices probants sont les suivants : (1) l'absence de chevaux âgés, (2) la présence d'une forte proportion de crânes de mâles, (3) la présence d'objets identifiés comme des mors de bride, (4) les résultats d'une analyse morphologique comparant le cheval de Dereivka à d'autres restes d'équidés, (5) l'étude de l'association de restes de chevaux avec ceux d'autres animaux domestiqués – bovins, moutons, chèvres, cochons et chiens – et (6) le pourcentage relativement élevé d'os et de dents de chevaux dans les vestiges.

Ci-contre : *Fragment d'un bas-relief représentant un attelage et des chariots, trouvé en Égypte et datant de 1352-1336 av. J.-C.*
Page de gauche : *Les chevaux sont présents dans l'art égyptien. Cette scène, peinte sur le côté d'un cercueil de Toutankhamon, fut trouvée dans la Vallée des Rois.*

Ci-dessus : *Cavaliers grecs. Ces deux jeunes à cheval qui se préparent à rejoindre une procession, sont représentés sur une frise du Parthénon.*

Ci-contre : *Célébration de l'équitation. Cette représentation du dressage équestre en Inde remonte au XVIIe siècle.*

Ci-contre : *Pour les gardiens de troupeaux Kabardin du Caucase, en Europe orientale, les chevaux sont les piliers d'un mode de vie traditionnel.*

Ci-contre : *Instinct grégaire. Les chevaux sauvages errent en bandes et n'aiment pas être séparés de leurs pairs.*

Ci-contre : *On suppose communément que la domestication du cheval a débuté et évolué dans la steppe.*

Si l'on se base sur des comparaisons éthologiques, ethnographiques et archéologiques, l'absence d'individus âgés serait liée à la chasse plutôt qu'à l'élevage. Le nombre de mâles serait supérieur à celui des femelles si des mâles isolés ou des étalons protégeant leur harem étaient pourchassés. Le mors de bride n'en était peut-être pas un. L'étude morphologique, portant sur des échantillons très petits et disparates, ont produit des résultats contradictoires. L'association de restes de chevaux avec ceux d'autres animaux domestiques n'est pas une preuve de la domestication du cheval, car ces restes sont également associés avec ceux d'animaux sauvages. En réalité, le critère le plus important en faveur de la théorie de l'élevage est la proportion relativement élevée d'os et de dents de chevaux rassemblés ; mais cette évolution apparente pourrait aussi résulter d'un accroissement de la chasse à cet endroit.

La réévaluation des données effectuée par M.A. Levine, quant à la structure de la population, indique que la grande majorité des chevaux de Dereivka fut tuée à la chasse. La possibilité selon laquelle ces animaux servirent de montures fut appuyée par un article de D.W. Anthony et D.R. Brown, dans lequel ces auteurs décrivaient les signes d'usure sur les dents à partir d'un enterrement rituel de têtes et de sabots. Cependant, une datation au carbone récente du crâne concerné, qui remonte à 3000 av. J.-C, montre qu'il s'agit presque certainement d'une intrusion de l'âge du bronze sur ce site ; les travaux de Y.Y. Rassamakin confirment que de grandes perturbations eurent lieu à cet endroit. En d'autres termes, il n'existe pas de preuves certaines d'élevage de chevaux à Dereivka. Anthony et Brown affirmèrent également avoir découvert un signe d'usure dû au mors sur un petit échantillon de dent découvert à Botai, site énéolithique qui remonte à environ 3500 av. J.-C., situé au nord du Kazakhstan. Près de 99 % des centaines de milliers d'os et de dents découverts sur ces lieux proviennent de chevaux. L'analyse de la structure de la dent suggère que, comme à Dereivka, la plupart des chevaux de Botai étaient sauvages. Si Anthony et Brown ont raison, il est possible que des chevaux apprivoisés ou domestiqués aient été utilisés pour chasser leurs congénères sauvages, fournisseurs de viande.

Le développement de l'élevage

Notre compréhension de l'élevage à ses débuts souffre tout autant des méthodologies obsolètes que celle des débuts de la domestication. Il semble néanmoins clair que la période de transition entre l'âge du cuivre et l'âge du bronze fut caractérisée par des changements sociaux et économiques importants : un commerce accru, le développement de la hiérarchie sociale, des changements probables de tenures, peut-être liés à une société moins égalitaire – évolutions qui seraient survenues parallèlement à l'importance croissante de la domestication équine.

Après le début de l'âge du bronze, les chevaux ne furent plus exterminés en grand nombre, mais leur vaste distribution à travers l'Europe et leur inhumation à des funérailles de grand prestige ne laissent aucun doute sur leur importance. Puis, au cours de la première moitié du second millénaire av. J.-C., une série de conquêtes par des hommes conduisant des chariots secoua l'Ancien Monde, entraînant dans leur sillage des changements sociaux, économiques, militaires et politiques. Ils appartenaient tous à des fédérations aristocratiques, féodales de nature, dans lesquelles les chevaux jouaient un rôle capital.

Tout au long des millénaires suivants, les régimes politiques munis de chevaux purent accroître l'envergure de leurs conquêtes, englobant des étendues géographiques de plus en plus grandes. Au cours du premier millénaire av. J.-C., les tribus de cavaliers des deux Scythies, européenne et asiatique, assirent leur contrôle de l'Eurasie centrale, des Carpates à la Mongolie. La machine militaire dominée par le cheval atteignit son apogée au cours des XIIIe et XIVe siècles, sous l'empire Mongol qui envahit la zone continue la plus grande de l'histoire – s'étendant de la Hongrie à la Corée. À la guerre, le cheval représenta le plus grand instrument de destruction jusqu'à l'invention de la poudre, c'est-à-dire jusqu'à environ 1500, où il fut surpassé par les armes à feu. Ce schéma se reproduisit dans les Amériques, où le pouvoir conféré au cheval et la terreur qu'il inspirait jouèrent un rôle crucial dans les conquêtes européennes. L'acquisition de cet animal par les indigènes du Nouveau Monde transforma leurs propres sociétés suivant un processus qui évoque les débuts de l'élevage des chevaux en Eurasie – le développement de structures sociales moins égalitaires et plus hiérarchisées et l'exploitation croissante de zones écologiques autrefois marginales.

Nouvelles orientations

Bien que des progrès aient été effectués dans l'étude de l'évolution de l'élevage équin, toutes les grandes questions concernant les débuts de la domestication et sa diffusion restent posées.

Il semble que vers la période comprise entre 3500 et 3000 av. J -C., le cheval ait été soit apprivoisé, soit domestiqué pour être monté dans la steppe eurasiatique. Aucune autre région n'a été suffisamment étudiée pour que nous sachions si ce comportement était répandu ; ou s'est révélé plus tôt ailleurs ; ou est apparu dans un seul lieu, voire plusieurs lieux différents. Des recherches sont effectuées actuellement dans la steppe comme dans la steppe forestière, mais il faudrait également mener ces études dans les régions voisines des Carpates et du Caucase, sur la côte de la mer Noire et, si possible, encore plus à l'ouest. Les deux suppositions majeures – la domestication du cheval est née dans la steppe ; et elle est née d'une communauté agricole sédentaire – ont besoin d'être mises à l'épreuve.

Le problème de l'évolution du rang social en Europe a fait l'objet d'un débat prolongé, sans que le cheval ait été sérieusement pris en compte. Il nous faut rassembler des données qui nous permettront de mieux comprendre les liens entre l'expansion géographique de l'élevage du cheval, l'évolution du commerce et des combats ainsi que la distribution différentielle de la richesse et du pouvoir.

Ci-contre : *Pendant la période comprise entre 4500 et 3400 av. J.-C., le cheval fut domestiqué pour être monté en Ukraine. Des recherches sur les débuts de l'élevage sont également poursuivies dans le Caucase.*

L'ÉVOLUTION DE L'ÉQUITATION CLASSIQUE

Ci-dessus : *Xénophon, soldat et historien grec, posa les fondements de l'art équestre classique toujours en usage aujourd'hui.*

Les premiers indices d'hommes montant des chevaux remontent à 1600 av. J.-C., mais ce fut Xénophon, général de cavalerie grec, né à Athènes en 430 av. J.-C. qui posa les jalons de l'équitation classique. Ses deux livres, *De l'Équitation* et *L'Hipparque*, sont une mine d'informations sur une façon de monter qui allait former la base de l'équitation classique, encore appliquée aujourd'hui. Le grand handicap de Xénophon, lorsqu'il s'efforçait de repousser la charge de l'ennemi, était l'absence de selle. Il fallut attendre l'apparition de cette dernière (*cf.* p. 25) pour changer le cours du combat à cheval.

Le Moyen Âge marqua l'avènement de l'âge de la chevalerie, avec ses joutes et ses tournois entre des chevaliers vêtus de cottes de maille et chevauchant des montures de type Arabe ou Barbe ; les tournois marquèrent aussi le début de l'équitation en musique, ou carrousel. L'influence du chevalier se prolongea jusqu'à la bataille de Crécy, en 1346, au cours de laquelle les troupes françaises furent décimées par des flèches d'arbalètes. Les combattants entreprirent de se protéger en revêtant une armure pesante et encombrante, précaution qu'ils appliquèrent également à leurs montures, choisies plus grandes et plus lourdes ; devenus des cibles commodes, ces binômes en armure disparurent, en 1525, à la bataille de Pavie. Cependant, l'âge de la chevalerie avait élevé le dressage du cheval à un haut degré – bien qu'il fût pratiqué avec le recours au mors à longues branches et aux éperons acérés.

L'équitation devient un art

L'équitation fut reconnue pour la première fois comme une forme d'art à la Renaissance. L'éducation d'un jeune noble n'était considérée comme complète que lorsqu'il avait acquis cette pratique. Partout en Europe, on vit surgir des manèges destinés à présenter les carrousels majestueux exécutés par ces aristocrates ; Xénophon et ses ouvrages furent redécouverts : la Haute École était en train de naître. Dans un ouvrage écrit en 1559, le comte Cesare Fiaschi préconisait un dressage patient – comme Xénophon l'avait fait – mais, en pratique, les méthodes utilisées étaient barbares. On faisait avancer l'animal à l'aide de hérissons ou de chats attachés à sa queue ; ou encore en utilisant des fers brûlants, des barres de fer munies de crochets, des étriers souvent tranchants, des mors très incurvés et des muserolles munies de piquants.

L'élève le plus connu de Fiaschi, Federico Grisone, dont la propre méthode de dressage fit le tour de l'Europe et dont le livre *Gli Ordini de Cavalcare* fut traduit en anglais sur l'ordre de la reine Elizabeth I, est en général considéré comme le premier maître écuyer. Son successeur, Giovanni Baptista Pignatelli fit évoluer sa méthode et y incorpora quelques exercices de dressage, notant que le plus haut degré d'obéissance et d'équilibre requis était obtenu par une approche prudente, non par des moyens mécaniques. Peu à peu, l'équitation classique dans son ensemble prit une apparence plus légère car les « aides » sévères furent abandonnées. Les chevaux Andalous, moins massifs, devinrent populaires et des haras furent ouverts pour leur élevage – le plus connu étant celui de Lipizza, situé dans l'actuelle Slovénie et fondé en 1580, qui fut à l'origine de l'élevage des Lipizzans.

Les élèves de Pignatelli continuèrent à répandre son enseignement dans toute l'Europe au début du XVIIe siècle. Le chevalier de Saint-Antoine devint premier maître écuyer de Jacques Ier d'Angleterre tandis qu'Antoine de Pluvinel (1555-1602) se vit confier l'éducation équestre du jeune Louis XIII. Dresseur aimable, Pluvinel considérait l'utilisation du fouet et des éperons comme « un aveu d'échec », et insistait beaucoup sur une approche patiente du cheval. Il raffina les aides au point de les rendre presque invisibles et fut le premier maître à utiliser des piliers pour l'enseignement des chevaux en manège, obligeant ainsi les élèves à monter sans rênes pour exécuter les airs de Haute École.

Alors que Pluvinel poursuivait son travail en France, William Cavendish, duc de Newcastle (1592-1676), qui avait été formé à l'École de Naples, ouvrit une école en Belgique. Pensant que les chevaux obéissaient à leur maître par crainte, plutôt que par respect, il n'avait cependant recours que rarement aux punitions sévères, et fut l'un des premiers à comprendre que les chevaux avaient une mémoire qui pouvait être exploitée – ou devenir un désavantage si le dressage était mal fait.

Autres progrès

Alors que l'approche éclairée du cheval se répandait à travers l'Europe, le tapis rouge était déroulé pour l'arrivée du « père de l'équitation classique », François Robichon de la Guérinière (1688-1751). Son influence, qui changea le cours du dressage, s'exerce toujours car son enseignement reste à la base des méthodes modernes. En grande partie grâce à son travail, deux grands courants d'équitation virent le jour en Europe, l'un basé sur les Écoles françaises de Versailles puis de Saumur, l'autre

Ci-contre : Des méthodes sévères dans le dressage des chevaux étaient considérées comme « un aveu d'échec » par les premiers écuyers classiques.

sur l'École espagnole de Vienne. Le manège des Tuileries, fondé par Louis XIV, fut confié à La Guérinière à partir de 1730. Il devint célèbre dans toute l'Europe grâce aux méthodes de dressage de ce maître, et aux chevaux de qualité utilisés – essentiellement des Pur-Sang. Perfectionnant les exercices de dressage afin de cultiver le mouvement naturel du cheval, il inventa la pratique de « l'épaule en dedans » en tant qu'exercice d'assouplissement et conçut également une forme de selle moderne.

Pendant ce temps, à Versailles, Nestier était devenu le maître d'équitation de Louis XV ; mais, à la Révolution, il fut envoyé en exil avec les autres écuyers du roi.

L'importance croissante de la suprématie militaire entraîna la création de la première école de cavalerie à Saumur. Bien qu'elle eût été momentanément fermée, faute de fonds, une autre école fut ouverte à Versailles, en 1744. Sept ans plus tard, une École militaire fut fondée à Paris : elle ne vécut que trente-sept ans mais influença l'équitation française en prônant une position moins raide et moins formelle du cavalier ainsi qu'une équitation militaire « plus simple, plus naturelle et plus hardie ».

Les années de guerre marquèrent une pause mais, avec le retour de Louis XVIII, l'École de Versailles fut rouverte. L'École Nationale d'Équitation, créée en 1793 à Versailles, changea brusquement son nom en École pour l'Instruction des Escadrons, son but étant de former des officiers. Elle forma Cordier, qui devint ensuite premier écuyer en chef à Saumur, lorsque l'École pour l'Instruction des Escadrons y fut transférée et que l'équitation académique retrouva ses quartiers à Versailles. Le premier des carrousels qui devait rendre

Ci-contre : Cavalcade à l'École d'équitation d'hiver, à Vienne.

Saumur célèbre fut présenté sous l'égide de Cordier en 1828. Il eut lieu deux ans avant la fermeture définitive de l'École de Versailles, qui laissait à Saumur la mission de perpétuer la tradition de l'École française.

Dressage systématique

François Baucher (1796-1873), fils d'un boucher versaillais, aspira à devenir écuyer en chef à Saumur après le départ à la retraite de Novital, élève de Cordier. Il ne réalisa jamais son rêve, mais fonda une école au Havre, une autre à Rouen, et publia son *Dictionnaire raisonné d'équitation* en 1833. Baucher prônait un dressage systématique du cheval pour vaincre sa résistance ; ses travaux ont laissé leur marque – en particulier grâce à son invention de l'allure selon laquelle le cheval, dans une grande légèreté, doit changer de pied à chaque battue, performance qualifiée par ses adversaires de « rien d'autre qu'un amble mâtiné de canter ».

Le contemporain de Baucher, qui succéda à Novital en tant qu'écuyer en chef, fut Antoine Cartier, vicomte d'Aure. Plutôt que d'enseigner l'équitation à ses élèves sur des chevaux bien entraînés, il traitait chaque cheval comme un individu ; c'est toutefois en opposant la résistance à la résistance qu'il guidait mécaniquement l'animal vers les mouvements désirés. L'homme qui rassembla les enseignements de Baucher et de D'Aure fut le lieutenant Alexis François L'Hotte, élève de Baucher, qui devint ensuite officier de cavalerie à Saumur sous les ordres de D'Aure. Cavalier brillant, son ouvrage, *Questions équestres*, rassemble les enseignements des deux maîtres, et résume sa devise dans l'expression « calme, en avant, droit ». Devenu écuyer en chef à Saumur, L'Hotte fut probablement le plus grand cavalier du siècle.

James Fillis, un Anglais qui devint écuyer en chef à l'École de cavalerie de Saint-Pétersbourg, fut un autre cavalier aux talents multiples. Il enseignait l'équitation sans étriers, ce qui permettait d'assurer une assiette profonde et souple, donnant plus d'importance à l'équilibre qu'à l'adhérence. Fillis pratiquait des mouvements peu orthodoxes sur la piste du manège, tels que la pirouette renversée avec les pieds croisés et le canter arrière sur trois membres ; il introduisit également le saut dans l'équitation en obligeant le cavalier à se relever dans la descente, donnant à la tête du cheval une pleine liberté de mouvement, et laissant ses jambes au contact tout au long pour obtenir une bascule. Fillis fut probablement le dernier grand cavalier à utiliser cette position à l'obstacle, tandis que Federico Caprilli (1868-1908), capitaine de l'école de cavalerie italienne de Tor di Quinto, prônait la monte en avant et établit son utilisation à l'époque de la mort de Fillis, en 1900.

Ci-contre : *L'École d'équitation espagnole de Vienne utilise exclusivement des étalons Lipizzans. Le dressage de ces chevaux magnifiques prend plusieurs années et met l'accent sur le développement de l'équilibre et de la musculature.*

Caprilli justifiait ce choix par le fait qu'il correspondait au principe classique selon lequel le cavalier devait rester au-dessus du centre de gravité du cheval lorsqu'il parcourait rapidement la campagne. Le cross-country utilise aujourd'hui une combinaison de la méthode de Caprilli et de la méthode purement classique.

L'École espagnole de Vienne

Au cours du XIXe siècle, des contacts fréquents eurent lieu entre Saumur et l'École espagnole. Il existe peu de documents relatifs aux débuts de cette dernière. On sait pourtant que la cour impériale de Vienne s'intéressait depuis longtemps à l'équitation : des chevaux espagnols furent introduits en 1562 pour fonder le haras royal de Kladrub. Trois ans après, un manège fut construit. L'école actuelle commença ses activités en 1726 : elle fut ouverte par l'empereur Charles VI en 1735 pour abriter, outre l'entraînement quotidien des chevaux, des fêtes, des bals et des représentations. Les carrousels aussi y furent populaires, le plus spectaculaire ayant eu lieu en 1814, devant tous les souverains d'Europe. Après 1894, l'école se consacra à la formation de Haute École du cheval et du cavalier, l'entrée de l'établissement étant réservée aux officiers et aux aristocrates. Bien que la Révolution française et les guerres napoléoniennes eussent mis fin à l'art équestre classique dans la plupart des pays européens, l'École espagnole de Vienne continua à adhérer de façon stricte à ses principes.

L'entraînement du cheval et du cavalier – autrefois comme maintenant – suit le schéma tracé en 1898. Il établit que l'art élevé de l'équitation comprend trois parties : la première étape, au cours de laquelle le cheval est monté « aussi naturellement que possible, dans toutes ses allures naturelles le long d'une ligne droite » ; « l'équitation de campagne », au cours de laquelle le cheval ramassé est monté à toutes les allures avec des changements de direction, puis en cercle, dans un équilibre parfait ; et la monte dans une position encore plus ramassée, avec l'arrière-main très inclinée et l'exécution de toutes les allures et tous les sauts qui incluent les « airs ».

Avec l'effondrement de la monarchie austro-hongroise, en 1918, l'École espagnole passa sous le contrôle de l'État ; son avenir semblait incertain. Elle fut en grande partie sauvée grâce aux efforts de l'écuyer en chef, Moritz Herold, qui rassembla des fonds, et, en juillet 1920, elle put donner sa première représentation publique. Depuis, elle attire des visiteurs du monde entier, venus admirer les Lipizzans au dressage parfait exécuter les figures de l'art équestre classique, dans ce qui représente le dernier manège baroque du monde.

Ci-dessus à gauche : *Ballet classique – un cavalier du Cadre Noir (**ci-dessus à droite**) encourage son cheval à exécuter la cabriole, au cours de laquelle les quatre membres de l'animal quittent le sol.*

Ci-contre : *Cheval et cavalier exécutent la levade, au cours de laquelle les postérieurs s'avancent sous le corps, allégeant le poids porté par les antérieurs, qui se soulèvent et quittent le sol.*

L'HISTOIRE DE L'ÉQUITATION AMÉRICAINE

Dans la péninsule ibérique, à la fin du XVe siècle, il existait deux types distincts de cavaliers. Au nord, comme en Europe occidentale, les hommes montaient *a la brida* : les jambes tendues, légèrement en avant, sur une selle au pommeau et au troussequin relevés. Très incurvé, le mors était porté haut, les branches sur lesquelles les rênes étaient fixées pouvant atteindre 37 cm. Le tout résultait d'une tactique de combat depuis longtemps obsolète – la charge du chevalier en armure du Moyen Âge, au cours de laquelle le chevalier s'arc-boutait, utilisait les étriers et le troussequin pour absorber l'impact et avait besoin d'un mors solide pour contrôler son cheval d'une seule main. À travers l'Europe occidentale et dans une grande partie des États-Unis, ce style de monte prévalut pendant des siècles après que sa visée première eut disparu.

En revanche, au sud de la péninsule, où l'influence maure était considérable, les cavaliers avaient adopté le style des steppes et du désert, décrit par un auteur contemporain anglais comme « une monte courte, à la façon turque ». Munis principalement d'un arc et d'un cimeterre incurvé, les combattants pouvaient mieux utiliser leurs armes en se tenant debout sur les étriers. Les Arabes et les Maures entraînaient les jeunes chevaux avec une bride sans mors, qu'ils nommaient *hakma* – baptisée *jaquima* par les Espagnols, et que nous désignons sous le terme de hackamore (*cf.* p. 165).

Ci-dessus : *Les Indiens des plaines, en Amérique du Nord, étaient des cavaliers hors pair.*
Ci-contre : *Le cheval symbolisait la noblesse dans la guerre, et la richesse. Ce chef Dakota fut photographié par Edward Curtis, en 1890.*

Les premiers chevaux de la conquête

Lorsque Christophe Colomb traversa l'Atlantique en 1492, il emmena avec lui une escorte à cheval constituée d'aventuriers. Avant de s'embarquer dans une entreprise aussi douteuse, ces hommes avaient échangé leurs chevaux pour des spécimens de moindre valeur pouvant être sacrifiés. Ces dix animaux de qualité médiocre – face aux Indiens qui n'avaient jamais vu de cavaliers – se montrèrent aussi terrifiants que des tanks l'eussent été au XVIIIe siècle.

Les chevaux des conquistadores furent les ancêtres des Mustangs par l'intermédiaire des spécimens abandonnés par les premiers explorateurs ou de ceux qui s'égaraient hors des ranchs et des missions. Au XIXe siècle, ces animaux, errant dans les grandes plaines à l'ouest du Mississipi, furent de bons fondateurs. Les Mustangs, aux pieds durs, aux membres solides, se montraient robustes et indépendants. Sur l'herbe sèche des prairies, ils purent croître et se multiplier : mais deux ou trois siècles de conditions de vie rudes, sans élevage sélectif, diminuèrent leur taille et leur beauté – ainsi que le révèlent les photographies anciennes. Au XIXe siècle, le Mustang typique possédait une tête camuse, une encolure de chèvre, un dos creux, des jarrets de bovin et un genou cagneux.

Les chevaux transformèrent le mode de vie des Indiens des plaines. Ces chasseurs avaient le désavantage de poursuivre les ani-

Page de gauche : *Un guerrier Pied-Noir et son poney à Alberta, au Canada, vers 1890.*
Ci-contre à gauche : *Un guerrier Cheyenne peint par Frederic Remington, en 1901.*

Ci-dessus : *L'errance dans la plaine – un cow-boy et son poney, peints par C.M. Russell.*

Ci-contre : *Ulysses Simpson Grant (1822-1885), commandant des forces de l'Union pendant la guerre de Sécession, avec ses officiers, dans un tableau du XIXe siècle, exécuté par E. Boell.*

maux à pied. À dos de cheval, ils pouvaient tuer les bisons par milliers. Les chevaux signifiaient aussi plus de mobilité dans la guerre, et la fortune : ils représentaient à la fois une monnaie, un signe extérieur de richesse, et le moyen d'acquérir une épouse. En quelques générations, les Indiens des plaines – les Comanches, en particulier – devinrent des cavaliers aussi accomplis que les Scythes, les Mongols et les Huns.

Les premiers cow-boys

Le premier rancher américain fut un puritain nommé John Pynchon. Au milieu du XVIIe siècle, avec l'aide de ses cow-boys, il conduisit un troupeau de bétail engraissé de sa ferme située à Springfield, jusqu'à Boston, pour un embarquement à destination des Antilles. Autour de Springfield, les techniques d'élevage se développèrent à petite échelle et se répandirent dans les enclos de plusieurs États du Sud.

Les Américains arrivèrent au Texas lorsque les terres à l'ouest du Mississipi commencèrent à être exploitées, après la guerre de Sécession. Ils découvrirent une tradition tout à fait différente du travail de ranch, élaborée par les riches Charros et leurs *vaqueros* mexicains, autour du bétail, constitué de Longhorns sauvages. Tandis que les immigrants envahissaient les États de l'Ouest après la guerre de Sécession, il devint apparent que la viande de bœuf la plus coriace trouverait acquéreur si elle pouvait être mise sur le marché. On découvrit aussi que le Longhorn pouvait survivre tout l'hiver dans la prairie et qu'il pouvait engraisser si on le conduisait dans les plaines au printemps et en été. En 1867, un entrepreneur construisit un complexe de parcs à bestiaux près de la voie de chemin de fer, à Abilene, où les animaux pouvaient être conduits, en provenance du Texas, avant d'être transportés en train à l'est ou à l'ouest, vers le consommateur ; ainsi s'amorça le règne du bétail, qui se termina en 1880, en raison d'une surproduction, d'une chute soudaine des prix, de la compétition, de l'élevage des moutons et de plusieurs hivers successifs très rudes.

La selle utilisée par les cow-boys fut conçue pour s'adapter à un cheval de presque n'importe quelle taille ; pour assurer de longs parcours confortables ; et, avec son siège profond, pour rendre plus aisée la monte d'un cheval difficile. Le cow-boy qui en tirait sa fierté s'efforçait de posséder la plus belle et la plus travaillée en fonction de ses moyens.

Dons innés du cheval western

Le Mustang semblait avoir hérité des qualités essentielles de gardien de troupeau – ou se montrait capable de les apprendre rapidement. Il anticipait ce que le cow-boy allait faire ; ainsi, avec un cavalier sur le dos, il pouvait avoir un ascendant extraordinaire sur les Longhorns sauvages, qui pouvaient tuer un homme à pied. Même si aucune tentative n'était faite pour dresser le cheval au sens moderne du terme, il fallait lui apprendre son travail – rester stable quand le cavalier faisait tourner son lasso et s'arc-bouter contre un bouvillon pris au lasso. La star de n'importe quel ranch était le cheval apte au *cutting* – à la séparation d'un individu du reste du troupeau – à qui il suffisait de désigner l'animal à isoler, et qui accomplissait seul son travail, sans bride.

Ci-dessus : *Les grands voyages de troupeaux appartiennent maintenant au passé ; le travail du cow-boy s'accomplit aujourd'hui dans l'enceinte du ranch.*

Les autres cavaliers américains

Bien entendu, il y eut beaucoup de cavaliers américains qui ne travaillèrent jamais avec le bétail – parmi eux les soldats de cavalerie, les Rangers du Texas, les chasseurs, les trappeurs, les mineurs, les prospecteurs, les colons et les gardiens de pensions pour chevaux. Tous montaient à cheval – à la façon américaine et avec le harnachement « western » – et tous participaient à la tradition. Parmi les plus célèbres d'entre eux, les cavaliers du Pony Express du début des années 1860 étaient décrits ainsi : « jeunes, maigres et nerveux, moins de 18 ans, désireux de risquer leur vie chaque jour ». Les chevaux, sélectionnés pour leur vitesse et leur endurance, valaient très cher. L'Express circulait à une vitesse de 15 km/h sur des étapes de 40 km, avec deux minutes pour changer de monture. Un aller-retour de 110-160 km était accompli deux fois par semaine ; à chaque étape, la meilleure avoine, la meilleure paille et les meilleurs valets d'écurie attendaient l'équipage. Mais tout cela revenait fort cher et le service s'effondra en raison des prix trop élevés.

En haut à gauche : *La selle d'un cow-boy, qui était sa source de fierté, était conçue pour lui assurer un transport confortable lors de longues distances.*
En haut à droite : *Selle de cow-boy traditionnelle.*

Ci-dessus : *Mustangs sauvages. Orienter la rapidité de réaction et la détermination de ces animaux est un art. Les meilleurs chevaux d'un ranch peuvent apprendre à isoler un individu du reste du troupeau, sans bride.*

Une évolution nécessaire

Avec le déclin du règne du bétail, le travail dans les ranchs se modifia ; les longs voyages de troupeaux appartenaient au passé. Le besoin de chevaux décrut et il devint commode de disposer d'un animal plus rapide qu'un cheval de 1,38 m au garrot. On commença aussi à accorder plus d'importance à l'équitation de loisir ; les concours informels entre cow-boys débouchèrent sur l'industrie du rodéo actuelle, hautement organisée (*cf.* p. 138). Ultérieurement, le moteur à combustion interne rendit nombre de chevaux de ranch inutiles. Ces transformations eurent pour résultat la suppression graduelle, ou l'évolution, du Mustang : des croisements avec des Arabes, des Morgans, des Quarter Horses et des Pur-Sang, aboutirent à une amélioration considérable de leur taille, de leur vitesse et de leur aspect.

La sellerie connut aussi des changements : la vieille selle fut transformée par l'abaissement du pommeau, ce qui la rendit plus plate et les étriers reculèrent, ce qui permit au cavalier une assiette plus équilibrée au-dessus du centre de gravité du cheval. Des mors plus doux furent également adoptés.

Ci-contre : *L'esprit pratique : ces cow-boys actuels du Nevada portent des vêtements et un équipement identiques à ceux de leurs aïeux.*

L'équipement western

Les habits des cavaliers d'équitation américaine sont très différents de la culotte de cheval et des bottes étroites des cavaliers de selle anglaise. Quels que soient les besoins actuels du cow-boy, ses vêtements et son équipement furent conçus à l'origine pour qu'il effectue son travail avec le maximum d'aisance et de confort. Le gardien de bestiaux du XIXe siècle portait un chapeau à larges bords, muni d'une calotte plus plate que celle du Stetson moderne, qui abritait sa tête du soleil et de la pluie, protégeait son visage et sa tête lorsqu'il s'enfonçait dans une végétation d'épineux, et lui servait d'oreiller. Son mouchoir carré de coton lui permettait d'essuyer la sueur, de bander une plaie, de filtrer de l'eau, pouvait servir de masque à poussière et de moustiquaire. Sa chemise de flanelle avec des manchettes était aussi chaude qu'une veste, bien que moins serrée et causant moins de transpiration ; en hiver, une peau de mouton pouvait se révéler nécessaire. Le cow-boy portait un pantalon large, enfoncé dans des bottes à talons qui ne glissaient pas dans les larges étriers et pouvaient s'enfoncer dans le sol lorsqu'il attrapait un animal au lasso. Ses shaps de cuir donnaient une bonne prise sur la selle, pouvaient être étendues sur le sol et protégeaient ses jambes contre les frictions, les épines, les coups, les morsures de serpent et la pluie. Ornés de larges molettes, les éperons faisaient un bruit reconnaissable par le cheval quand son maître venait le chercher la nuit.

Ci-contre : *Les Mustangs ont le sens du bétail – ils semblent deviner ce que va faire la vache.*

LE CHEVAL DE GUERRE

Aucune découverte ou innovation n'eut un effet aussi profond sur la façon de combattre que la militarisation du cheval ; elle changea fondamentalement la nature des conflits armés – de façon plus importante même que la poudre à canon. Avant que les chevaux fussent utilisés dans les combats, les armées avaient un pouvoir de frappe limité à l'endurance du combattant à pied. Lorsque les chevaux furent « militarisés », les armées purent vraiment entrer en campagne – c'est-à-dire utiliser la mobilité pour vaincre l'ennemi. Jusque-là, elles se livraient à des batailles rangées où et quand il leur arrivait de tomber sur leurs opposants.

Ci-dessus : *Les chevaliers du Moyen Âge donnaient lieu à des représentations romantiques et pittoresques. Leurs chevaux faisaient partie de leur équipement.*

Ci-dessus : *Homme de la Renaissance et son cheval, à la guerre – portrait de Giovanni da Fogliano, à Sienne, par Simone Martini.*

Ci-dessus : *Les chevaux sont mis en valeur dans cette scène célèbre de la Renaissance, un tableau de Paolo Uccello intitulé* La Bataille de San Romano.

Premiers combats

Pendant un millénaire ou plus, après sa militarisation, le cheval servit surtout à transporter le combattant d'un champ de bataille à l'autre car, sur le terrain, le guerrier descendait de cheval pour l'assaut. L'art contemporain montre ces hommes assis pratiquement sur la croupe d'animaux pas plus hauts que de grands poneys : 1,22 m environ. Bien que cette position permît au cheval de supporter le poids de son cavalier, elle n'autorisait pas un grand contrôle de l'action. Certains des premiers vrais combattants à cheval – qui se battirent sur leur monture – furent les archers assyriens de la région du Tigre, dans l'Irak actuel. Ils montaient sans selle, presque sur l'arrière-main de leur cheval, les jambes levées et utilisaient, pour se stabiliser, des rênes courtes et raides, faciles à saisir rapidement. Leur monture de prédilection était d'un type qui correspondrait aujourd'hui à l'Akhal-Teké – cheval doté de beaucoup d'énergie, très endurant – et serait l'ancêtre de l'Arabe actuel (*cf.* p. 34).

Il fallut quelques années pour que l'équitation telle que nous la connaissons se développe, au Ve siècle av. J.-C., avec l'enseignement de Xénophon (*cf.* p. 16). L'assiette plus avancée permettait aux hommes de mieux combattre sur leur cheval, bien qu'ils fussent pénalisés par un détail qui paraît aujourd'hui extraordinaire – ils n'avaient pas d'étriers et chevauchèrent plus de mille ans avec ce handicap. Xénophon lui-même montait à cru, affirmant que la jambe nue d'un homme adhérait mieux à sa monture grâce à la sueur, si les deux étaient en contact direct. Au cours de la bataille, toutefois, l'adhérence était insuffisante pour supporter la charge de l'ennemi car l'assiette du cavalier était fondamentalement précaire.

La taille du cheval ne comptait pratiquement pas : l'endurance et la vitesse étaient considérées comme ses qualités primordiales dans la mesure où il transportait un poids léger et où il n'était pas destiné à une charge de choc. Pour ces raisons, il dépassait rarement 1,50 m et ne mesurait parfois pas plus de 1,20 m. Une exception à la règle générale d'utilisation des chevaux petits et légers dans les combats fut constituée par les chevaux à sang froid montés par les Goths. Descendant probablement des chevaux de forêt de cette région, c'étaient des bêtes grandes et dociles – si dociles, en réalité, que lorsque leur cavalier ne les chevauchait pas, elles attendaient patiemment d'être montées à nouveau, jusqu'à ce qu'un soldat à pied saisisse leur crinière pour les entraîner loin du champ de bataille ou pour se faire transporter.

Changement de rôle

Si le cheval changea la nature du combat, l'étrier changea quant à lui la face de la bataille. Les selles utilisées à l'origine par un groupe de mercenaires nubiens de la vallée du Nil, ornées d'un pommeau et d'un troussequin relevés, fournissaient un appui contre lequel le soldat pouvait s'adosser lorsqu'il affrontait des corps d'infanterie ; les étriers fournirent une sécurité accrue. On sait qu'ils existaient en Arabie vers 650, et peut-être même avant.

Les étriers furent adoptés lentement en Occident mais une fois que l'on reconnut les avantages d'une assise plus sûre, l'armure se développa rapidement. Elle fut tout d'abord conçue comme une simple cotte de mailles destinée à protéger le corps des flèches (la cavalerie carolingienne de la Rhénanie portait des cottes possédant une forme de maille particulièrement efficace), mais la force de frappe des glaives et des lances, augmentant avec l'utilisation de l'étrier, entraîna la nécessité pour le combattant de revêtir une protection lourde. Au fur et à mesure que le poids des armures augmenta, la taille des chevaux s'accrut. Au début du XVIe siècle, un chevalier au tournoi portait 60 kg ou plus, sans compter le poids de sa lance et de son bouclier ; son cheval était lui aussi recouvert d'une protection de métal. Le Grand Cheval du Moyen Âge, dont les meilleurs spécimens étaient flamands, atteignait souvent une taille de 1,70 m et

Ci-contre : *Tableau japonais d'un guerrier à cheval, essuyant son épée.*

Ci-contre : *Lord Cardigan et son cheval Ronald conduisant la charge de la Brigade Légère, en 1854.*

possédait une ossature très lourde. On comprend pourquoi, lorsqu'on considère qu'il portait des charges allant jusqu'à 220 kg.

Qualités du cheval de guerre

Après l'invention de la poudre à canon, la cavalerie devint moins importante sur le champ de bataille mais elle resta essentielle pour la reconnaissance, les communications, les raids et les poursuites. On fit alors grand cas des animaux plus petits et plus maniables, bien que la demande pour les chevaux capables de porter des poids élevés – en particulier dans la cavalerie lourde, qui agissait en dernier ressort sur le champ de bataille, et dans la Garde Royale – existât toujours. Quelques pays, en particulier le Hanovre et la Prusse, possédaient leurs propres haras pour élever des types particuliers de chevaux de troupe – le Hanovrien et le Trakehner, par exemple (*cf.* p. 56 et 57) – mais en général, les chevaux des armées européennes étaient achetés et vendus sur les marchés. Au XIXe siècle, en Inde, des haras furent fondés pour répondre à la demande de plus en plus importante des armées britanniques, mais une grande proportion de la remonte – le nombre de remplacements était connu – fut importée de la Nouvelle-Galles-du-Sud, en Australie ; les Walers, chevaux résistants, servirent au Moyen-Orient au cours de la Première Guerre mondiale.

Aux États-Unis, le Morgan, cheval aux aptitudes multiples, était populaire dans l'armée. La race fut fondée par un étalon rustique de 1,57 m au garrot, né en 1789 ; d'origine Pur-Sang et Arabe, avec probablement un peu de sang Welsh, il était d'une incroyable endurance. Après avoir été vendu plusieurs fois, il fut acheté par l'armée des États-Unis, qui ouvrit le haras de Morgan, dans le Vermont.

L'armée britannique se servit des chevaux Arabes de temps en temps – en particulier lors de la tentative mémorable de sauver le général Gordon à Khartoum, en 1885 : cinq cents de ces chevaux traversèrent le désert, faisant preuve d'une endurance exceptionnelle. Toutefois, bien que la résistance de la race fût appréciée, on considérait qu'elle n'avait ni la vitesse ni le gabarit nécessaire pour les missions de cavalerie. De toute façon, les plus grandes qualités de l'Arabe avaient été insufflées au Pur-Sang

Ci-dessus : *La bravoure du cheval de guerre puissamment représentée par Elizabeth Southerden Thomson dans son tableau* Scotland Forever.

Ci-contre : Il y eut plus de chevaux utilisés pendant la Première Guerre mondiale que pendant tout autre conflit.

qui, à cette époque, servait de chargeur pour nombre d'officiers, et avait engendré ou mis bas beaucoup de chevaux de troupe.

La guerre au XXe siècle

À la déclaration de la guerre de 1914, les armées des grandes puissances étaient équipées de mitrailleuses, d'artillerie à tir rapide, de radios et d'avions – et de beaucoup plus de chevaux que lors des guerres précédentes. Bien que le moteur à explosion eût été inventé depuis quelques décennies, toute l'artillerie et le matériel étaient tirés par ces animaux ; il existait un grand nombre de cavaleries prêtes à se livrer à des exploits et à transformer la défaite en déroute. Les armées britanniques à elles seules mobilisèrent 140 000 chevaux en dix jours, lorsque le premier corps expéditionnaire fut prêt à s'embarquer pour la France. Ils transportaient des poids considérables : des fusils, des munitions, de la nourriture, des fers à chevaux ainsi que d'autres équipements. La charge des cavaliers atteignait 140 kg, poids le plus lourd depuis l'époque des chevaliers du Moyen Âge.

En France et en Belgique, la possession d'une puissance de feu et de méthodes dissuasives énormes – telles que les fils de fer barbelés – reléguèrent la cavalerie sur les flancs de la bataille après la période initiale de manœuvres, bien que l'artillerie et le transport eussent été assurés par les chevaux pendant toute la durée de la guerre. Seul le Moyen-Orient conserva l'arme à cheval ; 20 000 cavaliers des corps de cavalerie du désert, commandés par le général Allenby et montés essentiellement sur des Walers, balayèrent la Palestine et repoussèrent les Turcs bien au-delà de leurs frontières. Après la guerre, tous les membres de la cavalerie – sauf les inconditionnels – reconnurent que l'avenir des forces mobiles de combat résidait dans le moteur à combustion interne. La plupart des armées s'acheminèrent progressivement vers la mécanisation. Il y eut toutefois des exceptions : par exemple, l'armée des États-Unis commença par fermer son corps de char d'assaut et la cavalerie augmenta son nombre de chevaux en raison de la détermination du gouvernement de ne plus jamais participer à une guerre en dehors du continent.

À la déclaration de la Seconde Guerre mondiale, en 1939, l'armée allemande fit encore lourdement appel aux chevaux pour le transport, bien qu'elle possédât de nombreux tanks et qu'elle eût vigoureusement développé la technique de la guerre « éclair ». En 1945, elle possédait encore trois divisions à cheval sur le front de l'Est. On estime que 3 000 000 de chevaux allemands furent utilisés pendant la guerre tandis que l'armée russe – en particulier les partisans – avait des ressources équines encore supérieures.

Depuis 1945, le cheval a pratiquement disparu de toutes les armées, sauf pour les cérémonies officielles. L'armée indienne utilise encore un grand nombre de chevaux (et de mulets) en tant qu'animaux de bât pour des opérations dans les régions frontalières de montagne. Il n'en reste pas moins vrai que, selon le grand ouvrage sanskrit *Hitopaseda*, le cheval constitua pendant presque trois mille ans « la force de l'armée... un rempart mobile ». Le cheval de guerre n'est plus qu'un souvenir précieux et vénéré.

Ci-dessus : L'armée britannique mobilisa 140 000 chevaux en dix jours au début de la Première Guerre mondiale.

LE CHEVAL AU TRAVAIL

AUJOURD'HUI ENCORE, un siècle après l'invention du moteur à combustion interne et deux siècles après la première utilisation de la vapeur en tant que source d'énergie, la puissance d'un moteur est mesurée en « chevaux ». Cela n'est pas si surprenant, car jusqu'à la fin du XVIIIe siècle, le cheval fut pratiquement la seule force motrice existante.

Le cheval fut d'abord une bête de somme ; à l'époque préhistorique, il transportait tout, des paniers de tourbe aux carcasses de gibier. Quelques milliers d'années plus tard, les trappeurs d'Amérique du Nord l'utilisèrent pour livrer leurs fourrures aux comptoirs commerciaux ; aujourd'hui, les poneys Shetlands charrient la tourbe dans les petites fermes des Highlands, en Écosse.

***Ci-dessus :** Une étape sur la route, en 1868 : de tels points d'eau surgirent au milieu du XIXe siècle sur les routes nouvelles, en Europe et en Amérique.*

***Ci-dessus à droite :** En Europe, le voyage en diligence atteignit son apogée au XVIIIe siècle.*

L'attelage

Le joug apparut à l'âge du bronze (en 5000 av. J.-C. au Moyen-Orient, et en 2000 av. J.-C. en Europe), permettant au cheval de tirer un poids supérieur à celui qu'il pouvait porter ; ainsi commença l'histoire de l'attelage. Le chariot vint en premier, mais son évolution fut lente : en Europe, il fallut attendre le XIe siècle pour que des personnes de haut rang fussent transportées dans des voitures de maître plutôt rudimentaires – carrioles peintes, sans suspension. Avec le développement de la suspension à ressorts, au XVe siècle, les voyages de longue distance réguliers en voiture devinrent possibles.

À partir du milieu du XVIIe siècle, dans les villes d'Europe qui commençaient à prospérer et à se développer, les habitants souhaitaient se déplacer à l'intérieur de la ville comme à l'extérieur. En 1694, à Londres, le roi William III signa un décret autorisant la circulation de sept cents attelages de Hackneys ; on se mit alors à rechercher des chevaux plus petits et maniables pour remplacer le type d'équipage plus lourd qui tirait les massifs véhicules de bois, le long des routes de campagne truffées d'ornières et de nids de poule.

Les avancées du XVIIIe siècle

Une partie du siècle suivant s'écoula avant que de réels progrès fussent accomplis. Diverses lois entraînèrent une amélioration considérable des routes en Europe et, après l'invention des ressorts d'acier, les voitures purent voyager très vite. Ces progrès suscitèrent une demande de chevaux d'attelage plus délicats, qui remplacèrent le Grand Cheval du Moyen Âge. En août 1784, les voitures postales du Royal Mail apparurent sur la route reliant Bristol à Londres, effectuant le trajet de 191 km en 17 heures, à une vitesse moyenne de 11 km/h. Lorsque le revêtement des routes s'améliora encore, trente ans plus tard, cette vitesse atteignit 16 km/h, annonçant l'âge d'or de l'attelage en Grande-Bretagne. Les trajets aller et retour de ces voitures postales exigeaient en effet un total de cent vingt chevaux.

Le XVIIe siècle fut également en Europe l'âge du canal. De grands chevaux furent utilisés pour hâler des barges lourdement chargées sur de longues distances. Depuis le XVe siècle, d'autres chevaux tractaient le charbon dans les mines ou au-dessus, le long des rails, bien qu'au départ ces rails, en bois, eussent tendance à se détériorer facilement.

Ci-contre et ci-dessous : *Le cheval représente encore le seul moyen de transport pour nombre de communautés dans le monde.*

Le XIXe siècle

En Amérique, au milieu du XIXe siècle, ce fut le cheval qui ouvrit la route de l'Ouest. Des chariots couverts désignés sous le nom de *prairie schooners* (« goélettes du désert ») conduisirent les pionniers au-delà des Montagnes Rocheuses ; le Pony Express, utilisant des Mustangs au pied léger, transmit des messages du Missouri à San Francisco jusqu'à l'invention du télégraphe (*cf.* p. 22) ; les diligences de la légendaire Wells Fargo Company transportèrent des passagers ainsi que le courrier du United States Mail de chaque côté des Rocheuses.

Le développement urbain, à la fois dans l'Ancien et dans le Nouveau Monde, signifia aussi un accroissement des chevaux dans les villes. Au milieu du XIXe siècle, les omnibus et les trams étaient tirés par ces animaux. À Paris, le Postier – type de Percheron plus léger – fut spécifiquement élevé pour tracter les bus. Les chevaux furent également les piliers des services d'urgence embryonnaires en Grande-Bretagne : la police métropolitaine londonienne, constituée en 1829, eut bientôt un corps à cheval ; on vit apparaître les ambulances attelées dans les grandes villes ; les voitures de pompiers traversaient les rues à vive allure derrière des équipages de Roadsters rapides et adroits ; le long des côtes, les attelages de Shires mettaient à l'eau puis tiraient à terre les canots de sauvetage.

Cependant, les voies de chemin de fer se développèrent rapidement. La voiture attelée se mit à péricliter, en particulier en Europe et dans l'Est américain. Le prix des chevaux chuta et de nombreux éleveurs abandonnèrent leur commerce ; paradoxalement, le nombre d'animaux de trait lourd augmenta au cours de cette période, en raison de la traction sur courte distance occasionnée par les travaux sur les voies.

Le cheval dans l'agriculture

Dans les fermes et les champs, le rôle traditionnel du cheval connut peu de changements jusqu'au XXe siècle. Pendant un millénaire, cet animal avait tiré la charrue – avant le Xe siècle, cette fonction fut le plus souvent dévolue aux bœufs. On choisissait de grands animaux dociles dits « à sang froid » (terme issu du mot allemand *kaltblutigkeit*, qui signifie « tranquillité »). L'Ardennais, le Clydesdale, le Murakosi et le Percheron – leurs pieds larges permettaient une traction accrue au labour – travaillaient dans les champs en Europe. Dès 1839, des Percherons furent exportés aux

Ci-contre : *Le rôle du cheval dans l'agriculture diminue régulièrement. Ces Shires font la moisson dans une ferme du Yorkshire, en Angleterre.*

Ci-contre : *Dans notre société consciente de la pollution, le cheval de travail a toujours un rôle à jouer.*

États-Unis. En raison sans doute de son tempérament calme, le cheval de trait ne fut jamais entièrement remplacé par la mécanique – certains travaux de forêt, par exemple, sont mieux accomplis par des chevaux, en particulier sur un terrain inégal ; le tassement du sol d'argile lourd est également moins sévère lorsqu'il est piétiné par des sabots.

Dans une bonne partie de l'Europe orientale, le spectacle du cheval tirant la charrue ou la charrette est aussi courant que jadis. Des réglementations nationales s'appliquent souvent aux spécimens travailleurs. En Autriche, par exemple, tous les haras de Haflingers sont nationaux. Dans un pays nordique tel que la Finlande, on estime qu'il y a 150 000 chevaux au travail dans les fermes et les forêts. En 1939, 500 000 chevaux participaient aux travaux agricoles en Grande-Bretagne ; aujourd'hui, certains fermiers en région montagneuse préfèrent les chevaux et poneys aux véhicules 4 x 4 ; tout comme les fermiers des basses terres dont le labourage se révèle plus économique lorsqu'il est effectué à l'aide d'un cheval.

Autres rôles actuels du cheval

La police montée existe maintenant dans le monde entier : la plus connue et la plus originale est la police montée royale canadienne. Partout, il existe des chevaux de cérémonie : à Londres, par exemple, des membres de la cavalerie de la Garde Royale sont en faction au régiment des Horse Guards, et la King's Troop Royal Horse Artillery tire le canon à Hyde Park lors des cérémonies nationales. Les haquets de brasseurs sont plus économiques pour effectuer la livraison dans les villes, en particulier lorsque les véhicules à moteur sont interdits. Les chevaux constituent un bon argument publicitaire : leur utilisation pour les livraisons des grands magasins donnent une image d'exclusivité et de fiabilité.

Le rôle du cheval de travail évolue toujours. Il trouve régulièrement de nouveaux emplois ou en redécouvre d'anciens. En France, certains gardes forestiers disposent à nouveau de chevaux pour aller faire leur ronde en forêt. Les derniers poneys qui travaillaient dans les mines de Grande-Bretagne sont maintenant à la retraite, mais on en utilise un nombre plus important pour la traction dans les mines à ciel ouvert. Dans certaines parties du pays de Galles, les poneys n'ont jamais cessé leur labeur dans les carrières d'ardoise et, dans les mines et les carrières des pays en voie de développement, ils constituent toujours le moyen essentiel de traction. En Australie et aux États-Unis, où les rodéos célèbrent le travail toujours actuel du cow-boy (*cf.* p. 20-23 et 138-141), le cheval joue un rôle essentiel dans les ranchs. En selle, le rancher peut mieux observer ce qui l'entoure ; son cheval est plus maniable et moins menaçant qu'une jeep lorsqu'il pénètre dans un troupeau de moutons ou de bovins. Le Waler (cheval des gardiens de bestiaux australiens – *cf.* p. 74) est particulièrement élevé et apprécié pour son endurance, tandis qu'aux États-Unis, on attache plus d'importance à la vitesse qui permet aux gardiens de séparer les individus du troupeau – activité pour laquelle le croisement de Mustangs et de Quarter Horses est plébiscité.

Dans la société actuelle, consciente de la pollution, le besoin d'une énergie motrice écologique augmente – et réclame davantage que l'essence sans plomb. Un responsable local en Angleterre vient d'acquérir deux Percherons pour traîner les containers de recyclage, ce qui constitue à la fois une prise de position et une mesure d'économie. Bien que le cheval ait été largement surpassé par des moyens d'énergie moins coûteux et plus pratiques, son époque est loin d'être révolue. Le travail pénible du labourage a, bien entendu, été soulagé par les machines ; celles-ci ont, en même temps, fait disparaître la satisfaction du travail physique. Nous sommes peut-être en train de reconnaître que si la mécanisation est partout possible, elle n'est pas toujours souhaitable.

Ci-dessus : *Le contrôle de la foule est une tâche courante pour le cheval de police.*

Ci-contre : *Le corps de police montée le plus célèbre : la police montée royale canadienne, les Mounties.*

Diomed, vainqueur du Derby de 1780, avec le jockey Sam Arnoll, dans un tableau de Sartorius, peint la même année.

Chapitre II :
Les **races** dans le **monde**

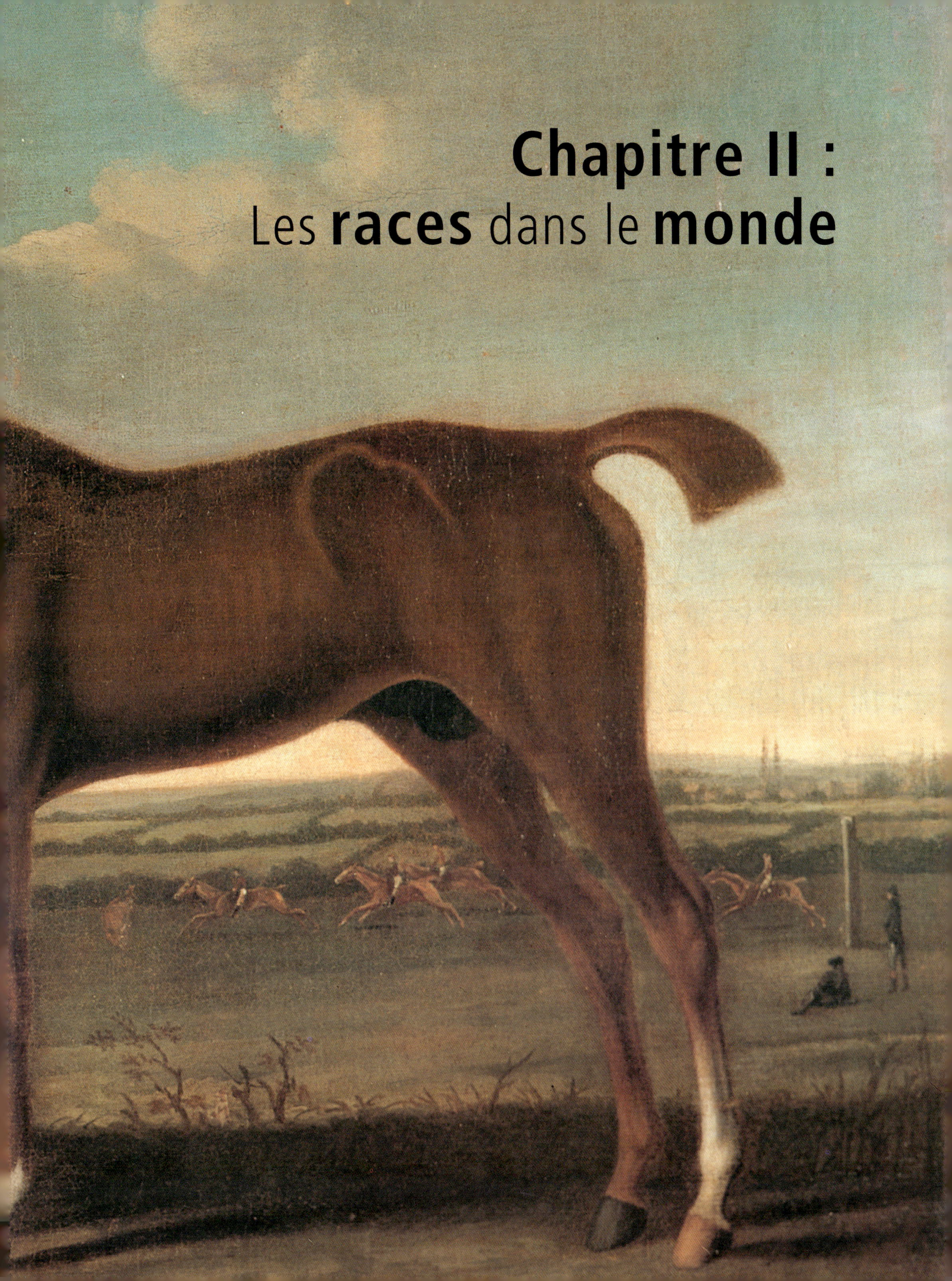

L'INFLUENCE DU CHEVAL ARABE

Ci-dessus : Dans un paysage oriental, un cheval Arabe s'est échappé, poursuivi par des maîtres-chiens. Tableau de John Frederick Herring (1795-1865).

Ci-contre : L'Arabe possède une tête triangulaire au large front, aux grands yeux plantés bas, aux pommettes saillantes et au petit nez très fin.

L'ARABE, à qui le monde du cheval doit tant, suscite toujours des émotions fortes et contradictoires. Les *aficionados* vantent son énergie, son courage, sa vigueur, son endurance, sa gentillesse, son intelligence et surtout sa beauté éthérée ; ses détracteurs déclarent qu'il est instable, impétueux, que sa conformation étrange laisse à désirer, le rend inapte aux compétitions et qu'il ne sait pas sauter.

Il n'en reste pas moins vrai que ce cheval a exercé une influence considérable sur des centaines d'autres races du monde entier. Qui est à l'origine de la tête délicate, des arcades orbitaires bien marquées, du maintien souple et de l'intelligence au dressage du Lipizzan ? Qui a légué au Shagya – cheval de type Arabe qui fut déterminant dans l'évolution du Lipizzan, et qui tient son nom d'un « Arabe pur », acheté en 1836 à une tribu de Bédouins – la vitesse, le courage et l'endurance qui font sa renommée ? Où le Pur-Sang a-t-il trouvé sa vitalité et sa vigueur ? La Communauté des États Indépendants (CEI) abrite le plus grand nombre de races de chevaux et de poneys du monde, dont la plupart sont redevables, en petite ou en grande partie, au cheval Arabe ; citons deux exemples notoires, l'Akhal-Teké, cheval de selle de grande endurance, et l'Orlov, trotteur renommé.

Type et conformation

Avant tout destiné à l'équitation, l'Arabe doit présenter deux critères essentiels : être typé et avoir une bonne conformation. C'est la perte de cette dernière, au cours de la quête effrénée du premier – causée par un élevage inconséquent – qui alimente les nombreuses critiques adressées à ce cheval ; pour cette raison, les admirateurs enthousiastes et universaux de l'Arabe réclament une politique d'élevage plus responsable.

Le type regroupe les traits qui distinguent une race d'une autre. L'Arabe est constitué d'une tête triangulaire au front large, aux pommettes saillantes et écartées, au chanfrein à arête légèrement concave, qui se termine sur un petit nez très fin ; il possède de grands yeux plantés plutôt bas, des naseaux ouverts capables d'une grande extension ; des oreilles bien rapprochées, menues et mobiles dont la pointe s'incurve légèrement vers l'intérieur ; sa tête, portée haut, forme un angle large avec l'encolure. Le dos court et plutôt droit, la cage thoracique bombée et le flanc bas contribuent à l'harmonie de l'ensemble, et la queue greffée très haut représente la signature caractéristique de cet animal.

Les qualités essentielles de la conformation de l'Arabe associent une encolure haute et arquée, une épaule oblique en arrière avec un garrot bien marqué ; un poitrail large, une poitrine profonde et ample ; un dos relativement trapu et fort se terminant sur une croupe allongée, des cuisses puissantes, bien musclées et des avant-membres vigoureux avec des canons courts ; des pieds durs et bien formés, le pied arrière étant de forme légèrement plus ovale que le pied avant.

Caractéristiques et qualités

Les caractéristiques de la race – telles que la tête concave (qui n'est pas typique de l'Arabe du désert originel) –, et la ligne tout à fait horizontale du dos et de l'arrière-main – aspects développés uniquement pour les présentations – ont contribué à endommager la réputation de cet animal en tant que monture. En dressage, la mode pour les allures relevées – souvent destinées à dissimuler des défauts de conformation – n'atténue pas ce reproche ; en outre, lors des

présentations, le trot rapide au bout d'une longe met souvent en évidence les allures pauvres résultant d'un élevage qui vise l'amélioration permanente du type, aux dépens de la conformation. À l'autre extrémité de l'échelle, la renaissance des courses de chevaux Arabes cause la perte du type en faveur de la conformation la mieux adaptée à la vitesse, en particulier dans les haras français.

Dans l'équitation de loisir, comme dans les concours d'endurance, l'Arabe reste inégalé. Sa vive intelligence, la relation très étroite qu'il désire et sait établir avec son maître ou son cavalier, en font un partenaire agréable. Des Arabes de bonne conformation peuvent être entraînés au dressage aussi facilement que toute autre race, bien qu'il leur manque peut-être la puissance solide du Pur-Sang anglais. Contrairement à la croyance générale, le saut est tout à fait de leur compétence ; ce talent, combiné à leur vitesse et à leur agilité globale, s'illustre brillamment dans le cross-country par équipe, en Angleterre.

Origines des lignées Arabes classiques

De façon peut-être paradoxale, l'Arabe a fait le tour du monde pour revenir finalement dans ses terres d'origine, car dans le contexte d'une massive renaissance culturelle, les cheikhs du golfe Persique cherchent à retrouver les meilleures lignées de chevaux autrefois exportés. La dispersion de la race débuta il y a plusieurs siècles. La date la plus lointaine de l'arrivée de l'Arabe en Inde, par exemple, avoisine 1290 ; en 1350, le Rajput Sultan Allah-ud-Din distribua, en guise de présents, cinq cents chevaux Arabes à l'occasion du mariage de son fils. Les dirigeants Moghols qui, selon la tradition persane, possédaient des chevaux de grande taille et fort beaux, furent les premiers à importer des étalons dans le but d'améliorer les races indiennes. Continuant à être importés régulièrement de l'Iran, de l'Irak et du golfe Persique jusqu'au XIXe siècle, des Arabes de qualité et d'origine variables s'infiltrèrent progressivement dans ce vaste continent et répandirent leur domination.

L'arrivée de la race en Grande-Bretagne commença avant le tournant du XIXe siècle, lorsque Lady Anne et Sir Wilfred Scawen Blunt firent le tour du désert à la recherche de très beaux chevaux pour leur haras de Crabbet, et les exportèrent à partir de 1878. Parmi ces spécimens se trouvait la jument Rodania. Du haras d'Ali Pacha Chérif, en Égypte, ils choisirent Mahruss II et Mesaoud. Avant cela, des chevaux Arabes – dont Godolphin Arabian (*cf.* p. 38) – furent enregistrés dans le stud-book général britannique, créé en 1791 par Weatherbys. Aujourd'hui, la lignée Crabbet désigne des chevaux entièrement issus des spécimens possédés par les Blunt.

L'influence égyptienne se fait sentir partout, aux États-Unis plus que partout ailleurs, où elle s'exerce à la fois sur le plan de la quantité et de la qualité. Les Arabes égyptiens actuels proviennent des chevaux de Mohammed Ali Pacha et de son petit-fils

Ci-contre : *L'étalon Elijah, au haras de Cam, au Texas.*

Ci-contre : *Réputé pour son intelligence et la relation forte qu'il peut entretenir avec son maître, l'Arabe a rayonné dans le monde entier.*

Abbas Pacha, aussi bien que de vingt chevaux de Crabbet qui furent envoyés au haras de Cheik Obeyd, en Égypte, appartenant à Lady Anne Blunt. L'étalon Nazeer transmit ses qualités à ses trois fils dont deux, Ibn Halima et Morafic, furent emmenés aux États-Unis, où ils eurent pour descendants El Shaklan, étalon remarquable, et la belle jument Imperial Phanilah. Nasser, président de l'Égypte, offrit le troisième fils, Aswan, au haras de Tersk, en Russie, où il fut largement utilisé, particulièrement dans des lignées de chevaux de course, et auprès de juments polonaises. Une fois que le studbook russe fut accepté par la World Arabian Horse Organization (WAHO : Organisation Mondiale du Cheval Arabe), les descendants d'Aswan furent réclamés pour l'exportation, élargissant ainsi leur influence en Europe et aux États-Unis.

Les Arabes russes sont réputés pour leur conformation d'athlètes et leurs allures superbes, élaborées entre la Première Guerre mondiale et la Seconde, essentiellement à partir de souches polonaises, françaises et Crabbets, avant l'arrivée d'Aswan. La Pologne exerça également une influence notable, en produisant des chevaux de grand gabarit et d'une beauté insigne, au succès considérable à la fois en performance et en présentation. L'étalon Piechur, vainqueur du Derby polonais, fut également un champion de piste, tandis que Grojec, père du grand champion britannique Sky Crusader, engendra de nombreux gagnants de courses britanniques.

En France, l'emphase fut mise sur l'élevage en vue des courses, ce qui suscita une critique selon laquelle nombre d'Arabes ressemblent, dans l'hexagone, plus à des Pur-Sang qu'aux spécimens de leur propre race. Incontestablement, la quête de la vitesse entraîne souvent la contrepartie d'une apparence ordinaire, bien que toutes les lignées françaises soient acceptées par la WAHO. Une explication partielle réside peut-être dans le fait qu'aujourd'hui les champions Arabes français descendent d'un petit nombre de juments, et que les sujets importés à l'origine du désert ne possédaient pas le type raffiné caractéristique de la race actuelle. Le succès de la politique d'élevage en France est évident si l'on tient compte de leur réussite sur le champ de courses, et la demande pour ces sujets – par exemple ceux de la famille qui produisit Manganate, Djelfor, Dormane, Pavot al Maury et Bengali d'Albret – est internationale.

Dans le monde entier, le cheval Arabe a imprimé sa marque. L'Australie a produit quelques sujets magnifiques de grande endurance, dotés de membres et de pieds particulièrement bons. Les Écuries royales jordaniennes se concentrent sur le maintien des lignées classiques, à la fois pour la piste et la performance. En Hongrie, le haras de Babolna, célèbre pour son élevage de Shagya – race forte issue d'une combinaison de chevaux locaux et de sang oriental – exerce une sélection sévère afin de faire évoluer un type spécifique de chevaux de cavalerie légers.

L'élevage est un art imprécis : le débat opposant le type à la conformation est peu susceptible de s'apaiser. Le cheval Arabe ne devrait pas être jugé sur son piédestal, mais dans sa pleine liberté de mouvement. Des membres remarquables de la race, tels que Aliha et FA Protea, juments inoubliables, El Shaklan, Aukubra, champion du monde et Kamil Batal, champion charismatique du Qatar, illustrent magnifiquement les multiples talents du cheval Arabe.

Ci-dessous : *Sur le champ de courses. Les Arabes sont renommés pour leurs performances d'athlètes.*

LE PUR-SANG

Ci-contre : *Jeunes Pur-Sang au haras. Aujourd'hui, l'élevage de cette race est une science ; pourtant, trois étalons seulement seraient à l'origine de tous les spécimens existants.*

L'ÉVOLUTION DU PUR-SANG en tant que race de chevaux de course, qui commença à la fin du XVIIe siècle, est la plus réussie de toute l'histoire de l'élevage équin. Il en a résulté la création du cheval le plus rapide et le plus précieux du monde, dont l'influence sur ses congénères fut majeure et lourde de conséquences.

Bien que l'impact du Pur-Sang se soit fait sentir dans le monde entier, c'est en Grande-Bretagne que ce dernier vécut les étapes les plus décisives de son évolution. Avant son arrivée dans ce pays, le type principal de cheval de course était représenté par le poney Galloway, race rustique dont la hauteur au garrot atteignait à peine 1,33 m. On savait toutefois, parmi les éleveurs de chevaux de course, que les chevaux Arabes, Barbes et Turcs atteignaient des vitesses plus grandes que les poneys britanniques : plus de deux cents spécimens orientaux avaient été importés en Grande-Bretagne entre 1660 et 1760, la plupart pour l'élevage.

Les trois étalons fondateurs

En raison du peu de documents existants, on ne sait si le Pur-Sang est entièrement issu des chevaux orientaux, ou si les poneys Galloways prirent part à son évolution. Cette question a peu de chances d'être résolue, mais il existe des archives suffisantes pour prouver que les étalons importés en Grande-Bretagne, trois d'entre eux en particulier – Byerley Turk, Darley Arabian et Godolphin Arabian – jouèrent un rôle déterminant dans l'évolution du Pur-Sang que nous connaissons aujourd'hui.

Byerley Turk fut le premier à être importé. La légende raconte qu'il aida son propriétaire à s'échapper lors de la bataille de la Boyne, en 1690. Remis à un haras du nord de l'Angleterre, il fut utilisé pour couvrir un grand nombre de juments de sang Galloway, Andalou, Connemara, Welsh puis essentiellement oriental.

Lorsque le second des trois étalons, Darley Arabian, arriva de Syrie, il fut également emmené au nord de l'Angleterre où il fut remis au haras du Yorkshire appartenant au frère de Thomas Darley. Le troisième étalon, Godolphin Arabian, naquit au Yémen et fut amené en Angleterre par le grand éleveur Edward Coke, du Derbyshire, qui le vendit à lord Godolphin, dans les années 1720.

Premier grand cheval de course, Flying Childers – fils de Darley Arabian – naquit en 1715 et ne perdit aucune compétition ; il légua son talent à sa progéniture. Son arrière petit-neveu Éclipse fut probablement le champion de course le plus célèbre de tous les temps : né en 1764, il resta invaincu lors des dix-huit courses auxquelles il participa et engendra une progéniture remarquable, comprenant près de trois cents vainqueurs, souvent inégalés au XXe siècle.

Ci-dessus : *La beauté et la grâce du Pur-Sang captivent depuis longtemps les artistes. Cette scène d'écurie a été peinte par Harry Hall.*

Ci-contre : On reconnaît aussitôt la tête élégante et raffinée du Pur-Sang. Nijinsky, cheval de course légendaire et chef d'une lignée d'innombrables vainqueurs, est ici photographié au haras de Clairborne, aux États-Unis.

Évolution de la course et de la race

Les éleveurs avaient assidûment gardé leurs pedigrees lorsque, en 1791, *An Introduction to a General Stud Book* (*Introduction à un stud-book général*) fut publié en Angleterre par Weatherbys, entraînant en 1808 la publication du volume I de *The General Stud Book* (*le Stud-book général*). Tous les chevaux répertoriés dans ce livre, désignés comme Pur-Sang, se révélaient assez différents des chevaux à la taille de poneys qui avaient effectué des courses de 6,66 km à la création de la race. Les éleveurs investissaient beaucoup d'argent dans leurs protégés, et ils espéraient rentrer rapidement dans leurs frais : les courses furent raccourcies et les poids portés par les chevaux, qui pouvaient atteindre jusque-là 77 kg, furent réduits pour permettre à des individus plus jeunes de concourir.

Avec ces changements, le développement rapide et la vitesse du Pur-Sang s'imposèrent comme des considérations essentielles. Les chevaux de course, n'ayant plus besoin d'être aussi robustes, furent bien nourris et tenus au chaud afin d'atteindre plus rapidement la maturité. Ils devinrent plus grands et plus fins ; au cours de la fin du XVIIIe siècle et du début du XIXe siècle, la taille du Pur-Sang moyen augmenta de 15 cm, s'élevant jusqu'à 1,60 m au garrot. Au milieu du XIXe siècle, le maximum fut atteint : ni la taille ni la vitesse de ce spécimen n'ont augmenté depuis.

Les Pur-Sang pure race, qui présentent tout un éventail de types, vont des sprinters musclés et compacts, à l'arrière-main puissante, aux chevaux de distance classique qui parcourent de 1 500 à 2 700 m ; ou encore des stayers anguleux aux membres longs, aux chevaux de steeple-chase plus robustes pour les courses de haies. Les éleveurs du monde entier se sont souvent appuyés sur les Pur-Sang importés de Grande-Bretagne pour créer leurs propres chevaux de course. Diomed, par exemple, – gagnant du Derby inaugural en 1780 (*cf.* p. 120) – fut importé par un éleveur américain et fonda une dynastie. Iroquois, yearling descendant de Diomed, fut envoyé d'Amérique en Grande-Bretagne pour s'entraîner ; deux ans plus tard, en 1881, il gagna le Derby. Des éleveurs français commencèrent aussi à importer et à élever des Pur-Sang : dans les années 1830, ce spécimen fut reconnu comme race nationale officielle. En 1865, Gladiateur, élevé en France, fut envoyé en Grande-Bretagne pour y courir et connut l'honneur insigne d'une triple victoire en gagnant les trois courses classiques, le 2 000 Guinées, le Derby et le Saint-Léger.

D'autres pays – du Japon ou de l'ex-URSS, à l'Allemagne et à l'Italie – ont également importé des Pur-Sang ; comme pour l'Arabe (*cf.* p. 34), la situation est revenue à son point de départ car très récemment, le Moyen-Orient – où les reproducteurs de la race furent élaborés – est devenu un importateur majeur. Dans l'hémisphère Sud, l'Australie, la Nouvelle-Zélande, le Brésil, le Pérou et l'Afrique du Sud ne sont que quelques-uns des pays abritant des industries florissantes basées sur l'élevage et les courses de Pur-Sang.

La compétition

À l'exception des races pures anciennes telles que l'Arabe et l'Andalou (Pure Race Espagnole) et de nombreuses races de poneys, il est difficile de trouver des chevaux n'ayant pas bénéficié de croisements avec le Pur-Sang – destinés à leur conférer classe, élégance, raffinement et vitesse. Aujourd'hui, en raison de la popularité croissante des concours équestres, les chevaux de concours ou de sport – utilisés pour le saut d'obstacles, le dressage, le concours complet et l'attelage, aussi bien que pour les loisirs – sont très demandés. Les Pur-Sang ont joué un rôle fondamental dans le développement de tels spécimens et leurs croisements avec de lourds chevaux de ferme, ou avec des chevaux de cavalerie ou encore des carrossiers, ont produit les animaux élégants et athlétiques capables de gagner ces compétitions.

Le Hanovrien allemand est en général considéré comme la race de chevaux de sport la plus efficace. Ses sujets ont gagné des médailles d'or olympiques dans les trois disciplines du dressage, du cross-country et du concours hippique. Des Pur-Sang, qui furent utilisés dans les programmes d'élevage des Hanovriens après la création du haras national de Celle, en 1735, peuplent encore ce centre d'élevage. Le Holsteiner allemand bénéficia d'un apport de Pur-Sang à la fin des guerres napoléoniennes ; plus récemment, des chevaux de la qualité de Cottage Son et de Lady Killer ont joué un rôle fondamental en transformant le Holsteiner en une race capable de gagner des médailles dans le concours complet sur trois jours.

Le Selle français qui, avec le Hanovrien, domine le concours hippique, ainsi que le Cheval à sang chaud néerlandais – particulièrement efficace dans le dressage, l'attelage et le concours hippique – furent tous deux influencés par le Pur-Sang. Ils devinrent des prétendants aux honneurs suprêmes dans l'industrie en expansion du cheval de compétition, née des talents d'améliorateur du Pur-Sang, au cours des années 1960 et 1970.

Le trot attelé

Ce type de course représente une autre industrie équine (*cf.* p. 136-137). Un certain nombre de races différentes se montrent brillantes à ce sport, le Trotteur français, l'Orlov, de Russie, et le Standardbred américain, qui possèdent tous des racines Pur-Sang. En France, le sire prédominant du XIXe siècle fut Heir of Linne. Aux États-Unis, ce fut Messenger (né en 1780) qui remonte aux trois étalons fondateurs de la race, Byerley Turk, Darley Arabian et Godolphin Arabian.

Les trotteurs britanniques, en l'absence de courses de trot, peu populaires dans ce pays, étaient en général utilisés au XIXe siècle pour l'attelage ; ils avaient encore du sang Pur-Sang. Aujourd'hui, cette lignée de trotteurs est représentée par le Hackney, cheval ou poney, à l'allure relevée spectaculaire. Shales, Hackney d'origine (né en 1755), petit-fils de Flying Childers, fut un fondateur de la race.

Ci-dessous : *Mill Reef, contemporain de Nijinsky, élevé aux États-Unis et entraîné en Angleterre par Ian Balding, a dominé la course de plat à l'âge de 3 ans, gagnant à la fois le Derby et le Royal Ascot. Il transmit ses qualités à sa progéniture, et engendra deux vainqueurs du Derby.*

L'ANDALOU, PURE RACE ESPAGNOLE (PRE)

Ci-contre : L'Andalou, noble et fier, serait la plus ancienne race de chevaux de selle du monde.

Ci-contre : Courageux, docile et obéissant, l'Andalou conquiert aujourd'hui ses quartiers de noblesse sur le terrain de la compétition.

L'HISTOIRE DE L'ESPAGNE s'est construite à dos de cheval : au long des siècles, un bon cheval a toujours symbolisé dans ce pays la richesse, la chevalerie et la puissance. L'Andalou, ou Pur Race Espagnole, constitue l'un des chevaux de selle les plus anciens du monde. Bien que les origines de la race ne soient pas claires, les Espagnols clament haut et fort qu'il est natif d'Espagne et ne doit pas une seule de ses caractéristiques à des apports étrangers.

Au moment de l'invasion maure, en 711 av. J.-C., les Arabes utilisèrent le terme « Andalou » pour désigner la presque totalité de la péninsule ibérique. Ce terme se référa graduellement aux provinces méridionales et, aujourd'hui, l'Andalousie est le centre d'élevage de chevaux incontesté de l'Espagne.

Réglementation de l'élevage

En 1492, la péninsule ibérique avait élaboré l'une des plus grandes cavaleries du monde. Cependant, ce furent les moines chartreux qui, au cours du XVe siècle, introduisirent la notion d'organisation dans la sélection des chevaux, en établissant des programmes d'élevage très étudiés au haras de Hierro del Bocado, sur les terres de Fuente del Suero, situées près du monastère de Jerez. Les descendants de ces lignées, d'un prix très élevé, sont encore très demandés aujourd'hui.

En 1810, l'une des bandes de chevaux les plus renommées du monde fut sauvée de la dispersion par José Zapata. Vicente Romero acheta quant à lui quelques-unes des poulinières, protégeant ainsi la race et assurant sa pureté. L'élevage des Andalous pure race est maintenant strictement contrôlé par le gouvernement ; la *Jefatura de Cria Callabar*, stud-book de cette race, inclut des registres concernant les spécimens purs, croisés et Hispano-Arabes. Ces derniers, croisements de juments Arabes et d'étalons Andalous, furent à l'origine élevés pour l'armée espagnole ; leur race ne fut officiellement reconnue qu'en 1987 et ses membres sont soumis au même processus de sélection que les chevaux de race pure.

Une influence considérable

En 1912, l'Association des Éleveurs de l'Andalou décida que tous les chevaux autrefois baptisés Andalous seraient maintenant nommés Espagnols. Cette décision, due à une mauvaise interprétation du terme Andalou, fut appliquée en grande partie pour apaiser les éleveurs espagnols vivant hors de l'Andalousie, qui pensaient que les haras situés dans la région même bénéficiaient d'un avantage injuste pour leurs confrères.

L'Andalou eut une influence considérable sur les autres races de chevaux. En 1580, quelques-uns des meilleurs spécimens d'Espagne furent envoyés au nouveau haras de Lipica, maintenant situé en Slovénie, fondant ainsi la race du Lipizzan. L'archiduc Charles II, propriétaire du haras, avait déjà fondé une école d'équitation à Vienne huit ans auparavant (*cf.* p. 18). Nombre d'autres races, incluant celles de chevaux allemands, possèdent du sang Andalou ; au Portugal, l'Alter Real – utilisé par l'École portugaise d'Art équestre – fut, dit-on, élaboré à partir de juments et d'étalons venus d'Andalousie, en 1747.

L'Andalou aujourd'hui

Doté de courage, d'agilité et de docilité, l'Andalou était à l'origine un cheval de cavalerie et de corrida idéal. Au fil du temps, lors des fiestas, fêtes destinées à célé-

Ci-dessus : En 1912, l'Association des Éleveurs espagnols, afin d'apaiser les éleveurs de régions autres que l'Andalousie, décida que la dénomination « Andalou », serait remplacée par « Espagnol ».

Ci-dessous : L'Andalou joue un rôle essentiel dans les fiestas, fêtes traditionnelles d'Espagne.

Ci-dessus : Un corps puissant et ramassé, des allures actives et une présence stupéfiante caractérisent l'Andalou.

brer la venue du printemps et la moisson d'automne, les Andalous tirant des voitures et transportant des *caballeros* – habillés du costume gitan traditionnel et accompagnés de leurs *señoritas* perchées en amazone sur la selle arrière – sont devenus des éléments spectaculaires de la tradition.

Considéré comme le type parfait du cheval de Haute École, l'Andalou a toujours fait l'objet d'une discrimination lors des compétitions en raison de ses allures relevées et troussées. Le spécimen actuel, plus grand (1,63 m) et levant moins les genoux, est mieux accepté.

En 1987, la Real Escuela Andaluza Del Arte Equestre (École royale andalouse d'Art équestre) de Jerez se vit attribuer son préfixe royal et devint une grande ambassadrice du PRE. Rapidement reconnue, elle envoya une équipe de cavaliers aux jeux Olympiques de 1996 ; ces derniers conquirent la quatrième place au Championnat de dressage de 1997. Race forte, active, d'une grande présence, possédant un tempérament docile et un talent exceptionnel pour exécuter le piaffer et le passage, l'Andalou gagnera peut-être un jour une médaille olympique bien méritée.

LE PUZZLE GÉNÉTIQUE

L'ÉVOLUTION DES CHEVAUX, depuis trois cents ans en particulier – époque de l'évolution du Pur-Sang par l'utilisation d'étalons Arabes (*cf.* p. 34 et 38) à la fin du XVIIe siècle –, fut largement déterminée par le talent des éleveurs.

Dans le cas du Pur-Sang, l'emphase fut mise sur l'obtention d'une combinaison unique de vitesse, de vigueur et de beauté qui sont les points forts de la race.

Pour la plupart des races dominantes (*cf.* deuxième partie, p. 32), il existe des stud-books. Pour assurer la continuité et la pureté des spécimens, la plupart des sociétés d'élevage pratiquent des évaluations annuelles de leurs animaux et obéissent à des critères très stricts pour l'enregistrement des sujets. Ainsi, tout animal muni de papiers non seulement répond aux normes de base de taille, de robe et de conformation, mais témoigne aussi de qualités moins palpables tout aussi caractéristiques de la race.

Pour les éleveurs moins concernés par une race particulière et dont l'objectif consiste à produire un type de cheval précis – un cheval de chasse ou de concours –, le talent requis pour l'évaluation du patrimoine héréditaire n'est pas moindre. Le rêve de produire un cheval de chasse qui remportera la victoire lors des présentations, peut donner naissance à un projet qui prendra des années, voire plusieurs générations depuis le premier accouplement, pour voir les efforts récompensés. Les croisements entre races pour obtenir des chevaux de bonne qualité sont l'un des moyens favoris de production de chevaux de selle. Un exemple caractéristique d'un type bien connu et apprécié de croisement est celui d'une jument britannique indigène (New Forest ou Connemara, par exemple) et d'un étalon Pur-Sang. La progéniture devrait être grande, avec une bonne ossature, et devrait combiner le pied sûr et la nature calme d'un poney natif, aussi bien que son intelligence, à la vigueur et à l'élégance du Pur-Sang.

Ci-contre : *Les deux couleurs de robe de base sont le bai et l'alezan ; le bai est un gène dominant : les chances pour qu'une jument baie donne naissance à un poulain alezan, comme c'est le cas ici, sont rares.*

Dans le monde du Pur-Sang, en particulier, le travail consistant à produire le cheval suprême, qui réalisera sur le champ de courses les espoirs et les rêves de son propriétaire, est devenu une sorte de science. Au plus haut niveau, les ventes de jeunes Pur-Sang sont encore réservées aux acheteurs les plus fortunés. Toutefois, l'élevage suscite une fascination due à son caractère imprévisible – il ne suffit pas d'accoupler le meilleur avec le meilleur pour obtenir le meilleur.

La génétique évolue rapidement à notre époque. L'opinion est divisée sur le fait de savoir si c'est une bonne chose ou non, mais le fait de connaître les processus de l'hérédité peut aider à comprendre des phénomènes que nos ancêtres pouvaient simplement observer avec étonnement. Pourquoi, par exemple, l'accouplement de deux chevaux bais peut-il donner un poulain alezan ? Pourquoi l'union de deux champions n'en produit-elle pas un troisième ?

Les gènes, légués par les parents à leur descendance, sont ce qui modèle un individu avant que l'environnement et les circonstances n'entrent en ligne de compte. Ils ont une existence physique définie. Il existe un gène différent pour chaque caractéristique élémentaire – par exemple, la couleur des poils – possédée par chaque individu. Chaque créature vivante possède deux gènes – un transmis par chaque parent – pour chaque caractéristique donnée. Chacun des parents, par conséquent, a une chance égale de contribuer à la constitution de ses enfants.

Les gènes sont portés, comme des perles sur un fil, par les chromosomes, structures en bâtonnet présentes à l'intérieur de toutes les cellules du corps. Les chromosomes se présentent par paires ; un exemplaire de chaque gène est situé sur chacun des chromosomes qui constituent une paire. Chaque espèce possède un nombre caractéristique de chromosomes par cellule. Chez le cheval, ce nombre est de 64, soit 32 paires.

Gènes transmis

Dans chaque ovule et chaque spermatozoïde, il n'y a que 32 chromosomes. Lorsque la fécondation se produit, le patrimoine génétique total est reconstitué pour la nouvelle créature, un membre de chaque paire de chromosomes, orné de ses gènes, provenant de chaque parent. Toutefois, lorsque l'œuf se forme, les 32 chromosomes isolés ne sont pas livrés comme un ensemble intact exactement comme ils ont été reçus. Une réorganisation des chromosomes, voire une division et une recombinaison s'opèrent, dans un processus connu sous le terme de *crossing over* (« brassage génétique »). En résumé, chaque ovule et chaque spermatozoïde transportent une combinaison de gènes due au hasard – certains issus du père et certains de la mère – différente de celles de toutes les générations précédentes.

Bien que les gènes correspondant à différentes caractéristiques soient hérités séparément, certains d'entre eux peuvent avoir tendance à être hérités ensemble ; cela se produit si ces gènes sont transportés par le même chromosome. Ce phénomène n'est pas invariable, car le *crossing over* peut aboutir à la séparation de gènes liés. Toutefois, plus les gènes sont proches sur un chromosome, moins ils ont de chances d'être séparés.

Dans certaines espèces, – telles que le bétail de grande production – une carte des chromosomes a été établie, ainsi que la position et l'identité des gènes ; mais notre connaissance de la génétique équine – bien qu'en progrès – en est encore à ses balbutiements. Tout progrès contribuant à la santé et à la solidité de l'individu doit être bien accueilli, mais il faut garder à l'esprit que la plupart des chevaux sont élevés pour leurs performances et leur excellence en tant qu'individus, et non comme des animaux destinés, par exemple, à produire un lait uniforme.

Ci-contre : Sadler's Wells, superbe étalon de course Pur-Sang, possédant un génotype bai double, ne peut engendrer un poulain alezan.

Ci-dessous : Un transfert d'embryon peut être effectué chez le cheval. L'utérus de la jument, baptisée « donneuse », est remplie de plusieurs litres de liquide. On recherche ensuite l'embryon, alors gros comme une tête d'épingle, dans le liquide récupéré.

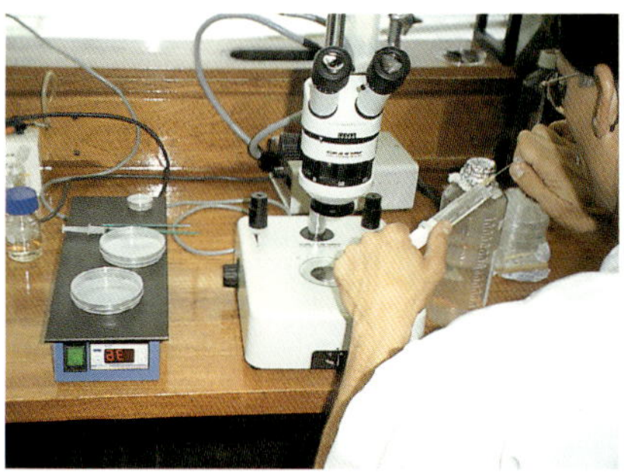

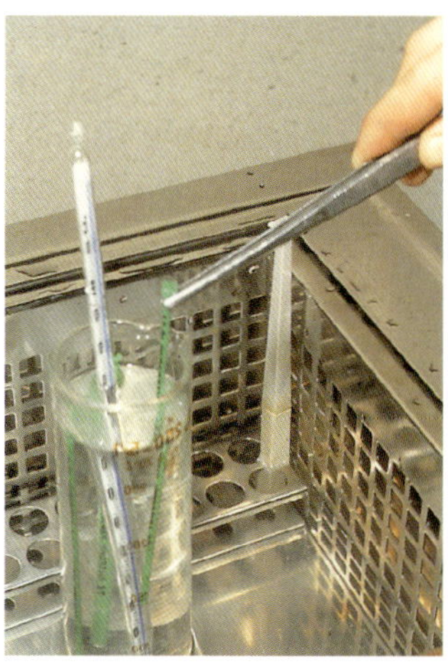

Ci-contre : Le sperme d'étalon peut être conservé de nombreuses années dans de l'azote liquide. La semence est congelée en fines paillettes, qui sont décongelées dans de l'eau chaude avant leur utilisation.

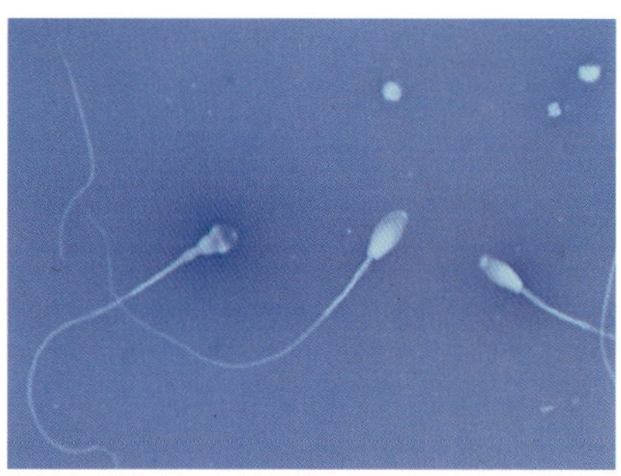

Ci-dessus : Spermatozoïdes d'étalon examinés au microscope : on observe la tête plate et ovale, attachée à une queue très allongée.

Génétique et couleur de robe

La façon dont un caractère apparaît chez un individu va dépendre du comportement dominant ou récessif des deux gènes (nommés allèles) dans une paire. Ce concept est très aisément illustré par l'hérédité de la robe, caractère physique le plus instantanément évident du cheval.

Des deux couleurs de robe de base – bai et alezan – le gène pour le bai est dominant, tandis que celui pour l'alezan est récessif. Ainsi, un cheval portant deux gènes bais devrait être bai ; un cheval avec un gène bai et un gène alezan devrait également être bai ; mais un cheval avec deux gènes alezans ne peut être qu'alezan – le terme technique pour ce que voit l'œil est le phénotype ; le patrimoine génétique sous-jacent est le génotype. Il s'ensuit que l'accouplement de deux chevaux alezans ne peut produire qu'un poulain alezan ; mais deux chevaux bais peuvent aussi produire un poulain alezan si les deux possèdent un gène bai et un gène alezan et si tous deux – seul le hasard en décide – transmettent leur gène alezan à leur progéniture.

Aptitude et prédominance équine

La robe d'un cheval n'entre pas en ligne de compte dans ses capacités athlétiques ou sa prédominance en matière de reproduction. Au cours des cinquante dernières années, 69 % des gagnants du Derby d'Epsom étaient bais, ou bais bruns – couleurs de parenté génétique étroite. Ce fut cependant également le cas de 69 % des coureurs de Derby. Les observations effectuées sur la transmission de la couleur de robe illustrent la façon dont d'autres caractéristiques physiques, qui peuvent influer sur la performance d'un cheval, sont susceptibles de progresser de génération en génération. Cette constatation nous interdit tout dogmatisme en matière d'héritage de l'aptitude.

les principales **races de chevaux**

LES PRINCIPALES RACES DE CHEVAUX Europe

Grande-Bretagne

Cleveland Bay

taille :	*1,60 à 1,65 mètre au garrot*
couleurs de robe :	*bai*
traits distinctifs :	*longévité*
aptitudes :	*attelage & trait léger*

Représentant de la race de chevaux indigènes la plus ancienne et la plus pure de Grande-Bretagne, le Cleveland Bay fut utilisé aux XVIIe et XVIIIe siècles en tant qu'animal de bât. Issu de Cleveland, où vivait son ancêtre, le Chapman à robe baie, il est resté à l'abri d'influences étrangères, bien qu'un croisement avec des Pur-Sang ait été effectué à la fin du XVIIIe siècle.

Ce beau cheval possède une grande tête au profil convexe, de bonnes épaules, un passage de sangle profond et un dos long et fort. L'arrière-main, puissante, et les membres courts et ossus, s'appuient sur de bons pieds. En raison d'une pénurie de juments de race pure, ce cheval, apprécié pour son intelligence, sa force et son endurance, figure dans la liste des équidés en voie de disparition du *Rare Breeds Survival Trust*.

Clydesdale

taille :	*1,65 mètre au garrot*
couleurs de robe :	*en général bai ou brun, parfois gris & noir*
traits distinctifs :	*allures actives*
aptitudes :	*trait lourd*

Lourd cheval d'Écosse élevé dans le Lanarkshire, sur les bords de la Clyde, le Clydesdale provient du croisement de juments locales avec des étalons flamands, plus massifs, importés au début du XVIIIe siècle. Une demande considérable de chevaux robustes pour les travaux agricoles et pour tracter le charbon dans les mines assura un développement rapide de la race qui s'orienta surtout vers les spécimens dotés de membres solides et de bons pieds.

Pour un animal aussi grand – toutefois moins haut que le Shire – le Clydesdale possède des allures actives. Quelle que soit sa robe, il affiche de grandes marques blanches sur le chanfrein et les membres. Ses paturons sont très fournis.

Hackney

taille :	*1,50 mètre au garrot*
couleurs de robe :	*bai, brun, noir & alezan*
traits distinctifs :	*allures relevées et aériennes*
aptitudes :	*attelage*

Le Hackney descend du Norfolk Roadster, élaboré au XVIIIe siècle, trotteur renommé maintenant disparu. Les meilleurs Roadsters étaient issus d'un cheval nommé Shales – fils d'un Pur-Sang, Blaze, et de Flying Childers – dont on peut faire remonter l'arbre généalogique à Darley Arabian (*cf.* p. 38). Doté à la fois d'une ascendance Pur-Sang anglais et Arabe, le Hackney était très recherché, au XIXe siècle, pour un usage militaire et pour l'attelage ; aujourd'hui, on l'admire surtout lors d'exhibitions, auxquelles son trot élégant et très élevé ainsi que son tempérament fougueux, le destinent tout naturellement. La tête nette, bien dressée sur une encolure arquée et la queue greffée haut ajoutent à l'impression générale de vigueur et de vivacité produite par ce cheval.

Shire

taille :	*1,80 mètre au garrot*
couleurs de robe :	*bai, brun, noir & gris*
traits distinctifs :	*force*
aptitudes :	*présentations & trait lourd*

L'un des équidés les plus hauts du monde, le Shire, descend du Old English Black dont l'ancêtre était le Grand Cheval du Moyen Âge. Ce spécimen extrêmement puissant, aux flancs volumineux, aux membres longs dotés de fanons fournis possède une tête fine par rapport à sa taille. En dépit de leur stature et de leur force impressionnantes – un Shire moyen pèse une tonne et peut tracter une charge cinq fois plus lourde – les membres de cette race se révèlent d'un tempérament aimable et sont faciles à manier.

Au cours du XXe siècle, la mécanisation croissante aurait pu faire disparaître le Shire, qui conserva étrangement sa popularité. Actuellement, on a toutefois plus de chance de l'admirer en présentations sur la piste que dans les travaux des champs.

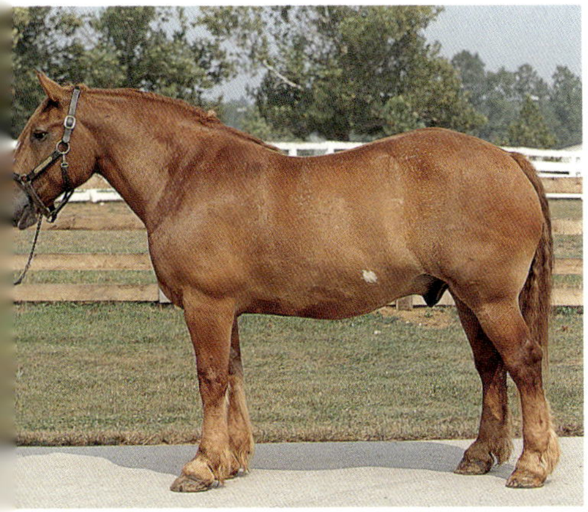

Suffolk

taille :	*1,60 à 1,65 mètre au garrot*
couleurs de robe :	*alezan*
traits distinctifs :	*longévité*
aptitudes :	*trait lourd & présentations*

Élaboré à l'est de l'Angleterre, au début du XVIe siècle, ce cheval de trait appartient à la plus pure des races lourdes britanniques. Tous les Suffolks existant aujourd'hui remontent à un individu commun, le Cheval d'Ufford (Oxford), né en 1768, appartenant à Thomas Crisp. En dépit de son poids avoisinant une tonne, le spécimen actuel, compact, au corps massif porté par des membres courts et secs, est un animal actif, toujours utilisé en agriculture aussi bien que pour des présentations sur piste. Bien que les membres de cette race soient presque sans exception alezans, leur robe peut posséder l'une des sept nuances qui vont de l'alezan brûlé presque noir au crème.

D'une grande longévité, frugaux, ces chevaux se révèlent d'un tempérament aimable et doux.

Pur-Sang anglais

taille :	*1,62 mètre au garrot*
couleurs de robe :	*toutes les robes unies*
traits distinctifs :	*vitesse & vigueur*
aptitudes :	*selle (courses en particulier)*

Sans conteste l'un des chevaux les plus beaux du monde, le Pur-Sang anglais, qui se révèle aussi le plus rapide et le plus précieux, est à l'origine d'un élevage aux dimensions multinationales, et de l'industrie des courses. La race évolua en Angleterre, aux XVIIe et XVIIIe siècles, lorsque des « coureurs » – utilisés dans les premières compétitions – furent croisés avec des étalons orientaux.

Les premiers reproducteurs furent Byerley Turk (importé en 1689), Darley Arabian (1705) et Godolphin Arabian (1728) (*cf.* p. 34-37). Ces trois chevaux produisirent les quatre lignées principales de Pur-Sang anglais : Herod, Eclipse, Matchem et Highflyer (fils d'Herod). Ce spécimen excelle dans toutes les branches de sport équestre où la vitesse, le courage et l'endurance sont indispensables. Il possède une tête fine plantée sur une encolure svelte et élégante, des épaules obliques, un passage de sangle profond permettant une expansion maximale du poumon, une arrière-main puissante, des membres antérieurs fins, aux articulations larges et plates et des membres postérieurs forts et ossus.

Anglo-Arabe

taille :	*1,60 à 1,67 mètre au garrot*
couleurs de robe :	*toutes les robes unies*
traits distinctifs :	*robustesse, faculté d'adaptation*
aptitudes :	*selle*

Issu d'un croisement entre un Pur-Sang et un Arabe, l'Anglo-Arabe est aujourd'hui élevé de façon particulièrement intensive en France. Dans le passé, les Anglo-Arabes devaient posséder 25 % de sang arabe, au moins. Aujourd'hui, alors qu'ils sont souvent croisés entre eux, on se contente de 12,5 %. Cheval robuste, solide, athlétique, aux grandes facultés d'adaptation, l'Anglo-Arabe est doté d'une silhouette évoquant celle du Pur-Sang : il présente une tête au profil droit, des épaules bien inclinées et un garrot saillant ; cependant, son ossature est plus solide et sa croupe plus allongée.

Bien qu'il ne soit pas aussi rapide que le Pur-Sang, ce cheval se révèle meilleur sauteur et s'adapte très bien au dressage.

Irlande

Hunter irlandais

taille :	*1,50 à 1,70 mètre au garrot*
couleurs de robe :	*gris, bai, brun & alezan*
traits distinctifs :	*allures libres & aisées*
aptitudes :	*attelage*

Les origines de ce cheval sont incertaines, mais sa première inscription au stud-book remonte à 1917. Pendant la Première Guerre mondiale, la race souffrit de lourdes pertes car l'armée britannique avait réquisitionné une grande partie des meilleures juments. Plus récemment, l'exportation de spécimens sur le continent européen amputa de nouveau la population indigène, jusqu'à ce qu'une loi limitant ce commerce fût votée vers 1965.

Excellent travailleur de ferme, le Hunter irlandais sert surtout à engendrer des chevaux de chasse et de concours hippique de haut niveau lorsque les juments sont accouplées à des étalons Pur-Sang. Les spécimens les plus beaux possèdent d'excellentes épaules et des membres forts et solides, aux boulets ornés de rares fanons. Dotés d'allures libres et droites, ces animaux se révèlent pour la plupart des sauteurs nés et constituent d'excellents chevaux de sport.

France

Ardennais

taille :	*1,57 mètre au garrot*
couleurs de robe :	*rouan, bai & alezan*
traits distinctifs :	*vigueur*
aptitudes :	*trait léger & lourd*

Cheval de trait trapu et compact au squelette puissant, l'Ardennais est issu de la région des Ardennes, où le climat sévère de la région produit toujours des animaux très robustes de taille moyenne, parfaitement adaptés aux travaux agricoles (*cf.* également Ardennais belge).

La race évolua au cours du XIXe siècle lorsque divers croisements produisirent deux types spécifiques. Le type Postier, plus léger, fut élaboré à partir de l'Arabe, du Pur-Sang, du Percheron et du Boulonnais, tandis que le type plus lourd résulta d'une infusion de sang Brabant.

L'Ardennais, d'une douceur et d'une docilité exceptionnelles, est également élevé pour sa viande.

Auxois

taille :	*1,55 à 1,60 mètre au garrot*
couleurs de robe :	*bai & rouan vineux*
traits distinctifs :	*vigueur*
aptitudes :	*trait*

Ce spécimen constitue une version moderne de l'ancien cheval lourd du nord-est de la Bourgogne, qui existait encore au Moyen Âge. Depuis le XIXe siècle, des infusions de sang Percheron, Boulonnais et Ardennais ont été effectuées et la race actuelle, l'Auxois, produit un type plus massif que celui de son ancêtre Bourguignon. Un élevage sélectif a mis l'accent sur des robes baie et rouan vineux.

À l'instar de ses parents proches, l'Auxois se montre un travailleur à la fois extrêmement robuste et complaisant, au tempérament égal caractéristique de ce type de cheval de trait. De construction solide, les membres pourvus de crins relativement peu abondants, il ressemble à l'Ardennais et au Trait du Nord.

Boulonnais

taille :	*1,60 à 1,67 mètre au garrot*
couleurs de robe :	*gris, bai & alezan*
traits distinctifs :	*veines très apparentes*
aptitudes :	*trait*

On pense que ce spécimen, originaire du nord de la France et descendant de l'ancien cheval lourd du nord de l'Europe, reçut des infusions de sang oriental au moment de l'invasion de la Grande-Bretagne par les Romains, lorsque la cavalerie numide était en garnison sur la côte de Boulogne. La race bénéficia d'autres apports orientaux à l'époque des croisades, ainsi que de l'influence de l'Andalou. Bien qu'il s'agisse d'un animal de trait lourd, le Boulonnais, très actif, témoigne d'une grande intelligence. L'influence orientale est illustrée par sa tête gracieuse et raffinée et ses proportions harmonieuses.

Breton

taille :	*Trait Breton ou Gros Breton :*
	1,60 mètre au garrot
	Postier Breton :
	1,50 mètre au garrot
couleurs de robe :	*rouan foncé ou vineux ;*
	alezan & bai, parfois noir
traits distinctifs :	*tempérament calme*
aptitudes :	*trait & travaux agricoles légers*

À l'origine, le Breton était un petit spécimen indigène de Bretagne destiné au trait ou à l'attelage, mais des croisements avec diverses autres races produisirent trois types distincts. Le Trait breton, élaboré par des infusions de sang Percheron, Ardennais et Boulonnais ; le Postier Breton, doté de dispositions au trot, issu du Norfolk Roadster et du Hackney ; et le Corlay (race très rare, voire éteinte), cheval plus léger de selle ou d'attelage, d'ascendance Arabe et Pur-Sang.

Le Trait breton, spécimen à la maturité précoce, est élevé pour sa viande aussi bien que pour les travaux agricoles ; le Postier est utilisé pour les travaux agricoles légers et pour améliorer des races moins évoluées. Tous deux sont des animaux actifs dotés d'une nature aimable.

Comtois

taille :	*1,47 à 1,57 mètre au garrot*
couleurs de robe :	*rouan*
traits distinctifs :	*vigueur*
aptitudes :	*trait léger*

Ce cheval de trait léger, qui existe, semble-t-il, depuis le VIe siècle av. J.-C. en Franche-Comté, proche de la frontière franco-suisse, est apparenté à l'Ardennais. Son environnement en a fait un spécimen de montagne extrêmement robuste et au pied sûr. D'aspect plutôt ordinaire, il possède une grande tête, plantée sur une encolure droite, un dos allongé et l'arrière-main solide caractéristique des animaux vivant dans des régions escarpées.

Trotteur français

taille :	*1,65 mètre au garrot*
couleurs de robe :	*noir, brun bai & alezan*
traits distinctifs :	*endurance*
aptitudes :	*selle & course au trot attelé*

Cheval de course au trot attelé de classe internationale, le Trotteur français fut élaboré au XIXe siècle en accouplant des étalons Pur-Sang, Demi-Sang et Norfolk Roadsters – tous importés d'Angleterre – à des juments Normandes. Deux reproducteurs particulièrement influents pour la race furent Young Rattler et The Heir of Linne, tous deux nés dans la première moitié du XIXe siècle ; cinq descendants de ces étalons fondateurs, baptisés Conquérant, Lavater, Normand, Phaëton et Fuschia, sont à l'origine de 90 % des Trotteurs français actuels.

Plus récemment, un croisement avec le Trotteur américain fut effectué, mais le Trotteur français se révèle plus grand et mieux campé que son homologue Américain, conformation indispensable en raison de la popularité encore très grande des courses au trot monté en France. Ce cheval à la charpente solide présente l'arrière-main inclinée et musclée caractéristique du trotteur.

Percheron

taille :	*1,60 à 1,70 mètre au garrot*
couleurs de robe :	*gris & noir*
traits distinctifs :	*vigueur*
aptitudes :	*trait*

Seuls les spécimens de la race élevés dans le Perche, – région qui réunit la Sarthe, l'Eure et Loir, le Loir et Cher et l'Orne, et dont ces chevaux sont originaires – sont admis dans le stud-book de la race ; ceux élevés dans d'autres régions ont leur propre stud-book.

On discerne encore aujourd'hui l'influence d'ancêtres Arabes dans l'apparence physique du Percheron, qui se montre également plus nerveux que les autres chevaux lourds.

Bien proportionné, ce bel animal se révèle, en dépit de sa taille, doté d'allures gracieuses. Il possède une jolie tête fine qui surprend sur une stature aussi puissante, et allie vigueur, endurance et liberté de mouvement. Cette race connaît une grande popularité, en particulier aux États-Unis et en Grande-Bretagne.

Mulassier poitevin

taille :	*1,60 à 1,70 mètre au garrot*
couleurs de robe :	*en général louvet, parfois bai & brun*
traits distinctifs :	*conformation pauvre*
aptitudes :	*producteur de mulets*

Le Mulassier poitevin, qui descend de chevaux importés de plusieurs pays, des Pays-Bas et du Danemark en particulier, était à l'origine utilisé pour travailler dans les marais du Poitou, auxquels ses pieds larges sont particulièrement adaptés.

Aujourd'hui, il est essentiellement réservé à la production de mulets, obtenus par le croisement des meilleures juments locales avec des baudets.

Sa tête lourde surmonte une encolure courte et raide, encadrée d'épaules droites. Son dos allongé se termine par une arrière-main tombante.

Selle français

taille :	*1,55 à 1,67 mètre au garrot*
couleurs de robe :	*essentiellement alezan, mais toutes les robes unies existent*
traits distinctifs :	*bon sauteur*
aptitudes :	*selle*

Le nom de ce cheval ne fut attribué qu'en 1965, bien que le stud-book de la race prolonge celui de l'Anglo-Normand : au XIXe siècle, les éleveurs normands croisèrent des étalons Pur-Sang et Demi-Sang anglais avec leurs chevaux efficaces, mais ordinaires. Des apports de Pur-Sang, Arabe et Trotteur français plus récents ont produit le Selle français de bonne qualité. Ce cheval fort et athlétique, au caractère excellent, est tout à fait adapté à tous les sports équestres de compétition tels que le saut d'obstacles et le concours complet.

Trait du Nord

taille :	*1,60 à 1,70 mètre au garrot*
couleurs de robe :	*gris & noir*
traits distinctifs :	*vigueur*
aptitudes :	*trait*

Cheval d'origine relativement récente – un stud book fut ouvert en 1919 après que la race eut été fixée au début du XXe siècle –, le Trait du Nord vient, à l'instar de son congénère des Ardennes, du nord de la France (*cf.* p. 52). Il possède du sang de ce dernier, ainsi que des ascendants Belges et Néerlandais. Cheval de trait puissant mais doux, exceptionnellement vigoureux, il est en fait une version plus grande et plus lourde de l'Ardennais. Sa grande tête surmonte une encolure épaisse que prolongent un corps robuste et une arrière-main musclée.

Allemagne

Bavarois à sang chaud

taille :	*1,60 mètre au garrot*
couleurs de robe :	*alezan*
traits distinctifs :	*calme*
aptitudes :	*selle*

Bien qu'il ne soit pas le plus connu des chevaux à sang chaud d'Allemagne, le Bavarois est probablement le plus ancien, en raison de son origine antérieure aux croisades. Originaire de la vallée du Rott, en Bavière, région réputée pour l'élevage des chevaux, il était désigné jusqu'à une époque récente sous le nom de Rottaler et considéré comme un cheval de guerre aux qualités égales à celles du Frison. Différents apports de sang anglais – incluant le Cleveland Bay et le Pur-Sang – eurent lieu au cours du XVIIIe siècle, suivis par des croisements avec des Normands et des Oldenbourgs (*cf.* p. 57). Aujourd'hui, ce cheval de selle solide montre un caractère égal et fiable.

Hanovrien

taille :	*1,60 à 1,70 mètre au garrot*
couleurs de robe :	*toutes les robes unies*
traits distinctifs :	*force & allures nettes*
aptitudes :	*selle*

L'origine de ce spécimen, le plus connu des chevaux à sang chaud allemands, remonte au XVIIe siècle, époque où des reproducteurs Andalous et Napolitains furent importés en Allemagne et croisés avec des juments locales. Des membres de la Maison de Hanovre promurent la race et, en 1735, George II d'Angleterre fonda le haras de Celle, où furent installés quatorze étalons d'Holstein. Pendant un certain temps, des Pur-Sang furent utilisés pour produire des sujets de meilleure qualité ; depuis le milieu des années 1940, on cherche à obtenir de bons chevaux de compétition en utilisant de nouveau des améliorateurs Pur-Sang et Trakehners (*cf.* page 57).

Aujourd'hui, un élevage rigoureux produit des animaux particulièrement robustes aux allures régulières. Ce grand cheval fort et bien campé, de bonne conformation, actif et intrépide, est très recherché pour les concours et le dressage.

Holsteiner

taille :	*1,60 à 1,70 mètre au garrot*
couleurs de robe :	*noir, brun & bai*
traits distinctifs :	*sauteur intrépide*
aptitudes :	*selle*

De stature plus lourde que le Hanovrien, le Holsteiner actuel provient de chevaux qui vivaient dans les marais de l'Elbe au XIVe siècle. L'introduction de sang Andalou et oriental affina son ossature et, au XIXe siècle, des carrossiers Yorkshire et des Pur-Sang furent importés en Allemagne pour améliorer la race et produire des spécimens aptes à la selle et à l'attelage léger. Depuis la Seconde Guerre mondiale, un nouvel apport de Pur-Sang donna un sujet apte à tous les usages, particulièrement remarqué dans les concours. De construction puissante, ce cheval intelligent, qui présente un passage de sangle profond, une arrière-main puissante, et des membres courts et ossus, possède une nature aimable et complaisante.

Oldenbourg

taille :	*1,65 à 1,75 mètre au garrot*
couleurs de robe :	*toutes les robes unies*
traits distinctifs :	*maturité précoce*
aptitudes :	*selle & attelage*

Le plus lourd des chevaux à sang chaud allemands a pour ancêtre l'Oldenbourg du XVIIe siècle, lui-même issu du Frison. La race fut élaborée pour produire un cheval de trait vigoureux. Au fil des années, des infusions de sang Andalou, Napolitain et Barbe furent effectuées, suivies par d'autres croisements avec des Pur-Sang, des Cleveland Bays, des Normands et des Hanovriens.

Au cours du XXe siècle, lorsque la demande pour les chevaux d'attelage lourd décrut, de nouvelles introductions de Pur-sang et de Normands eurent lieu, aboutissant à un cheval de selle apte à tous les usages, au passage de sangle profond, au dos puissant et aux membres courts et ossus. L'Oldenbourg, parfaitement adapté au dressage et à l'attelage léger, possède une nature à la fois douce et hardie.

Trakehner

taille :	*1,60 à 1,75 mètre au garrot*
couleurs de robe :	*toutes les robes unies*
traits distinctifs :	*excellente conformation*
aptitudes :	*selle*

En 1732, le roi Frédéric-Guillaume Ier fonda le haras de Trakehnen où fut élaboré le cheval Prussien de l'Est – aujourd'hui connu sous le nom de Trakehner. Au début du XIXe siècle, des croisements furent effectués avec des chevaux Arabes et Pur-Sang ; puis, à l'orée du XXe siècle, plus de 80 % des juments du haras furent accouplées à des Pur-Sang. Le cheval Prussien de l'Est, renommé pour sa grande endurance, fournit longtemps la remonte de la cavalerie. À la fin de la Seconde Guerre mondiale, lorsque les Allemands se retirèrent de la Pologne, quelque 1 200 Trakehners, sur les 25 000 inscrits dans le stud-book de la race, quittèrent la Prusse orientale – faisant partie aujourd'hui de la Pologne et où l'influence de la race s'incarne encore dans le Wielkopolski –, pour rejoindre l'Allemagne de l'Ouest.

Actuellement, un élevage sélectif entretient les qualités de ce cheval de selle de grande classe, à la conformation remarquable, particulièrement réputé pour son excellence au dressage et au saut d'obstacles.

Wurtemberg

taille :	*1,60 mètre au garrot*
couleurs de robe :	*noir, brun, alezan & bai*
traits distinctifs :	*excellentes performances*
aptitudes :	*selle & trait*

Ce cheval, dont les origines remontent à la fin du XVIe siècle, fut élaboré par des croisements de juments locales avec des étalons Arabes, au haras national de Marbach. Afin de produire un spécimen adapté aux travaux de ferme dans les montagnes du Wurtemberg, du sang Prussien de l'Est et Anglo-Normand fut introduit dans la race, suivi par des croisements avec des Oldenbourgs et des Nonius. Le stud-book ne fut ouvert qu'en 1895, lorsque le type recherché fut enfin atteint – en grande partie grâce à l'influence d'un étalon Anglo-Normand nommé Faust.

Au cours de ces dernières années, des infusions de sang Prussien de l'Est furent de nouveau effectuées. Le Wurtemberg actuel, cheval rustique qui rappelle le Cob, se montre apte à la selle et à l'attelage léger. De construction robuste, il est remarqué pour ses membres et ses pieds solides, et pour sa grande frugalité.

Hongrie

Furioso

taille :	*1,60 mètre au garrot*
couleurs de robe :	*noir & brun*
traits distinctifs :	*grande faculté d'adaptation*
aptitudes :	*selle & attelage*

Beau cheval de selle ou d'attelage, le Furioso descend de deux reproducteurs anglais, Furioso, Pur-Sang né en 1836, et North Star, trotteur Norfolk né en 1844, qui furent accouplés aux juments locales de type Nonius. Élaborés à l'origine au haras de Mezöhegyes, en Hongrie, ces chevaux furent à plusieurs reprises croisés de nouveau avec des Pur-Sang afin d'améliorer la race. Il en résulta un spécimen de qualité suffisante pour prendre part à tous les sports équestres – y compris le steeple-chase – au niveau européen, et apte à l'attelage léger. De relativement bonne conformation, il possède un mouvement libre, d'une ampleur particulière.

Murakosi

taille :	*1,60 mètre au garrot*
couleurs de robe :	*en général alezan, crinière & queue lavées ; parfois bai, brun, gris & noir*
traits distinctifs :	*allures rapides*
aptitudes :	*travaux agricoles légers*

Élevée sur les rives de la Mura – ainsi qu'en Pologne et dans l'ancienne Tchécoslovaquie –, cette race de chevaux de trait fut élaborée au cours du XXe siècle par des croisements de juments indigènes avec des Percherons, des Ardennais belges, des Norikers, et des étalons du pays.

Dans les années 1920, 20 % de tous les chevaux de Hongrie étaient des Murakozis, mais la race, qui subit de lourdes pertes pendant la Seconde Guerre mondiale, ne retrouva jamais la puissance de ses prédécesseurs.

Ce spécimen de qualité, rapide, se révèle bon travailleur agricole. Solide, frugal, il présente un tempérament doux et aimable.

Nonius

taille :	*1,57 à 1,65 mètre au garrot*
couleurs de robe :	*bai & brun*
traits distinctifs :	*performances diverses*
aptitudes :	*selle & attelage*

Précurseur du Furioso, ce cheval fut également élevé dans le haras de Mezöhegyes, en Hongrie. Le fondateur de la race était, semble-t-il, un étalon français baptisé Nonius, né en 1810, lui-même issu de l'union d'une jument Normande et d'un Demi-Sang. Nonius fut capturé au cours des guerres napoléoniennes et emmené en Hongrie où, croisé avec des juments Arabes, Holsteiners, Lipizzanes et Anglo-Normandes, il engendra quinze étalons particulièrement remarquables.

Cette race produit de bons chevaux de selle ou d'attelage, de poids moyens ou lourds, à maturité tardive et d'une grande longévité ; dotés d'une construction robuste et compacte, de tempérament égal, ils sont aptes aux sports de compétition comme aux travaux agricoles légers.

Shagya Arabian

taille :	*1,52 mètre au garrot*
couleurs de robe :	*toutes les robes unies*
traits distinctifs :	*corps ramassé, membres postérieurs excellents*
aptitudes :	*selle & attelage*

Produit des grands haras de Hongrie, ce cheval, élevé à l'origine pour les besoins de la cavalerie légère, montre une aptitude égale à la selle et à l'attelage. Il doit son nom à un étalon syrien baptisé Shagya, importé avec d'autres Arabes dans le haras hongrois de Babolna, en 1836, pour reconstituer la race, dont il devint l'un des reproducteurs principaux.

Ce spécimen, qui possède les traits distinctifs et le tempérament orientaux, est plus massif, plus solide et mieux charpenté que la plupart des Arabes actuels : il présente un garrot prononcé, une épaule très inclinée et des membres postérieurs particulièrement bien conformés.

Autriche

Lipizzan

taille :	*1,52 à 1,65 mètre au garrot*
couleurs de robe :	*gris presque blanc*
traits distinctifs :	*endurance, intelligence*
aptitudes :	*selle, trait, travaux agricoles*

Appréciée pour sa docilité et son intelligence, cette race est mondialement célèbre pour ses liens avec l'École espagnole de Vienne (*cf.* p. 19). Le Lipizzan moderne remonte aux chevaux Andalous importés en Yougoslavie par l'archiduc Karl, qui fonda un haras à Lipizza, en 1580 ; ultérieurement, d'autres croisements eurent lieu, notamment avec l'étalon Arabe baptisé Siglavy. Aujourd'hui, ces spécimens sont élevés au célèbre haras de Piber en Autriche – qui fournit l'École de Vienne – et font l'objet d'une production intensive en Hongrie, en Roumanie, en Slovaquie et en Slovénie.

Le Lipizzan, cheval compact doté d'un dos et d'une arrière-main puissants, possède des membres courts et solides. Nombre de poulains naissent avec une robe noire ou brune, qui met parfois dix ans à prendre sa nuance grise caractéristique. Présentant une maturité tardive – beaucoup d'entre eux maîtrisent des airs complexes de Haute École à l'âge de vingt ans ou plus – ces chevaux constituent également d'excellents animaux d'attelage.

Noric

taille :	*1,58 mètre au garrot*
couleurs de robe :	*alezan ou bai*
traits distinctifs :	*force & docilité*
aptitudes :	*trait lourd & travaux agricoles*

Le Noric, ou Cheval à sang froid de l'Allemagne du Sud, doit son nom à la province de Noricum qui faisait partie de l'Empire romain et correspondait à peu près à l'Autriche. Il descend probablement des poneys rustiques de la région du Hafling, mais doit sa taille actuelle à des infusions ultérieures de sang Napolitain, Bourguignon et Andalou. Le nom de Noric désigne également le Pinzgauer, cheval à la robe mouchetée, autrefois considéré comme une race séparée.

Le spécimen actuel, un cheval de trait au pied sûr, de tempérament égal, est doté d'une tête lourde juchée sur une encolure courte et épaisse, d'un large poitrail, et de membres nets portés par des pieds solides. Cet animal vigoureux et économique, très répandu en Allemagne et en Autriche, est bien adapté aux travaux en montagne. Une sélection méticuleuse d'étalons assure le maintien et l'amélioration des critères de la race.

Bulgarie

Pleven

taille :	*1,55 mètre au garrot*
couleurs de robe :	*alezan*
traits distinctifs :	*grande faculté d'adaptation*
aptitude :	*selle & travaux agricoles légers*

Ce cheval, d'origine relativement récente, fut élaboré à la ferme de Dimitrov, située près de Pleven. Il résulte du croisement d'Anglo-Arabes russes avec des juments Arabes ou des Demi-Sang autochtones ; du sang Gidran fut infusé au début du XXe siècle. Bien que la race ait été considérée comme fixée en 1938, on y introduisit ultérieurement des Pur-Sang très soigneusement sélectionnés. Doté d'une apparence « Arabe », le Pleven constitue une monture intrépide et pleine d'allant. Cet animal est utilisé à la fois pour la selle et les travaux agricoles. Son aptitude naturelle au saut en fait aussi un cheval de concours très compétitif.

Slovaquie

Kladruber

taille :	*1,65 à 1,70 mètre au garrot*
couleurs de robe :	*gris, noir*
traits distinctifs :	*force*
aptitudes :	*trait*

Le Kladruber, grand et élancé, d'apparence similaire à celle de l'Andalou, présente la même forme de tête convexe. En 1572, l'empereur Maximilien II fonda un haras à Kladruby, en Bohême, utilisant des reproducteurs Andalous. Les chevaux produits furent utilisés pour les attelages des carrosses impériaux. Des croisements internes à la race furent privilégiés, bien que du sang Napolitain fût infusé périodiquement, mais il fallut attendre les années 1920 pour observer un premier croisement réussi – avec un Shagya. Le Kladruber, dont la taille atteignait à cette époque 1,80 m au garrot, est depuis devenu plus petit et plus actif. Resté un cheval d'attelage, il est également utilisé comme améliorateur, pour produire des spécimens de selle. Depuis le début du XIXe siècle, seules les robes grises et noires sont tolérées : aujourd'hui, le haras de Kladruby n'élève que des spécimens gris, les noirs étant réservés à un haras voisin.

Suisse

Einsiedler

taille :	*1,57 à 1,65 mètre au garrot*
couleurs de robe :	*toutes les robes unies ; alezan & bai fréquents*
traits distinctifs :	*aptitudes multiples*
aptitudes :	*selle & attelage*

Également baptisé Anglo-Normand suisse, ce cheval à double aptitude, étroitement apparenté à son homonyme, doit son nom au haras du monastère d'Einsiedel. Doté d'une grande faculté d'adaptation, d'un tempérament aimable, d'allures actives et nettes, il se révèle un bon cheval de selle et d'attelage, particulièrement apprécié en cavalerie. De conformation habituellement bonne, il possède un passage de sangle profond, une arrière-main puissante et des membres solides.

Franches-Montagnes

taille :	*1,50 mètre au garrot*
couleurs de robe :	*toutes les robes unies*
traits distinctifs :	*bon tempérament*
aptitudes :	*trait léger*

Originaire du Jura suisse où, au XIXe siècle, des étalons Anglo-Normands furent importés et croisés avec des juments locales, cette race de petits chevaux de trait fit sans doute l'objet de croisements avec des Hunters Demi-Sang Anglais et des Ardennais au début de son existence, mais depuis cette époque, elle est restée remarquablement pure.

De petite taille, actif, au pied sûr, ce cheval, particulièrement adapté au travail dans les fermes en altitude, se révèle un travailleur agricole apprécié, au tempérament toujours égal, qui s'adapte à tout. Sa construction lourde de type Cob présente un corps puissant campé sur des membres courts et solides.

Freiberger

taille :	*1,55 à 1,60 mètre au garrot*
couleurs de robe :	*toutes les couleurs unies*
traits distinctifs :	*endurance*
aptitudes :	*attelage*

Élevé en montagne, ce cheval fut élaboré dans la région du Jura bernois. La race révèle une forte influence normande : de nombreux spécimens remontent à Vaillant, né en 1891, arrière petit-fils de Leo Ier, chasseur Demi-Sang allemand. Les grands-parents de Vaillant des deux côtés étaient de souche Pur-Sang et Anglo-Normande. Le Freiberger est un beau cheval de selle à la tête arabisée, aux épaules et à l'arrière-main puissantes, au passage de sangle profond, au dos ramassé, et aux membres forts et ossus. Actif, intelligent, il est réputé pour ses grandes facultés d'endurance.

Pologne

Malapolski

taille :	*1,50 mètre au garrot*
couleurs de robe :	*toutes les robes unies*
traits distinctifs :	*solidité*
aptitudes :	*selle*

Élevé principalement au sud-est de la Pologne, ce spécimen récemment élaboré, contenant une grande quantité de sang oriental, est semblable, en plus léger, au Wielkopolski, dont il présente les mêmes variations régionales. C'est un cheval de selle de qualité, d'environ 1,50 m au garrot, bien que le Sadecki – qui peut être plus grand – soit capable d'effectuer des travaux de trait léger. D'une solidité exceptionnelle, il témoigne d'une grande résistance et possède un tempérament égal.

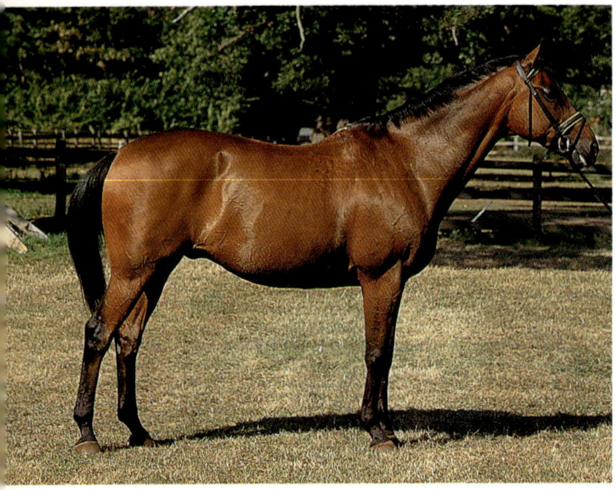

Wielkopolski

taille :	*1,60 mètre au garrot*
couleurs de robe :	*toutes les robes unies*
traits distinctifs :	*bonnes allures*
aptitudes :	*selle & attelage*

Le Wielkopolski regroupe deux races auparavant distinctes, le Poznan et le Mazure. Le Poznan eut pour géniteurs des Arabes, des Hanovriens et des Pur-Sang, tandis que le Mazure est issu du Trakehner. Bien que tous les chevaux à sang chaud polonais soient maintenant désignés sous le nom de Wielkopolskis, ces chevaux sont encore, dans certaines régions, considérés comme appartenant à des types spécifiques.

Cheval de selle de qualité, ce spécimen, de constitution robuste et de bon tempérament, peut également être utilisé pour l'attelage léger. Les sujets de cette race sont remarqués pour leurs allures : pas long et aisé, trot rasant et régulier, amplitude des foulées au galop rassemblé et allongé.

Italie

Trait lourd italien

taille :	*1,50 à 1,60 mètre au garrot*
couleurs de robe :	*souvent alezan brûlé, crinière & queue claires ; parfois rouan & alezan*
traits distinctifs :	*arrière-main puissante*
aptitudes :	*trait et boucherie*

Cheval de taille moyenne d'ascendance Bretonne, ce spécimen fut un travailleur agricole apprécié. Aujourd'hui, il est surtout destiné à la boucherie – dans le nord et le centre de l'Italie – et sa population décroît. C'est un animal actif dont la tête fine, juchée sur une encolure courte, surprend sur un corps aussi lourd. Il présente un poitrail et un passage de sangle profonds, un corps compact et des pieds plutôt grands.

Maremme

taille :	*1,57 mètre au garrot*
couleurs de robe :	*toutes les robes unies*
traits distinctifs :	*vigueur*
aptitudes :	*selle & travaux agricoles*

Cheval de selle lourd ou de trait léger, cet indigène italien est essentiellement utilisé par la police montée et par les *butteri*, gardiens de bestiaux de la Maremme.

Ce spécimen robuste, travailleur frugal et résistant, constitue un cheval de travaux de ferme efficace.

Murgese

taille :	*1,50 à 1,60 mètre au garrot*
couleurs de robe :	*en général alezan*
traits distinctifs :	*grande faculté d'adaptation*
aptitudes :	*selle & travaux agricoles légers*

Le Murgese actuel, qui doit son nom à la célèbre région d'élevage de Murgie, près des Pouilles, remonte aux années 1920, la race ancienne ayant totalement disparu il y a deux cents ans.

C'est un cheval de selle ou de trait léger, dont l'influence orientale reste évidente, bien qu'elle ne puisse être réellement identifiée. En dépit de sa courte foulée, il possède des allures actives. Lorsque des juments Murgeses sont croisées avec des étalons Pur-Sang et Arabes, elles produisent des chevaux de selle de qualité.

Salerne

taille :	*1,60 mètre au garrot*
couleurs de robe :	*toutes les couleurs unies*
traits distinctifs :	*bon sauteur*
aptitudes :	*selle*

Élevé dans la Maremme et dans la région de Salerne, ce bon cheval de selle formait la remonte favorite de la cavalerie italienne. C'est l'un des plus beaux spécimens italiens à sang chaud, bien qu'aujourd'hui sa population ait considérablement décru. Sensible, intelligent et doté de qualités de sauteur, il constitue une excellente monture, bien qu'il soit moins demandé par l'armée. Cette race, qui remonte au cheval Napolitain, présente une très bonne conformation.

Pays-Bas

Trait néerlandais

taille :	*1,67 mètre au garrot*
couleurs de robe :	*alezan, bai & gris*
traits distinctifs :	*grande résistance*
aptitudes :	*trait*

Ce cheval de trait lourd fut spécifiquement élaboré depuis la Première Guerre mondiale pour travailler sur les terres sablonneuses et argileuses de la Hollande agricole. Des juments de Zélande furent d'abord croisées avec des Brabançons (Traits lourds belges), puis avec des Ardennais belges. Le Trait néerlandais, cheval massif qui ressemble étroitement au Brabançon se montre, en dépit de sa corpulence, un cheval actif doté à la fois d'une grande résistance et d'un caractère doux.

Frison

taille :	*1,50 mètre au garrot*
couleurs de robe :	*toujours noir, sans marques blanches*
traits distinctifs :	*nature agréable*
aptitudes :	*attelage*

Cette race, l'une des plus anciennes d'Europe, doit son nom aux Frises, où sa domestication remonte à mille ans avant notre ère. Tout au long du XVIIe siècle, ce cheval fut utilisé comme cheval de bât, puis la popularité des trotteurs au XIXe siècle, ajoutée aux prouesses spécifiques de ce spécimen, conduisirent à la production d'un animal plus léger, plus rapide, moins adapté aux travaux agricoles auxquels il était jusqu'alors destiné.

En raison de ce changement, la race connut un déclin. Un plan d'élevage fut élaboré : avec l'aide d'étalons Oldenbourg, un renouveau s'amorça et la production redevint florissante. Le Frison constitue un excellent et beau cheval de caractère aimable dont la bonne volonté et les allures actives font un sujet aux multiples aptitudes. De petite stature, il est à la fois compact et musclé, doté d'une tête fine, d'un corps trapu, de membres courts aux paturons poilus et de pieds durs.

Gueldre ou Gelderland

taille :	*1,55 à 1,65 mètre au garrot*
couleurs de robe :	*alezan*
traits distinctifs :	*grande faculté d'adaptation*
aptitudes :	*selle, attelage & trait léger*

Avec le Groningue, le Gelderland constitue l'élément principal de l'élaboration du Cheval à sang chaud néerlandais (KWPN). Ce spécimen apprécié remonte au siècle dernier où une variété d'étalons importés – en particulier Norfolk Roadsters et Arabes – furent croisés avec des juments locales de la Gueldre afin de produire un carrossier de grande classe. Des infusions ultérieures de sang Frison de l'Est, Oldenbourg et Hackney furent suivies, au cours de notre siècle, de nouveaux croisements avec des chevaux Anglo-Normands. Carrossier de première classe, doté d'une grande présence et d'allures élégantes, le Gelderland actuel, fort et actif, se montre également un cheval de selle poids lourd aux talents de sauteur.

Groningue

taille :	*1,55 à 1,65 mètre au garrot*
couleurs de robe :	*bai & brun*
traits distinctifs :	*belle ossature*
aptitudes :	*trait léger*

D'apparence semblable à celle de l'Oldenbourg dont il est issu, ce cheval, ainsi que le Gelderland, constitue l'un des fondements de l'évolution du Cheval à sang chaud néerlandais (KWPN). Des croisements de Groningues originaux, maintenant très rares, avec des Frisons, des Frisons de l'Est et des Oldenbourgs, ont produit un beau carrossier au passage de sangle profond, aux épaules et à l'arrière-main puissantes juchées sur des membres courts et solides. Frugal, le Groningue se montre un cheval de constitution solide et de tempérament égal.

Belgique

Ardennais belge

taille :	*1,57 mètre au garrot*
couleurs de robe :	*bai, rouan & alezan*
traits distinctifs :	*nature douce*
aptitudes :	*trait*

L'Ardennais actuel serait, semble-t-il, le descendant des chevaux de trait dont César fit des éloges dans *De bello gallico*, bien qu'il ait reçu des infusions de sang Brabançon (Trait lourd belge). Spécimen compact, au squelette puissant, il possède une tête grande et large juchée sur une encolure rouée, un poitrail ample, et un corps aux flancs arrondis porté par des membres courts et massifs aux paturons très poilus. De tempérament particulièrement doux, ce cheval de trait complaisant est bien adapté aux régions de collines.

Brabançon ou Brabant

taille :	*1,65 à 1,70 mètre au garrot*
couleurs de robe :	*rouan & alezan*
traits distinctifs :	*flancs & ventre très arrondis*
aptitudes :	*trait*

Connu sous le nom de Cheval des Flandres, le Brabançon, ou Trait lourd belge, est le produit de plusieurs siècles d'élevage sélectif. Le spécimen actuel possède une tête carrée, petite en proportion du corps puissant au dos ramassé, au passage de sangle profond et aux membres courts et poilus. D'un naturel agréable et doté d'un pas remarquablement actif, le Brabançon, qui a exercé une influence considérable sur les autres chevaux lourds européens, est particulièrement apprécié aux États-Unis.

Norvège

Döle Gudbrandsdal

taille :	*1,45 à 1,55 mètre au garrot*
couleurs de robe :	*noir & brun*
traits distinctifs :	*puissance*
aptitudes :	*attelage & trait léger*

Le Döle Gudbrandsdal, qui représente près de 50 % de la population chevaline de Norvège, ressemble aux poneys Dales et Fells (*cf.* p. 83-84). Élevé dans la vallée de Gudbrandsdal, ce cheval vigoureux, autrefois utilisé en tant qu'animal de bât et pour les travaux agricoles légers, est apprécié pour son trot rapide et révèle une puissance inattendue pour sa taille.

Une variante plus légère de la race, baptisée Trotteur Döle – sur laquelle Odin, étalon Pur-Sang importé de Grande-Bretagne en 1834, eut une influence significative – fut également élaborée pour les courses de trot attelé.

Suède

Suédois du Nord

taille :	*1,57 mètre au garrot*
couleurs de robe :	*toutes les robes unies*
traits distinctifs :	*immunité apparente/maladies courantes des chevaux*
aptitudes :	*trait léger*

Étroitement apparenté au Döle Gudbrandsdal, le Suédois du Nord, compact, actif, puissant, aux bonnes allures vives et amples, possède une large tête plantée sur une courte encolure. Son corps long et profond est soutenu par des membres trapus, solides et ossus.

D'une grande longévité, ce petit cheval de trait de tempérament doux se montre exceptionnellement résistant aux maladies communes des chevaux. Une telle qualité, ajoutée à sa frugalité, le désigne tout naturellement pour les travaux de ferme et de forêt. Son haras principal se trouve à Wangen où, depuis le début de ce siècle, il fait l'objet d'une sélection sévère basée sur des évaluations de performances.

Ardennais de Suède

taille :	*1,55 à 1,60 mètre au garrot*
couleurs de robe :	*noir, bai, alezan & brun*
traits distinctifs :	*allures énergiques*
aptitudes :	*trait*

Ce cheval de trait lourd fut élaboré à partir d'Ardennais belges importés il y a environ cent ans, puis croisés avec des Suédois du Nord. Un type établi fut rapidement créé, dont l'Ardennais constitua bientôt l'influence prépondérante.

Bien que la population de la race ait décru au fil des années, ce spécimen reste très apprécié, à la fois dans son pays d'origine comme dans les pays où il a depuis été importé.

Quoique d'allures énergiques, cet animal au bon caractère, facile à manier, est doté d'une encolure rouée et d'un corps profond et musclé campé sur des membres courts, puissants et peu poilus.

Suédois à sang chaud

taille :	*1,65 mètre au garrot*
couleurs de robe :	*toutes les robes unies*
traits distinctifs :	*bonne conformation*
aptitudes :	*selle*

Ce cheval de selle de qualité est le produit d'une sélection sévère qui remonte à trois cents ans. À l'origine, des croisements furent effectués avec des Andalous, des Frisons et des chevaux orientaux. Plus récemment, on eut recours à des infusions de sang Arabe, Pur-Sang, Hanovrien et Trakehner. Il en résulta un spécimen imposant de bonne conformation, puissant, solide, au passage de sangle très profond et aux membres courts et forts.

Doté d'un bon caractère, il constitue un excellent cheval de compétition, aux aptitudes particulières pour le dressage.

Danemark

Frederiksborg

taille :	*1,57 mètre au garrot*
couleurs de robe :	*alezan*
traits distinctifs :	*carrossier*
aptitudes :	*selle & trait léger*

Le roi Frédéric II fonda en 1562 le haras royal de Frederiksborg, qu'il peupla de chevaux Andalous importés d'Espagne. Ultérieurement, des croisements avec des Napolitains, des chevaux orientaux et britanniques eurent lieu, donnant naissance au Frederiksborg. Cet élégant cheval de selle, bientôt réputé pour ses talents lors des charges guerrières, fut également utilisé en attelage léger. Le haras royal ferma ses portes en 1839, mais des éleveurs privés maintinrent l'existence de la race qui est actuellement répandue dans tout le Danemark.

Le tempérament de ce cheval fort et actif, qui a conservé ses qualités pour l'attelage, en fait un cheval de travail et de selle efficace. Il possède un poitrail et des épaules particulièrement puissants, ainsi que des membres solides et ossus. Sa tête convexe révèle son origine espagnole.

Jutland

taille :	*1,55 à 1,60 mètre au garrot*
couleurs de robe :	*alezan prédominant ; parfois rouan, bai & noir*
traits distinctifs :	*ardeur au travail*
aptitudes :	*trait*

Ce cheval doit son nom à la péninsule danoise où il est élevé depuis plus d'un millénaire : au Moyen Âge, c'était un destrier menant les chevaliers en armure à la bataille ; de nos jours – fortement influencé par un étalon Suffolk nommé Oppenheim LXII, importé de Grande-Bretagne en 1860 – c'est un spécimen de trait lourd aux proportions massives. Doté d'un poitrail ample, d'un passage de sangle profond et de membres courts et poilus, il se révèle, en dépit de sa force considérable, un travailleur doux, complaisant et facile à manier. Bien que la population de la race ait décru, on le voit encore tirer les haquets des brasseurs.

Knabstrup

taille :	*1,55 mètre au garrot*
couleurs de robe :	*aubère tacheté*
traits distinctifs :	*intelligence*
aptitudes :	*selle*

Ce cheval remonte à une jument tachetée nommée Flaebehoppen, saillie en 1808 par un étalon Frederiksborg, qui fonda une lignée de chevaux plus légers à la robe tachetée.

Les Knabstrups originaux, chevaux efflanqués, intelligents et vifs à l'apprentissage, dont la race se détériora en raison de croisements peu judicieux tendant à améliorer la couleur de robe plutôt que la conformation, sont maintenant très rares. Le type actuel, dont la robe est proche de celle de l'Appaloosa, se révèle un animal de qualité, solide, aux robes plus variées que celles de son ancêtre.

Finlande

Finnois

taille :	*1,55 mètre au garrot*
couleurs de robe :	*alezan, bai, brun & noir*
traits distinctifs :	*longévité*
aptitudes :	*selle & trait léger*

Le Finnois, qui représente la seule race chevaline officiellement reconnue en Finlande, descend de deux chevaux étroitement apparentés, le Trait finnois et le Finnois universel, qui contiennent tous deux un mélange de nombreux types à sang chaud et à sang froid importés autrefois, et croisés avec les poneys indigènes. Le Finnois actuel est un spécimen aux aptitudes multiples, cheval de selle et de trait, excellant dans des tâches aussi diverses que le transport du bois et les courses au trot. Doté d'épaules fortes, de membres nets ossus et peu poilus, aux aplombs uniformément corrects, il se montre très résistant et fait preuve d'une grande longévité.

Espagne

Pure Race Espagnole (PRE)

taille :	*1,55 mètre au garrot*
couleurs de robe :	*en général gris ou bai*
traits distinctifs :	*crinière et queue longues*
aptitudes :	*selle*

Cette race très ancienne remonte au moins à l'occupation maure de l'Espagne, époque où des chevaux Barbes d'Afrique du Nord furent introduits dans la péninsule ibérique. Le spécimen qui résulta du mélange des envahisseurs avec les animaux indigènes allait devenir le cheval le plus réputé d'Europe jusqu'au XVIIIe siècle, et allait exercer une grande influence sur d'autres races européennes, en particulier sur le Lipizzan.

Córdoba, l'un des premiers centres d'élevage organisé de ce spécimen, a conservé sa réputation, que partagent Séville et Jerez. Doté d'une forte présence, le PRE, cheval actif, associe agilité et athlétisme à un tempérament docile et intelligent. Son profil en bec d'aigle, sa crinière et sa queue luxuriantes, souvent ondulées, mettent en valeur ses allures particulièrement relevées et spectaculaires.

Anglo-Arabe espagnol (Hispano)

taille :	*1,60 mètre au garrot*
couleurs de robe :	*en général bai, alezan ou gris*
traits distinctifs :	*tempérament souple*
aptitudes :	*selle*

L'Hispano résulte d'un croisement de poulinières Arabes espagnoles avec des Pur-Sang : le spécimen produit, beau cheval de selle, possède des caractères Arabes plus prononcés que ceux de l'Anglo-Arabe moyen. Ses qualités d'intelligence, de grand courage et d'agilité en font un animal de compétition apprécié, également utilisé dans les concours *acoso y derribo*, où les cavaliers mettent à l'épreuve les taureaux de corrida en les déstabilisant d'un coup de perche. En dépit de sa vivacité, c'est un cheval de caractère agréable et complaisant.

Portugal

Alter Real

taille :	*1,50 à 1,60 mètre au garrot*
couleurs de robe :	*en général bai, brun ou gris*
traits distinctifs :	*allures hautes & spectaculaires*
aptitudes :	*selle*

Ce cheval, basé sur une souche Andalouse, ressemble beaucoup à ses ancêtres. La race fut créée au milieu du XVIIIe siècle au haras d'Alter do Cháo de la province d'Alentejo, au Portugal, où furent importées d'Espagne quelque trois cents juments de la région de Jerez. L'élevage fut florissant jusqu'à l'invasion napoléonienne de 1821, qui vit le haras pillé par les envahisseurs français et les animaux dispersés.

Au cours des années qui suivirent, les spécimens restants furent croisés avec tout un assortiment de chevaux allant des Arabes aux Hanovriens ; au début du XXe siècle, on entreprit de reconstituer la race en réintroduisant des sujets Andalous. L'Alter Real, qui a survécu à toutes ces vicissitudes, se révèle un cheval compact dont les allures particulièrement relevées et spectaculaires sont parfaitement adaptées à la Haute École.

Lusitanien

taille :	*1,50 à 1,60 mètre au garrot*
couleurs de robe :	*surtout gris*
traits distinctifs :	*allures relevées*
aptitudes :	*selle & attelage*

Version portugaise de l'Andalou, le Lusitanien est un beau cheval compact à l'expression éveillée doté d'une crinière et d'une queue ondulées.

Cet animal intelligent, agile et de grand courage fut jadis très recherché pour la cavalerie. Aujourd'hui, il est apprécié dans l'arène. Les *rejoneadores*, toreros à cheval portugais, ont besoin de montures athlétiques et très bien dressées, dans la mesure où la corrida se déroule entièrement à cheval.

Cette race connaît une grande popularité, à la fois en Grande-Bretagne, aux États-Unis et en France, où il représente la première race étrangère. Notre pays l'utilise principalement pour le dressage.

Amérique du Nord États-Unis

Quarter Horse

taille :	*1,50 à 1,60 mètre au garrot*
couleurs de robe :	*toutes les robes unies*
traits distinctifs :	*arrière-main puissante*
aptitudes :	*selle*

Le Quarter Horse, élaboré par les premiers colons anglais en Virginie et aux Carolines, est le résultat du croisement de juments d'origine Andalouse et d'étalons anglais. Ce spécimen, à la fois cheval de selle et d'attelage, fut baptisé en référence à la course d'un quart de mille (400 m) dans laquelle il brillait ; il était également utilisé comme *cow pony*, en raison de son instinct remarquable pour le rassemblement des troupeaux et de son adresse à séparer des individus de l'ensemble du groupe.

De bonne conformation, cet animal intelligent, agile et compact, possède des épaules fortes, un dos court et musclé et une arrière-main massive. Formant la première race au monde, près de trois millions de sujets sont enregistrés auprès de l'American Quarter Horse Association.

American Saddlebred

taille :	*1,50 à 1,60 mètre au garrot*
couleurs de robe :	*alezan, bai, brun & noir*
traits distinctifs :	*allures amples*
aptitudes :	*selle & attelage*

Élégant cheval de selle, connu à l'origine sous le nom de Kentucky Saddler, le Saddlebred fut élaboré par les planteurs du Kentucky au XIXe siècle, à partir du Pur-Sang anglais, de l'Old English Ambler et du sang de l'ancien Narragansett Pacer. Un élevage sélectif produisit un cheval spectaculaire doté d'une démarche aisée et d'une grande endurance. Les spécimens possédant les trois allures effectuent le pas, le trot et le petit galop, avec un mouvement ample ; ceux possédant les cinq allures accomplissent aussi le *slow gait* (pas lent), et le *rack* (amble rompu), allure à quatre temps qui permet au cavalier de parcourir jusqu'à 60 km/h avec un confort total. Le Saddlebred possède une tête petite et élégante plantée sur une encolure longue et musclée. Ses épaules, son dos et son arrière-main sont puissants. Si la race est essentiellement destinée aux présentations sur piste, elle est également utilisée pour l'équitation de loisir.

Standardbred

taille :	*1,55 à 1,60 mètre au garrot*
couleurs de robe :	*bai, brun, noir & alezan*
traits distinctifs :	*rusticité & courage*
aptitudes :	*attelage*

L'un des plus beaux chevaux de courses attelées remonte à un Pur-Sang baptisé Messenger (descendant de Darley, étalon Arabe – *cf.* p. 38), qui fut croisé avec le Narragansett Pacer. Le cheval obtenu possédait des talents de trotteur certains : l'un des descendants prédominants de Messenger, Hambletonian 10, fut à l'origine de la désignation de son ancêtre comme fondateur de la race – il engendra lui-même 1 335 poulains, entre 1851 et 1875.

Le nom de Standardbred vient du mode de sélection des trotteurs dignes d'être admis dans le registre de l'American Trotter : ils doivent parcourir le mile (1,6 km) en un temps standard qui est actuellement de 1 minute 55 secondes. Ce cheval, courageux et rustique, possède un corps plutôt long, un passage de sangle profond, une arrière-main puissante et des membres courts et forts. Doté d'allures nettes et amples, il court au trot ou à l'amble (*cf.* aussi p. 172-173).

Appaloosa

taille :	*1,55 mètre au garrot*
couleurs de robe :	*tachetée*
traits distinctifs :	*endurance*
aptitudes :	*selle*

Élevé par les Indiens Nez Percés dans la vallée de la Palouse, au nord-ouest de l'Amérique, l'Appaloosa descend de chevaux amenés par les conquistadores en Amérique du Sud au cours du XVIe siècle. Sa robe tachetée peut présenter plusieurs aspects : léopard (un corps blanc aux taches sombres), flocons de neige (corps foncé aux taches claires) ou capé (corps de couleur composée, aux taches sombres sur les reins et l'arrière-main blanche). D'autres variantes incluent le « marbré » (rouan vineux ou foncé avec des taches sombres sur le tracé du corps et des taches de givre au milieu) et le « givré » (corps foncé parsemé de mouchetures blanches). L'Appaloosa révèle des mouchetures sur la peau du nez, des lèvres et des parties génitales, ainsi qu'une sclérotique – membrane oculaire qui entoure l'iris – blanche. Les pieds portent souvent des stries verticales et la crinière et la queue sont clairsemées. Réputé pour son endurance et sa vitesse, ce cheval, agile et docile, possède une arrière-main puissante.

Missouri Fox Trotter

taille :	*1,45 à 1,55 mètre au garrot*
couleurs de robe :	*toutes les robes unies*
traits distinctifs :	*allure fox-trot*
aptitudes :	*selle*

Ce cheval descend du Pur-Sang, de l'Arabe et du Morgan. Des croisements internes sélectifs produisirent un spécimen de selle doté d'une allure curieusement décomposée, le « fox-trot », qui donna son nom à la race. Cette allure très confortable, au cours de laquelle l'animal galope avec ses membres antérieurs et trotte avec ses membres postérieurs, en pouvant atteindre une vitesse de 16 km/h, faisait à l'origine du Fox Trotter une monture parfaitement adaptée aux collines du Missouri et de l'Arkansas.

Puissant et compact, ce cheval possède une jolie tête, un passage de sangle très profond et un dos court et fort. Utilisé pour l'équitation de loisir et pour les présentations, il est en général monté avec une selle « western » (*cf.* p. 138).

Morgan

taille :	*1,55 mètre au garrot*
couleurs de robe :	*bai, alezan brun & noir*
traits distinctifs :	*endurance*
aptitudes :	*selle et attelage*

Doté d'une grande force physique, le Morgan descend d'un étalon nommé Justin Morgan, baptisé du nom de son second propriétaire, auquel il fut cédé en 1795. D'origine Pur-Sang et Arabe, avec, sans doute, un peu de sang gallois, ce spécimen d'une endurance presque incroyable fut utilisé pour les travaux de ferme, en attelage et pour le transport du bois. En dépit de sa petite taille – 1,40 m au garrot – il excellait dans les concours de trait.

Animal d'agrément aux multiples aptitudes, doté d'une bonne conformation, d'une belle tête juchée sur une encolure musclée et rouée, d'épaules puissantes, de membres courts et forts, de pieds durs, c'est à la fois un cheval de selle et d'attelage. Actif et possédant une grande faculté d'adaptation, il témoigne d'une endurance remarquable.

Mustang

taille :	*1,35 à 1,50 mètre au garrot*
couleurs de robe :	*toutes les robes unies*
traits distinctifs :	*vigueur*
aptitudes :	*vie sauvage*

Le Mustang est un cheval de plaine qui descend des spécimens amenés au XVIe siècle par les conquistadores. En raison de la multiplication des Mustangs sauvages, ces animaux essaimèrent dans de nombreux États et devinrent les montures favorites des tribus indiennes. Les premiers colons les croisèrent avec leurs propres chevaux afin de créer une souche fondatrice, destinée à la production d'autres races.

Utilisé à l'origine comme *cow pony*, le Mustang est maintenant en grande partie remplacé par des congénères de meilleure qualité ; sa population a décliné, bien qu'il soit protégé par la loi. Ce cheval petit, inélégant et de poids léger se montre extrêmement résistant et frugal.

Tennessee Walking Horse

taille :	*1,50 à 1,55 mètre au garrot*
couleurs de robe :	*noir, bai & alezan*
traits distinctifs :	*allures très amples*
aptitudes :	*selle*

Appartenant à l'une des races les plus populaires des États-Unis, ce cheval fut élaboré au XIXe siècle, par des planteurs. Il provient de l'ancien Narragansett Pacer, du Pur-Sang et du Saddlebred. Le fondateur de la race fut un Standardbred nommé Black Allan, né en 1886, dont l'allure caractéristique à quatre temps fut héritée par sa progéniture.

Le Tennessee possède trois allures très libres : un pas rasant, un pas de course à quatre temps au cours duquel la tête se balance en rythme, et le petit galop souple dit *rocking chair* (fauteuil à bascule). En raison de ces allures, il constitue, dit-on, la monture la plus confortable du monde. Doté d'un heureux naturel, ce spécimen présente une bonne conformation, des épaules puissantes et des membres solides.

Colorado Ranger

taille :	*1,55 mètre au garrot*
couleurs de robe :	*le plus souvent tacheté*
traits distinctifs :	*endurance*
aptitudes :	*selle & attelage*

Cette race tient son nom de l'État où elle fut élaborée, bien qu'elle eût été créée, au départ, en Virginie et au Nebraska. Un général américain qui rendait visite au sultan de Turquie Abdul Hamid, en 1878, reçut en cadeau deux chevaux : Leopard, pur Arabe Siglavy-Gidran, et un Barbe nommé Linden Tree. Utilisés à l'origine pour fonder une race de chevaux d'attelage léger, ces deux reproducteurs furent également croisés avec des juments du Nebraska.

A.C. Whipple, du Colorado, désigna ensuite Tony, étalon blanc aux oreilles noires, comme chef de lignée. Le Ranger actuel est la création de Mike Ruby qui acquit Patches (fils de Tony) et un Barbe nommé Max (fils de Waldron Leopard), et les utilisa comme fondateurs d'une souche aux robes surprenantes. Robustes, ces animaux étaient autrefois élevés pour le travail. Aujourd'hui, les spécimens de la race, au corps tout aussi compact, présentent des membres et une arrière-main puissants.

Canada

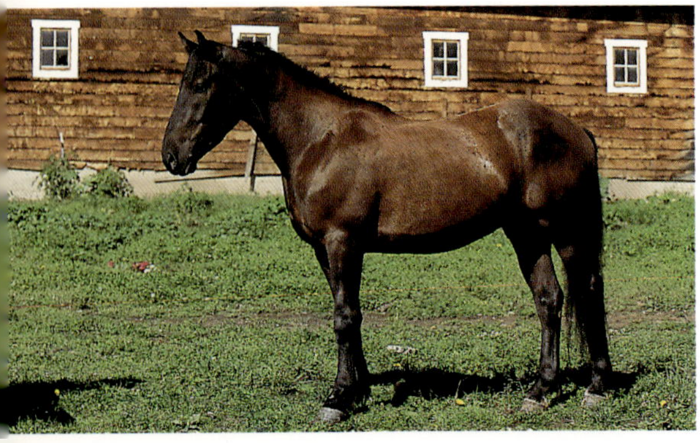

Canadian Cutting Horse

taille :	*1,55 à 1,62 mètre au garrot*
couleurs de robe :	*toutes les robes unies*
traits distinctifs :	*intelligence*
aptitudes :	*selle*

Voici l'équivalent canadien du Quarter Horse à partir duquel il fut élaboré et auquel il ressemble. C'est un cheval très intelligent, au talent inné de gardien de bestiaux, particulièrement doué pour le *cutting* – la séparation d'un individu de l'ensemble du troupeau – ce qui fait de lui un remarquable cheval de compétition.

Amérique du Sud Pérou

Paso péruvien

taille :	*1,40 à 1,50 mètre au garrot*
couleurs de robe :	*bai & alezan ; mais toutes les robes unies sont possibles*
traits distinctifs :	*paso spontané (proche de l'amble)*
aptitudes :	*selle*

Également baptisé Ambleur péruvien, ce cheval possède, avec le Criollo, un ancêtre commun. Il fut spécifiquement élaboré pour son allure caractéristique – le paso – où les membres antérieurs se déploient en un mouvement très ample et l'arrière-main se baisse pour projeter les membres postérieurs vers l'avant – il faut pour cela des membres et des paturons postérieurs longs, ainsi que des articulations souples. Proche de l'amble, cette allure se révèle très confortable pour le cavalier. Le Paso, doté d'une grande endurance, peut atteindre et maintenir une vitesse de 18 km/h en parcourant les paysages les plus rudes.

Colombie

Paso Fino

taille :	*1,50 mètre au garrot*
couleurs de robe :	*toutes les robes unies*
traits distinctifs :	*allure de paso*
aptitudes :	*selle*

Ce cheval, qui ressemble au Pure Race Espagnole, descend des chevaux amenés en Amérique par les conquistadores au XVIe siècle. Il est également élevé au Pérou et à Porto Rico, et déploie des allures à quatre temps perpétuées par un élevage sélectif : le paso fino, allure ample et ramassée ; le paso corto, similaire, mais plus soutenue, utilisée pour parcourir de longues distances ; et le paso largo, plus ample et rapide, qui peut atteindre des vitesses de 25 km/h. Ces allures, totalement naturelles, font de ce cheval intelligent, au tempérament agréable, une monture très confortable.

Asie Iran

Tchenaran

taille :	*1,50 mètre au garrot*
couleurs de robe :	*toutes les robes unies*
traits distinctifs :	*endurance*
aptitudes :	*selle*

Élevé dans le nord de l'Iran, où il est connu depuis plus de 2 000 ans, ce cheval fut créé à l'origine par croisement d'étalons Arabes des Plateaux avec des juments Turkmènes. Ce croisement est toujours effectué, dans la mesure où la race tend à se détériorer sans apport externe, ou lorsque des étalons Turkmènes sont accouplés à des juments Persanes des Plateaux. Les différentes lignées de chevaux de type Arabe qui depuis des siècles sont élevés sur les plateaux de l'Iran – ancienne Perse - sont maintenant collectivement désignées sous le terme de Persans des Plateaux.

Aujourd'hui, le Darashomi et le Jaf entrent tous deux dans cette catégorie.

Longtemps populaire en tant que monture de cavalerie, le Tchenaran est un petit cheval de selle maigre et nerveux. D'apparence similaire à celle de l'Arabe, il possède la vigueur et l'endurance des chevaux orientaux.

Darashomi

taille :	*1,50 mètre au garrot*
couleurs de robe :	*gris, alezan, brun & bai*
traits distinctifs :	*bon caractère*
aptitudes :	*selle*

L'origine de ce spécimen, également désigné sous le nom de Slurazi, est incertaine, mais son apparence physique suggère qu'il a des ancêtres orientaux. Élevé au sud de l'Iran, c'est un cheval de selle fougueux, aux caractéristiques physiques similaires à celles de l'Arabe. Son bon caractère est notoire.

Jaf

taille :	*1,50 mètre au garrot*
couleurs de robe :	*bai, brun, alezan & gris*
traits distinctifs :	*endurance*
aptitudes :	*selle*

À l'instar du Darashomi, le Jaf est un cheval de selle d'apparence orientale. Élevé au Kurdistan, il possède toutes les caractéristiques d'un spécimen de désert, rudesse, nervosité et grande endurance. Doté de pieds robustes et durs, cet animal fougueux possède un tempérament aimable.

Turkoman

taille :	*1,55 mètre au garrot*
couleurs de robe :	*surtout bai*
traits distinctifs :	*allures flottantes*
aptitudes :	*équitation & courses*

Descendant de l'ancien Turkmène, comme le Tchenaran, ce spécimen est élevé au nord de l'Iran où on l'apprécie en tant que cheval de course et où il excelle dans la longue distance. D'aspect oriental, non dénué de distinction, il parvient lentement à maturité, peut atteindre une grande vitesse et témoigne de beaucoup d'endurance.

Turquie

Karaçabey

taille :	*1,60 mètre au garrot*
couleurs de robe :	*toutes les robes unies*
traits distinctifs :	*grande faculté d'adaptation*
aptitudes :	*selle & trait léger*

Créé au haras de Karaçabey – longtemps privé, puis récemment élevé au rang de haras national – ce cheval à double aptitude résulte du croisement de juments locales et de Nonius, dont le Karaçabey actuel possède encore certains caractères. C'est un spécimen aux grandes facultés d'adaptation, assez vigoureux pour effectuer des travaux de ferme et de trait léger, et néanmoins bon cheval de selle. Excellente monture de cavalerie, ce travailleur de bonne volonté témoigne d'un tempérament calme.

Australasie Australie

Waler

taille :	*1,60 mètre au garrot*
couleurs de robe :	*toutes les robes unies*
traits distinctifs :	*complaisance*
aptitudes :	*toute forme d'équitation*

Le Waler fut baptisé d'après son lieu d'origine, New South Wales (la Nouvelle-Galles-du-Sud), nom donné, au début de la colonisation, à toutes les zones nouvellement habitées. Les chevaux n'existaient pas sur le continent australien : les premiers spécimens furent importés par les colons européens à la fin du XVIIIe siècle. Il s'agissait d'animaux en provenance d'Afrique du Sud, qui furent suivis de sujets européens car les éleveurs australiens appréciaient particulièrement les chevaux Pur-Sang et Arabes.

Le Waler est le produit d'un croisement de juments de selle avec des étalons Arabes, Pur-Sang et Anglo-Arabes. Les meilleurs spécimens possèdent les caractéristiques du Pur-Sang. Ces chevaux, de tempérament égal, constituent de bonnes montures pour l'équitation en général.

CEI

Akhal-Teké

taille :	*1,55 mètre au garrot*
couleurs de robe :	*louvet doré « métallique »*
traits distinctifs :	*endurance*
aptitudes :	*selle*

L'Akhal-Teké représente une lignée de l'ancien Turkmène ou Turkoman, dont l'existence remonte à 2 500 ans et qui est élevé autour des oasis du désert de Karakoum. Doté d'une résistance particulière, il participa en 1935 à la randonnée d'Ashkhabad à Moscou – longue de 4 152 km et comprenant 360 km de désert – accomplie en quatre-vingt-quatre jours avec des rations minimales de nourriture et d'eau.

Ce cheval original, nerveux, possède une encolure relevée et fine, plantée haut et portée presque verticalement, que prolonge un corps allongé et étroit, soutenu par des membres grands et fins aux articulations loin du sol. La crinière et la queue, clairsemées, présentent une texture fine. Les spécimens de cette race sont des chevaux de longue distance, également utilisés pour le dressage, les concours hippiques et les courses.

Boudienny

taille :	*1,60 mètre au garrot*
couleurs de robe :	*toutes les robes unies, surtout alezan*
traits distinctifs :	*endurance*
aptitudes :	*selle*

Ce cheval, élaboré au début du XXe siècle pour fournir la remonte de l'armée, doit son nom au maréchal Boudienny, général de cavalerie, qui décida de créer la race. Les meilleurs spécimens issus de croisements entre des juments du Don et des Pur-Sang, furent ensuite croisés entre eux. Toujours élevé dans la région de Rostov d'où il est originaire, le Boudienny, très endurant, se révèle bon sauteur. Aujourd'hui délaissé par l'armée, il est très recherché pour les sports de compétition, y compris le steeple-chase.

Ce cheval d'ossature légère possède une conformation acceptable, des épaules courtes et un corps puissant doté d'un passage de sangle profond. Les membres ne sont pas le meilleur élément de ce cheval néanmoins extrêmement rustique.

Don

taille :	*1,57 mètre au garrot*
couleurs de robe :	*alezan & brun*
traits distinctifs :	*vigueur*
aptitudes :	*selle & travaux agricoles légers*

Traditionnellement lié à la cavalerie cosaque, le Don est issu d'un mélange de chevaux des steppes de Mongolie, d'Akhal-Tekés et d'Arabes persans. Au début du XIXe siècle, des Orlovs, des Pur-Sang et des Demi-Sang Arabes furent introduits pour améliorer la race mais, depuis le début du XXe siècle, aucune nouvelle infusion de sang n'a été effectuée. Des siècles de vie dans les steppes enneigées du Don ont produit un animal particulièrement rustique et résistant. Vivant toujours en semi-liberté dans les plaines, il constitue un bon cheval de travail qui excelle néanmoins dans les courses de longue distance en dépit de ses allures restreintes. Ses épaules sont courtes et droites et ses membres antérieurs en général musclés – bien qu'ils présentent des genoux cagneux et des paturons relevés.

Kabardin

taille :	*1,55 à 1,60 mètre au garrot*
couleurs de robe :	*bai, brun & alezan*
traits distinctifs :	*grande faculté d'adaptation*
aptitudes :	*selle, attelage & trait léger*

Il y a 400 ans environ, des chevaux indigènes du Caucase reçurent des infusions de sang Arabe, Turkmène et Karabakh. Le produit de ces croisements est un cheval de montagne vigoureux, de tempérament égal, au pied sûr et au sens de la direction qui en fait un animal idéal pour parcourir les pentes abruptes et les pistes tortueuses de son pays natal. D'une puissance exceptionnelle, ce cheval de compétitions sportives, apprécié dans sa région – on teste ses performances sur le champ de courses –, se révèle également un cheval d'attelage.

Bien que son arrière-main soit plutôt de mauvaise conformation et ses jarrets souvent coudés, il possède des membres puissants et de bons pieds. Trait caractéristique, le pavillon de ses oreilles a tendance à se tourner vers l'intérieur.

Karabair

taille :	*1,50 mètre au garrot*
couleurs de robe :	*bai, alezan & gris*
traits distinctifs :	*endurance*
aptitudes :	*selle, attelage & travaux agricoles légers*

La région d'Ouzbékistan maintenant baptisée Ouzbekskaïa, berceau du Karabair, est renommée depuis 2 500 ans pour la production de chevaux de qualité. L'origine exacte de ce spécimen est inconnue, mais son apparence d'Arabe en plus trapu, moins raffiné, suggère une influence orientale. Cheval fougueux mais accommodant, il possède l'endurance illimitée des races russes de montagne. Les sujets les plus lourds constituent de bons travailleurs agricoles, tandis que les plus légers servent à l'équitation ou à l'attelage.

Kirghize

taille :	*1,42 à 1,52 mètre au garrot*
couleurs de robe :	*souvent bai ; toutes les robes unies sont possibles*
traits distinctifs :	*rusticité, facultés d'adaptation*
aptitudes :	*selle & bât*

Également dénommé Novokirghize, le Kirghize moderne représente une évolution assez récente du cheval indigène qui fut croisé, au cours des cent dernières années, avec des Dons et des Pur-Sang. Le spécimen obtenu, de petite taille, se révèle un animal de selle et de bât extrêmement solide, au pied sûr, parfaitement adapté aux travaux en haute altitude, dans les monts Tien Shan. Il possède un dos long et des épaules droites, qui surmontent des membres courts, puissants et ossus, aux bons pieds. Doux et actif, il est utilisé à la fois pour le travail et l'agrément.

Latvian

taille :	*1,60 mètre au garrot*
couleurs de robe :	*toutes les robes unies, surtout alezan*
traits distinctifs :	*endurance*
aptitudes :	*selle*

Ce spécimen descend de l'ancien cheval de forêt du nord de l'Europe, dont l'existence remonte à la nuit des temps. Le Latvian actuel date du XVIIe siècle, époque où des Sang Chaud furent croisés avec des chevaux indigènes : plusieurs races furent introduites, en particulier l'Oldenbourg. D'autres croisements avec des Sang Froid – Ardennais et Trait finnois – apportèrent à cet animal une plus grande substance.

Le cheval de trait ainsi obtenu, robuste, aux multiples aptitudes, peut également servir à la selle et à l'attelage. Travailleur vigoureux, il est à la fois sensé, complaisant et d'un tempérament doux. Sa bonne conformation présente un passage de sangle profond, une belle ossature et des membres légèrement poilus.

Trotteur Orlov

taille :	*1,60 mètre au garrot*
couleurs de robe :	*gris, noir & bai*
traits distinctifs :	*longévité*
aptitudes :	*courses au trot attelé*

Ce cheval tient son nom du comte Alexis Orlov, qui fonda le haras de Khrenov en 1778 et donna ainsi naissance à ce qui allait devenir l'une des races de trotteurs les plus célèbres du monde. Le trotteur Orlov possède du sang Arabe et néerlandais. Au XIXe siècle, il appartenait à l'une des races prédominantes de Russie. Les courses de trot étaient appréciées dans ce pays depuis 1799 ; lorsque ce sport se développa, au cours du XIXe siècle, le trotteur Orlov prospéra et améliora ses performances, auxquelles s'ajoutait un talent de carrossier.

De haute taille, d'ossature légère, il est caractérisé par une belle tête plutôt lourde, des épaules puissantes, un passage de sangle profond, un dos allongé et des membres hauts et ossus. Animal d'une grande longévité, il est élevé pour le trot attelé bien qu'il constitue également un bon cheval de selle, adapté aux autres sports d'équitation.

Trotteur russe

taille :	*1,57 à 1,60 mètre au garrot*
couleurs de robe :	*bai, noir, alezan & gris*
traits distinctifs :	*maturité précoce*
aptitudes :	*courses au trot attelé*

Ce cheval, dont la race ne fut officiellement reconnue qu'en 1949, fut créé dans la seconde moitié du XIXe siècle par le croisement de l'Orlov et du Standardbred – à cette époque, ce dernier surclassait toutes les autres races de trotteurs, et les éleveurs russes espéraient ainsi améliorer les performances de l'Orlov. Le cheval obtenu se révéla effectivement plus rapide – quoique plus petit et moins élégant – que son prédécesseur. On eut alors recours à des croisements internes. Peu à peu, la taille de l'animal augmenta et l'ossature, les mesures du corps et la conformation générale s'améliorèrent.

Aujourd'hui, les critères de taille imposés par la race sont très rigoureux : 1,57 m pour les juments, 1,60 m pour les étalons. Le Trotteur russe actuel, très musclé, possède des membres durs et nets. Ses vitesses de trot maximales ne sont pas atteintes avant l'âge de 5 ou 6 ans.

Trait lourd russe

taille :	*1,45 mètre au garrot*
couleurs de robe :	*surtout alezan*
traits distinctifs :	*puissance*
aptitudes :	*travaux de trait*

Ce petit cheval de trait possède une apparence « Cob » évidente. Élaborée au cours des cent dernières années, principalement en Ukraine, la race résulte du croisement de juments de trait locales avec des étalons Ardennais, Percherons et Orlov. Les meilleurs spécimens obtenus firent ensuite l'objet de croisements internes pour fixer un type. Actif mais doux, cet animal est réputé pour sa grande puissance de trait. Son apparence compacte révèle la puissance de son dos, de ses épaules et de son arrière-main, portés par des membres courts et forts. On l'apprécie surtout dans les fermes d'Ukraine et de la région de l'Oural.

Tersk

taille :	*1,50 mètre au garrot*
couleurs de robe :	*gris-argent et blanc*
traits distinctifs :	*vigueur*
aptitudes :	*selle*

Élaboré entre 1921 et 1950, ce cheval représentait au départ une tentative de préservation de l'Arabe Strelets, qui avait été décimé au cours de la Première Guerre mondiale. Ce dernier était en fait un Anglo-Arabe, plutôt qu'un Arabe pur – il résultait du croisement de spécimens purs avec des Anglo-Arabes des haras d'Orlov et de Rostopchine. Le Strelets avait prospéré au cours du XIXe siècle, mais en 1921, il ne restait que deux étalons en vie, tous deux possédant une robe gris-argent.

Des juments Arabes de pure race ou croisées furent saillies par ces deux étalons. Un système de sélection précis donna naissance à un nouveau type de Strelets, baptisé Tersk, du nom de l'un des deux haras caucasiens où il avait été créé, l'autre étant le haras de Stavropol. Aujourd'hui, le Tersk a l'aspect d'un grand Arabe, un peu moins raffiné cependant. Les robes gris-argent ou blanches ont souvent une nuance rosâtre due à la teinte de la peau qui transparaît. Cet animal au bon naturel, actif et vigoureux, constitue un cheval de selle aux multiples aptitudes.

Toric

taille :	*1,50 à 1,55 mètre au garrot*
couleurs de robe :	*en général bai ou alezan*
traits distinctifs :	*bonne constitution*
aptitudes :	*travaux de trait léger*

Ce cheval de travail de type « Cob » remonte à un étalon Norfolk Roadster nommé Hatman, importé en Estonie en 1894, et croisé avec des juments Kleppers locales. Au départ, la progéniture fit l'objet de croisements internes jusqu'à un certain point, mais du sang d'autres races – dont l'Orlov (*cf.* p. 77) – fut introduit. Cheval de trait léger de bonne constitution, cet animal au tempérament aimable, actif et rapide, qui tient son nom du haras de Toric où il fut créé, est encore utilisé pour les travaux agricoles en Estonie.

Lokai

taille :	*1,50 mètre au garrot*
couleurs de robe :	*gris, bai & alezan « métallique »*
traits distinctifs :	*vigueur*
aptitudes :	*selle & bât*

Élevé au Tadjikistan, sur le versant occidental des monts Pamir, le Lokai est un cheval de montagne. La race fut élaborée au XVIe siècle, par les tribus Lokai. Au début, ce cheval représentait un mélange de races d'Asie centrale, mais il fut amélioré par ajout de sang Iomud et Karabair. Plus récemment, d'autres croisements avec des étalons Tersks, Arabes et Pur-Sang furent effectués. Ce spécimen de construction légère, nerveux et robuste, possède des pieds très durs. Doté de grandes facultés d'endurance et d'adaptation, il est utilisé pour le bât, les courses et le jeu national de Kokpar, épreuve de galop utilisant une carcasse de chèvre à la place d'une balle.

Karabakh

taille :	*1,40 mètre au garrot*
couleurs de robe :	*alezan, bai & louvet*
traits distinctifs :	*vitesse*
aptitudes :	*selle*

Né dans les monts du même nom, en Azerbaïdjan, entre deux rivières, l'Araks et la Kura, ce descendant du cheval des steppes de Mongolie, d'origine primitive, résulte d'influences orientales turques, irakiennes, kurdes et iraniennes. Il a également hérité de l'Akhal-Teké sa splendide robe alezane « métallique ». Réputé pour sa vitesse et son agilité, il est soumis, sur le champ de courses, à des épreuves destinées à évaluer ses performances.

Le Karabakh possède une tête raffinée, solidement plantée sur une encolure bien sortie qu'encadrent des épaules très droites. Ses membres fins sont terminés par de très bons pieds aux sabots résistants.

Afrique Égypte

Arabe

taille :	*1,45 à 1,50 mètre au garrot*
couleurs de robe :	*toutes les couleurs unies*
traits distinctifs :	*beauté & endurance*
aptitudes :	*selle*

Considéré comme étant à l'origine de toutes les races du monde, l'Arabe, qui a effectivement joué un rôle significatif dans l'évolution du cheval, est salué comme le principal fondateur du Pur-Sang. Sa pureté génétique en a fait un spécimen aux caractères prédominants, qui se transmettent à sa progéniture. Dans le monde oriental, l'existence de chevaux de type Arabe identifiable remonte au moins à 2 000 ans av. J.-C ; le sang de ces animaux se répandit dans le monde connu par les conquêtes musulmanes au cours du VIIe siècle.

Ce cheval témoigne d'une beauté et d'un raffinement exceptionnels. Sa tête délicate – qui présente un profil caractéristique concave, un nez très fin, un front large et de grands yeux écartés – est bien dressée sur une encolure élégante. Le corps, compact et musclé, est soutenu par des membres fins mais solides. La robe, la crinière, et la queue greffée très haut, sont soyeuses. L'Arabe, d'une vigueur exceptionnelle, possède des allures flottantes. Fougueux et intelligent, il se révèle pourtant le plus doux des chevaux. Ce sujet apte à tout, excellant sur de longues distances, est également admiré dans les courses réservées aux membres de sa race.

Libye, Algérie & Maroc

Barbe

taille :	*1,50 mètre au garrot*
couleurs de robe :	*toutes les robes unies*
traits distinctifs :	*vigueur*
aptitudes :	*selle*

Autre cheval d'origine ancienne, le Barbe est issu de la Barbarie, réputée pour ses chevaux depuis 2 000 ans. À l'instar de l'Arabe, le Barbe a exercé une influence considérable sur les autres races ; il fut utilisé pour l'élaboration de l'Andalou au cours de l'invasion maure de l'Espagne ; par l'intermédiaire de ce cheval, il en influença beaucoup d'autres. Nombre de spécimens furent également importés en Europe au cours du XVIIe siècle.

C'est un animal aux multiples aptitudes. Bien que son aspect ne soit pas spectaculaire – il possède une encolure longue sans distinction, une tête ordinaire et une arrière-main tombante avec une queue plantée plutôt bas – ce cheval frugal est extrêmement robuste et témoigne à la fois d'une grande vitesse sur de courtes distances et d'une grande endurance sur des parcours plus longs.

Les principales **races de poneys**

LES PRINCIPALES RACES DE PONEYS

Przewalski
(Equus ferus przewalskii poliakof)

taille :	*1,22 à 1,43 mètre au garrot*
couleurs de robe :	*marron clair à la naissance, isabelle ou louvet à la maturité ; marques plus claires autour des yeux, de la bouche et du nez ; raie de mulet ; zébrures sur les membres ; crinière & queue noires*

Le cheval sauvage de Mongolie doit son nom au colonel N. M. Przewalski, explorateur russe qui découvrit, en 1881, une bande d'équidés dans les monts Tachin Shara Nuru, sur la bordure occidentale du désert de Gobi. On ne sait si cet animal – dernier représentant du cheval ou poney sauvage jamais domestiqué – existe encore en milieu naturel, dans la mesure ou une chasse intensive l'a repoussé dans le désert, puis jusqu'en Chine, mais un certain nombre d'individus sont préservés dans des zoos. Le Przewalski, qui possède une grande faculté d'endurance, pouvait subsister en se nourrissant de la végétation très pauvre de la steppe salée et des régions montagneuses de Mongolie, au climat très rude. Ce cheval, puissamment bâti, possède une poitrine large, des épaules droites et un dos court, pratiquement dénué de garrot. L'encolure peu allongée, garnie d'une crinière en brosse, est surmontée d'une tête forte et lourde, ornée de petites oreilles. L'arrière-main, ramassée, porte une queue aux longs crins et les membres, trapus et forts, sont garnis de sabots larges et plats.

Tarpan
(Equus ferus gmelini antonius)

taille :	*1,33 mètre au garrot*
couleurs de robe :	*isabelle, louvet ou souris, qui peut blanchir en hiver ; raie de mulet ; parfois raies transversales ; zébrures sur les membres ; crinière & queue noires*

Issus de la Russie méridionale, ces ultimes représentants des équidés primitifs se divisaient, semble-t-il, en deux races distinctes, l'une parcourant les steppes, l'autre, les forêts. Tous ces chevaux, qui firent l'objet d'une chasse intensive pour leur viande, furent exterminés au XIXe siècle. On trouve cependant, dans des réserves de Pologne, quelques animaux qui présentent les caractères du Tarpan.

Ce cheval possède une tête lourde ornée de courtes oreilles, à profil droit ou convexe, aux naseaux ourlés d'un bourrelet, surmontant une encolure courte et épaisse encadrée par des épaules bien inclinées. Le dos, allongé, au garrot relevé, est prolongé d'une arrière-main faible et oblique portant une queue plantée bas. Les membres sont fins mais solides.

Sous la direction du professeur Lutz Heck, au parc zoologique d'Hallabrunn, à Munich, des croisements entre des étalons Przewalski et des juments Konik – qui ont les caractères du Tarpan – ont produit un cheval qui ressemble fortement au petit cheval des steppes.

Europe Grande-Bretagne

Connemara

taille :	*1,33 à 1,48 mètre au garrot*
couleurs de robe :	*gris, noir, bai, isabelle, brun foncé*
traits caractéristiques :	*force et résistance*
aptitudes :	*selle*

Originaire d'Irlande, le Connemara, également élevé de façon intensive en France, a été exporté dans le monde entier. Ce descendant du poney celtique a fait l'objet de croisements avec des Andalous et des Clydesdales ; plus récemment, des étalons Arabes ont été introduits dans la race pour y insuffler qualité et raffinement. Croisé avec un Pur-Sang, le Connemara produit un cheval de selle plus grand, solide et bien trempé.

Ce poney aux aptitudes multiples, solide et utile, aux mouvements amples et libres, présente une tête bien conformée, une encolure longue, des épaules inclinées et un passage de sangle incurvé. Le dos droit se prolonge d'une arrière-main développée ornée d'une queue bien plantée. Les membres, ossus, s'appuient sur des pieds durs. Excellents sauteurs en raison de leur agilité et de leur pied sûr, ces animaux ont une nature aimable et docile.

Dale

taille : 1,48 mètre au garrot
couleurs de robe : noir, brun foncé, parfois gris
traits distinctifs : pied sûr
aptitudes : selle et trait

Semblable au Fell, le Dale, comme le Highland, est le plus lourd des poneys indigènes de Grande-Bretagne. Élevé sur le versant oriental de la chaîne Pennine, dans le Northumberland, le Durham et le Yorkshire, il évoque également le Welsh Cob. Les Dales actuels descendent en réalité d'un étalon Welsh Cob, baptisé Comet, qui participait à des courses de trot et fut utilisé de façon intensive pour couvrir des juments Dales vers la fin du XIXe siècle.

Ce don de trotteur, toujours présent, en fait un cheval d'attelage particulièrement adapté, capable de tirer des poids importants. En raison de son tempérament fiable, actif, agrémenté d'un caractère docile et posé et d'un pied sûr, on l'utilise également en randonnée. Il possède une tête racée, une crinière et une queue abondantes et des membres ornés de longs fanons.

Dartmoor

taille : 1,28 mètre au garrot
couleurs de robe : noir, bai & alezan brûlé (les marques blanches doivent être réduites pour l'enregistrement & les présentations)
traits distinctifs : activité lente et durable
aptitudes : selle

Originaire de Dartmoor, dans le Devon, cette race petite et rustique parcourt la lande depuis des milliers d'années. Le type, qui a évolué au cours des siècles, a reçu des infusions de sang Arabe et Welsh au début du XXe siècle. En raison de sa conformation petite et étroite, le Dartmoor constitue un excellent poney pour le jeune enfant.

Ce cheval posé, au pied sûr, au tempérament égal et doux, a la réputation d'être naturellement apte au trot. Sa belle tête intelligente au port élevé, ornée de grands yeux et de petites oreilles alertes, surmonte un poitrail large encadré d'épaules inclinées. Le corps trapu et compact présente une arrière-main puissante, une queue bien plantée et des membres durs et solides.

Exmoor

taille : 1,22 à 1,30 mètre au garrot
couleurs de robe : bai, brun & louvet ; marques plus claires autour des yeux, des naseaux, sur le ventre & à l'intérieur des cuisses
traits distinctifs : yeux « de crapaud », proéminents (paupière supérieure tombante) ; queue « de glace » (épaisse, en éventail à l'extrémité) ;
aptitudes : selle, endurance

Inscrit sur la liste des races menacées de disparition du Rare Breeds Survival Trust, l'Exmoor, qui est le poney le plus ancien de Grande-Bretagne et l'un des équidés les plus vieux du monde, constitue sans doute le dernier représentant du poney celtique. Des comparaisons entre des restes fossilisés trouvés en Alaska et l'Exmoor ont mis en évidence une même structure osseuse de la joue, et l'embryon d'une septième molaire qui n'existe chez aucune autre race. Trois bandes de chevaux parcourent de nos jours la lande : lorsqu'ils vivent hors de leur milieu naturel, ces animaux tendent à perdre leur type.

L'Exmoor, intelligent et indépendant, tend à se montrer entêté s'il n'est pas correctement manié. Sa tête courte au profil droit, bien plantée, se dresse sur une encolure proportionnée et bien conformée encadrée d'épaules musclées et inclinées. Le dos court, prolongé d'une arrière-main puissante, surmonte un passage de sangle profond et des membres solides aux petits pieds durs. La robe, très courte, est souple et imperméable. Bien que l'Exmoor soit un poney approprié à l'équitation enfantine lorsqu'il est bien dressé, sa constitution forte et solide lui permet de porter un homme adulte.

Fell

taille :	*1,33 à 1,43 mètre au garrot*
couleurs de robe :	*noir, brun foncé, bai sombre & parfois gris ; très peu de marques blanches*
traits distinctifs :	*pieds solides au sabot bleuâtre*
aptitudes :	*selle et trait*

Un peu plus petit et léger que son parent proche, le Dale, le Fell est élevé sur le versant nord de la chaîne Pennine et dans les régions du Cumberland et du Westmorland qui avoisinent le Lake District. Il fut intensivement utilisé au XVIIIe siècle en tant qu'animal de bât, pour transporter le plomb des mines, ainsi que pour le sport de trot local.

Possédant des épaules plus adaptées à la selle que celles du Dale, le Fell produit un bon cheval de chasse lorsqu'un étalon est croisé avec une jument Pur-Sang. De constitution trapue et osseuse, doté d'un passage de sangle profond, il a un bon port de tête et fait jouer l'épaule avec une grande liberté. Robuste, vigoureux, posé, au pied sûr, il constitue un excellent poney de selle et de trait.

Le Fell est inscrit dans la liste des races en voie de disparition du Rare Breeds Survival Trust.

Highland

taille :	*1,33 à 1,48 mètre au garrot*
couleurs de robe :	*gris, noir, bai ou louvet*
traits distinctifs :	*force exceptionnelle*
aptitudes :	*selle et trait*

Le Highland, originaire du nord de l'Écosse et des îles Hébrides, paraît rassembler deux types distincts : celui plus grand et plus lourd du continent, et celui plus léger et actif des Hébrides. Tous ces animaux sont issus de croisements – avec des chevaux Français et Clydesdales pour le type continental, et des chevaux Arabes pour celui des îles.

Élevé à l'origine pour travailler dans les petites fermes, ce poney au pied sûr est encore utilisé aujourd'hui pour transporter les proies lors de la chasse au cerf dans les collines ; le type des îles, en particulier, produit de bons chevaux de chasse lorsqu'il est croisé avec des Pur-Sang. Cheval de trait et de selle vigoureux, résistant et très docile, il se montre capable de tirer des poids importants. Ses membres portent de longs fanons soyeux sur les boulets. Les Highlands pure race arborent une raie de mulet qui tend à disparaître avec l'âge chez les poneys gris.

New Forest

taille :	*1,28 à 1,48 mètre au garrot*
couleurs de robe :	*nuances de bai ; mais toutes les robes unies sont admises*
traits distinctifs :	*épaule exceptionnelle pour la selle ; activité lente et durable*
aptitudes :	*selle*

Originaire de la région de New Forest, dans le Hampshire, cette race provient de nombreux croisements. Au XIIIe siècle, des juments Welshs furent lâchées dans la région ; elles furent suivies d'étalons Dartmoors, Exmoors, Highlands, Fells, Dales, Hackneys, Clydesdales et Arabes destinés à améliorer la taille et la solidité de la race. Actuellement, il existe environ 3 000 poneys dans le New Forest, qui font l'objet d'un rassemblement annuel pour la sélection des spécimens destinés à la vente. Ce poney est élevé en haras dans toute la Grande-Bretagne et à l'étranger.

Le New Forest, doté d'un tempérament parfait, constitue le poney idéal de famille. Remarqué pour son pied sûr et ses facultés d'adaptation, il possède une conformation pour la selle en raison de ses épaules bien inclinées, aux mouvements libres et sûrs. La plupart des sujets ont une bonne ossature, des pieds solides, un dos court et compact avec un passage de sangle profond. Leur tête, plutôt grande, surmonte une encolure courte.

Shetland

taille :	*1,07 mètre au garrot*
couleurs de robe :	*toutes les variétés, y compris le pie (refusé pour l'enregistrement & les présentations)*
traits distinctifs :	*force ; crinière & queue très fournies pour protéger du climat*
aptitudes :	*selle et attelage*

Le plus petit des poneys indigènes de Grande-Bretagne est originaire des îles Shetland, situées à environ 160 km au large de la côte nord de l'Écosse. Utilisé par les fermiers insulaires pour les travaux des champs, il servit aussi de cheval de bât pour rapporter la tourbe de la lande, et de moyen de transport. Au milieu du XIXe siècle, de nombreux spécimens furent amenés sur le continent pour travailler dans les mines de charbon : à la fois vigoureux et près du sol, ils se révélèrent des chevaux de galeries de mines idéaux, et furent rapidement élevés dans ce but. Il existe, sur les îles, une centaine de Shetlands, mais ces animaux font aussi l'objet d'un élevage intensif dans toute la France, ainsi que partout en Europe, en Australie et en Amérique.

Cette race, forte et résistante, se caractérise par un dos court et un passage de sangle ample. Bien qu'il soit très entêté, ce poney est idéal pour les enfants ; son pas décidé en fait aussi un bon poney d'attelage.

Welsh Mountain

taille :	*1,22 mètre au garrot*
couleurs de robe :	*toutes les robes unies*
traits distinctifs :	*force & solidité héréditaire*
aptitudes :	*selle*

Le poney Welsh Mountain (section A dans le Stud Book de la race) parcourt la lande et les montagnes du pays de Galles depuis l'époque romaine – bien qu'au fil des siècles certains croisements aient été effectués. Jules César établit un haras, à Bala, dans le Merionethshire, et y introduisit du sang oriental. Au XIXe siècle eurent lieu des infusions de sang Arabe et Norfolk Roadster (prédécesseur maintenant disparu du Hackney) tandis qu'à la même époque la race bénéficiait de l'apport du fameux Pur-Sang Merlin.

Le Welsh Mountain est le type de base à partir duquel le Welsh (section B) et le Welsh type Cob (sections C et D) ont évolué. Intelligent, courageux, gentil et doux, c'est un excellent poney de selle pour les enfants ; grâce à son allure aisée combinée à un mouvement ample du genou, il fait aussi preuve d'une aptitude à l'attelage. Doté d'une tête fine et plate, de grands yeux espacés, de petites oreilles alertes, il se révèle robuste et résistant. Ses épaules obliques se prolongent par un corps profond et compact s'ornant d'une queue, bien plantée et portée haut et reposant sur des membres courts et solides.

Welsh

taille :	*1,38 mètre au garrot*
couleurs de robe :	*toutes les robes unies*
traits distinctifs :	*élégance*
aptitudes :	*selle*

Le Welsh (section B) est considéré comme le poney de selle de la race. Il descend du Welsh Mountain et du Welsh type Cob (section C) après une introduction de Pur-Sang. Des croisements réussis avec de petits Pur-Sang ou Arabes produisent souvent un type de poney de présentation plus grand, mais il faut veiller dans ce cas à ce que la robustesse et la solidité de la race ne soient pas perdues.

Les caractéristiques de ce poney sont semblables à celles du Welsh Mountain, bien que son mouvement soit plus près du sol et son déplacement de genou moins ample. Courageux et intelligent, il est doté d'une petite tête, d'une encolure flatteuse, encadrée par des épaules obliques, d'une arrière-main arrondie et musclée, ornée d'une queue plantée haut et portée allègrement. Les membres solides, aux articulations plates, reposent sur des pieds durs.

Poney Welsh type Cob

taille :	*1,38 mètre au garrot*
couleurs de robe :	*toutes les robes unies ; pie (non permis pour les présentations)*
traits distinctifs :	*robustesse et endurance*
aptitudes :	*selle*

Descendant également du Welsh Mountain, le Welsh type Cob (section C) a reçu dans le passé des infusions de sang Andalou, Pembroke – cheval de trait maintenant disparu –, Norfolk Roadster et, plus récemment, Hackney.

Ce poney, courageux, intelligent, gentil, se révèle très solide et résistant. Version réduite du Welsh Cob, il combine la force, la qualité et le bon sens. Monture idéale pour un enfant ou un petit adulte, il témoigne d'un trot sûr et franc qui le rend apte à l'attelage. Les spécimens de la race illustrent le poney type : de belles épaules rejetées en arrière, une encolure avantageuse, un corps ramassé « peu aéré » au passage de sangle profond, une bonne ossature et une arrière-main puissante. Les crins de la crinière et de la queue sont soyeux et les boulets peuvent être ornés de longs fanons qui ne doivent cependant pas être trop abondants.

Welsh Cob

taille :	*1,48 mètre au garrot (minimum)*
couleurs de robe :	*toutes les robes unies*
traits distinctifs :	*force exceptionnelle*
aptitudes :	*selle et trait léger*

Le Welsh type Cob (section D), qui est le plus grand de tous les poneys Welshs, n'est pas limité en hauteur au garrot pour les présentations – en ce qui concerne les poneys originaires de Grande-Bretagne uniquement. Cette race présente la conformation du Welsh Mountain, mais des croisements avec le Norfolk Roadster et le Yorkshire Coach Horse, au cours des XVIIIe et XIXe siècles, ont engendré le Cob moderne. Ce spécimen est courageux, réputé pour sa grande endurance, son aptitude au trot monté et à l'attelage.

Également très adapté à la selle – on peut difficilement trouver mieux que le Welsh Cob, résistant et endurant – il témoigne d'un talent de sauteur inné qui en fait un excellent cheval de chasse. Un croisement avec le Pur-Sang est à la base du Welsh demi-sang dont la popularité a augmenté au cours de ces dernières années et qui constitue un cheval de compétition très efficace.

Hackney

taille :	*1,28 à 1,43 mètre au garrot*
couleurs de robe :	*toutes les robes unies*
traits distinctifs :	*trot « troussé & arrogant »*
aptitudes :	*trait léger, attelage d'exhibition*

Si le poney Hackney a toutes les caractéristiques du poney – et notamment le caractère –, il partage toutefois le stud book de son homologue de grande taille. Ce spécimen est la création de Christopher Wilson of Cumbria qui, au cours des années 1880, réussit à produire un type distinctif basé sur le Fell, croisé avec le Welsh.

De constitution particulièrement robuste, résultant de sa vie dans la lande, où il subsista livré à lui-même, ce poney vif et courageux possède des allures naturellement relevées en attelage. Le Hackney actuel est essentiellement réservé aux présentations où il fait admirer son allure spectaculaire.

France

Camarguais

taille :	*1,43 mètre au garrot*
couleurs de robe :	*noir, gris foncé & brun foncé pour les poulains, évoluant vers le gris clair ou le blanc*
traits distinctifs :	*force & endurance*
aptitudes :	*monture des gardians*

La Camargue, région de marécages par excellence, constitue le milieu naturel du Camarguais, dont la race ne fut reconnue qu'en 1968, et dont il n'existe qu'une trentaine de bandes, ou manades, dans la région. La couleur de robe de ce poney, baptisé le « cheval blanc de la mer », est l'élément le plus frappant de cet animal résistant, qui subsiste avec un régime frugal d'herbe rude.

De bonne conformation, ce spécimen présente une grosse tête carrée, une encolure courte, des épaules droites, un passage de sangle profond, une bonne ossature, un dos court et fort, des pieds durs et larges, une crinière et une queue longues et épaisses.

Ses allures relevées, son aptitude au galop et sa manière si caractéristique de se retourner sur lui-même pour faire demi-tour, sont des atouts précieux pour les gardians qui entraînent les célèbres taureaux noirs de Camargue pour leur passage dans l'arène.

Autriche

Haflinger

taille :	*1,48 mètre au garrot*
couleurs de robe :	*alezan, crinière & queue lavées et abondantes*
traits distinctifs :	*force exceptionnelle par rapport à la taille*
aptitudes :	*selle, trait & bât*

Le Haflinger est une race résistante de montagne originaire du Tyrol. Trapu et solide, ce poney possède une bonne ossature. Son origine remontant au cheval Arabe, ainsi qu'à d'autres races plus lourdes et rustiques, en fait un cheval idéal à la fois pour la selle et le trait dans son pays ; son pied sûr et son caractère placide le destinent tout naturellement aux cavaliers débutants.

Le nom de ce poney provient du village de Hafling – au centre d'une région qui constitue maintenant le nord de l'Italie – où cet animal fit l'objet d'un élevage intensif. Des haras nationaux furent ensuite créés à Piber et Ossiach ; actuellement, les Haflingers sont élevés à travers toute l'Autriche. Exportée dans différents pays, la race connaît une grande popularité en France, en Allemagne, en Suisse et en Hollande. Tous les étalons sont propriété de l'État et gardés dans des haras gouvernementaux où les poulains subissent une inspection rigoureuse avant d'être sélectionnés en tant que futurs étalons.

Allemagne

Poney de Dulmen

taille :	*1,28 mètre au garrot*
couleurs de robe :	*toutes ; le plus souvent brun, noir & louvet*
traits distinctifs :	*épaules verticales*
aptitudes :	*cheval d'agrément ; propriétés du duc de Croy, les individus restants vivent chez lui*

L'Allemagne ne possède que deux races de poneys, le Dulmen et le Senner. Bien que ce dernier, qui fut autrefois découvert dans la forêt de Teutoburg, au Hanovre, ait pratiquement disparu, ces deux races eurent une influence significative sur le Hanovrien. Le Dulmen actuel représente une race mélangée qui mène, dans le Meerfelder Bruch, en Westphalie, une vie à demi sauvage depuis le XIVe siècle.

Présentant une ressemblance avec le New Forest dans son apparence générale, ce poney possède une encolure plutôt courte, des épaules droites, un dos ramassé et une croupe faible.

Pologne

Huçul

taille :	*1,22 à 1,33 mètre au garrot*
couleurs de robe :	*presque toutes ; généralement louvet, bai & pie*
traits distinctifs :	*force*
aptitudes :	*bât & trait*

Originaire de la région des Carpates, où des bandes de chevaux ont erré dans les régions montagneuses pendant des milliers d'années et où cet animal est connu localement sous le nom de poney des Carpates, le Huçul est probablement un descendant du Tarpan à qui il ressemble plus qu'à tout autre type. Du sang Arabe a récemment été introduit pour améliorer la qualité de la race et un élevage sélectif est mené dans plusieurs haras en Pologne, le principal étant situé à Siary, près de Görlitz.

Le Huçul constitue un poney de bât et de trait idéal. Très résistant et endurant, il est abondamment utilisé dans les champs montagneux de la Pologne méridionale. Le pied sûr, vigoureux, docile et de bonne disposition, il présente une tête courte

caractéristique, une arrière-main plutôt faible et une queue plantée bas.

Konik

taille :	*1,33 mètre au garrot*
couleurs de robe :	*nuances de brun & souris*
traits distinctifs :	*tranquille, coopératif*
aptitudes :	*travaux de ferme*

Semblable au Huçul avec lequel il partage un ancêtre, le Tarpan, le Konik est utilisé pour travailler dans les fermes des basses terres de Pologne ou d'Europe de l'Est où un certain nombre de spécimens ont été exportés. La race a reçu des infusions de sang Arabe. Bien qu'il soit petit de stature, cet animal, qui a perdu quelques-unes de ses qualités de poney rustique, ressemble plutôt à un cheval miniature.

Faisant l'objet d'une sélection aux deux haras nationaux de Popielno et Jezewice, le Konik est également élevé par de petits fermiers qui l'utilisent aux travaux des champs. Ce poney rustique et solide, facile à manier, subsiste avec un régime frugal.

Portugal

Sorraia

taille :	*1,28 à 1,33 mètre au garrot*
couleurs de robe :	*louvet, gris et palomino ; raie de mulet & zébrures sur les membres*
traits distinctifs :	*conformation primitive*
aptitudes :	*(autrefois) travaux agricoles légers*

Cette race extrêmement endurante – capable de survivre avec la végétation pauvre de son milieu naturel, tout en subissant un climat très rude – était autrefois utilisée pour les travaux agricoles.

Le Sorraia constitue un vrai type « primitif », possédant des traits distinctifs à la fois du Przewalski et du Tarpan.

Ce poney présente une tête massive, avec un profil droit ou convexe, ornée d'yeux situés un peu haut et d'oreilles longues à l'extrémité noire. Son encolure généralement longue s'encadre d'épaules droites. La croupe, faible, peu développée portant une queue plantée bas, s'appuie sur des membres plutôt longs et secs.

Garrano

taille :	*1 à 1,22 mètre au garrot*
couleurs de robe :	*presque toujours alezan*
traits distinctifs :	*pied sûr*
aptitudes :	*trait & travaux agricoles légers*

Connu également sous le nom de Minho, ce poney originaire du Portugal vient des vallées des régions montagneuses de Garrano, de Minho et de Traz dos Montes. Du sang Arabe, introduit pour l'élevage sélectif de certains poneys, a produit un animal de conformation légère, bien proportionné et racé, doté d'une crinière et d'une queue abondantes.

Les spécimens de cette race, particulièrement robustes et résistants, possèdent un pied sûr. Intensivement utilisés pour les travaux agricoles légers, ainsi que pour le transport du bois, ce sont des animaux de bât très recherchés, qui se révèlent également d'excellents poneys de selle.

Grèce

Pénée

taille :	*1,43 mètre au garrot*
couleurs de robe :	*en général bai, brun, alezan ou gris*
traits distinctifs :	*grande résistance*
aptitudes :	*travaux agricoles légers*

Aujourd'hui, il ne reste en Grèce que trois races indigènes de poneys – le Thrace, le Thessalien et l'Achéen ont depuis longtemps disparu. Le Pénée, élevé dans la région d'Élée, dans le Péloponnèse, est utilisé pour les travaux agricoles légers et en tant que poney de bât ; cet animal robuste peut subsister avec un régime très frugal.

Pinde

taille :	*1,22 à 1,33 mètre au garrot*
couleurs de robe :	*gris foncé, bai, brun ou noir*
traits distinctifs :	*peut subsister avec une alimentation pauvre*
aptitudes :	*selle & travaux agricoles légers*

Élevé dans les régions montagneuses de Thessalie et de l'Épire, le Pinde représente un autre spécimen de type « oriental ». Les fermiers, qui l'utilisent pour des travaux légers, l'apprécient en raison de sa forte constitution et de sa faculté à vivre avec un régime frugal ; il se montre également apte à la selle. Les juments sont souvent accouplées à des ânes pour produire des mules vigoureuses.

Skyros

taille :	*1,10 mètre au garrot*
couleurs de robe :	*en général brun, gris & louvet*
traits distinctifs :	*docile*
aptitudes :	*transports au bât ; selle pour enfants*

Issu de l'île de Skyros, dans la mer Égée, ce poney, de type Tarpan « primitif » est le plus petit représentant – et probablement le plus ancien – des races grecques.

Sur les îles, on l'utilise essentiellement comme poney de bât, mais sur le continent on le sollicite pour l'équitation enfantine, en raison de son caractère calme et souple.

Vigoureux, se contentant d'un régime frugal, le Skyros possède une ossature légère. Doté d'une encolure faible, d'épaules droites, et d'un arrière-train pauvre, il tend à présenter des jarrets épais.

Norvège

Fjord

taille :	*1,33 à 1,48 mètre au garrot*
couleurs de robe :	*louvet ; raie de mulet & zébrures sur les membres*
traits distinctifs :	*grande faculté d'adaptation*
aptitudes :	*travaux agricoles, selle & attelage*

Monture des Vikings qui l'utilisaient pour le « sport » de combats de chevaux, ce poney est originaire de la Norvège occidentale. Il s'est depuis répandu à travers toute la Scandinavie et en Allemagne. Très populaire au Danemark – en particulier au Jutland – il y fut importé au début du XXe siècle pour les travaux agricoles légers. Cet animal possède les couleurs et les marques caractéristiques du type « primitif ». Sa crinière – comme sa queue – claire sur les bords longeant une ligne de milieu noire, se dresse en brosse et présente une jolie coupe caractéristique en forme de croissant. La tête, petite, bien conformée, aux yeux écartés, surmonte une encolure musclée.

Le Fjord est réputé pour sa force, sa robustesse et son pied sûr dû à ses membres forts et à ses pieds solides. C'est un travailleur infatigable, utilisé de façon intensive pour les travaux agricoles dans les régions montagneuses, qui convient également à la selle et à l'attelage.

Suède

Gotland

taille :	*1,22 à 1,28 mètre au garrot*
couleurs de robe :	*brun, gris, noir, louvet, palomino*
traits distinctifs :	*bon sauteur*
aptitudes :	*travaux agricoles légers, selle & courses au trot attelé*

Le Gotland ou Skogruss, race la plus ancienne de Scandinavie, qui descend probablement du Tarpan, est maintenant élevé de façon intensive sur le continent aussi bien que sur l'île de Gotland où son existence remonte à l'âge de pierre ; un certain nombre de ces spécimens vit toujours en liberté dans les forêts de Lojsta. Il y a un siècle environ, du sang oriental fut introduit dans la race, qui a pourtant conservé son caractère « primitif » évoquant le Huçul, le Konik et le Lofoten, maintenant disparu.

Recherché pour les travaux agricoles légers et pour les courses de trot en vue desquelles il fait l'objet d'un élevage sélectif, le Gotland est un poney solide et facile à manier, quoique parfois têtu. De petite taille et de conformation plutôt légère et étroite, il possède une longue encolure portant une petite tête au profil droit. Son dos long se prolonge d'une arrière-main tombante ornée d'une queue greffée bas, et surmonte des membres postérieurs faibles. En dépit de leur ossature légère, ces poneys se montrent rapides et excellents sauteurs.

Islande

Poney islandais

taille :	*1,22 à 1,33 mètre au garrot (quelques fois plus grands)*
couleurs de robe :	*toutes, en général gris ou isabelle*
traits distinctifs :	*endurant*
aptitudes :	*selle et attelage*

Introduit en Islande par la Scandinavie – la Norvège, en particulier – ce poney celte a fait l'objet de croisements avec des spécimens importés ultérieurement d'Écosse, d'Irlande et de l'île de Man pour devenir ce qu'on appelle aujourd'hui le poney islandais.

Un élevage sélectif a fait émerger deux types distincts : on utilise le plus fort pour le trait et le bât, et le plus léger pour la selle. Ces animaux constituèrent, jusqu'aux années 1920, le seul moyen de transport du pays. Jusqu'au tournant du XXe siècle, des sujets furent exportés pour travailler dans les mines de charbon britanniques, où ils étaient particulièrement appréciés pour leur petite taille, leur force, leur extrême endurance et leur courage.

Trapu, doté d'un passage de sangle profond, ce poney possède une grosse tête plantée sur une encolure courte et épaisse. Orné d'une crinière et d'une queue fournies, il a les boulets recouverts de longs fanons. Ce représentant d'une race parmi les plus rustiques, extrêmement intelligent et docile, est réputé pour son indépendance et sa capacité à retrouver son chemin.

Son allure naturelle, le tölt, trot décomposé à quatre temps, lui permet de parcourir de grandes distances.

Italie

Avelignais

taille :	*1,38 à 1,48 mètre au garrot*
couleurs de robe :	*alezan, crins & queue lavés (marques blanches possibles sur le chanfrein)*
traits distinctifs :	*force*
aptitudes :	*transport au bât, travaux de ferme et trait*

Originaire de l'Italie centrale et septentrionale, l'Avelignais est principalement élevé dans les régions de collines entourant la Vénétie et la Toscane, où on l'utilise intensivement pour le trait et les travaux agricoles légers. Dans les Alpes et les Apennins, il se révèle un précieux poney de bât.

Semblable au Haflinger avec lequel il partage un ancêtre commun, l'Avellinum Haflinger, ce spécimen aurait reçu du sang Arabe grâce à un ancêtre importé et baptisé El Bedavi.

Extrêmement vigoureux, au pied sûr, ce poney peut trouver son chemin au sein des pistes de montagne dans les conditions hivernales les plus rudes. De caractère docile, d'une grande longévité, il présente une tête courte et large, un poitrail épais, une encolure et une arrière-main musclées, un passage de sangle profond, une bonne ossature, des membres trapus et des pieds solides et durs.

Amérique du Nord, Amérique centrale États-Unis

Shetland américain

taille :	*1,13 mètre au garrot*
couleurs de robe :	*toutes*
traits distinctifs :	*trot haut & ample*
aptitudes :	*selle & courses au trot attelé*

Développée aux États-Unis grâce à des croisements entre les Shetlands et les Hackneys, cette race ne présente que peu de ressemblance avec celle de son homonyme anglais. Le Shetland américain se révèle adapté à l'équitation enfantine et aux courses de trot, lorsqu'il est attelé à un sulky léger (*cf.* p. 136-137). L'infusion de sang Hackney se révèle, au trot en particulier, dans son mouvement haut et ample.

Assateague et Chincoteague

taille :	*1,22 mètre au garrot*
couleurs de robe :	*toutes (souvent pie)*
traits distinctifs :	*épaules lourdes*
aptitudes :	*selle*

Ces deux races peuplent Chincoteague et Assateague, petites îles américaines situées au large des côtes du Maryland et de la Virginie. On ne sait comment les poneys apparurent en ces lieux où leur régime consiste en une végétation de marécages sablonneux. Ils descendent probablement d'animaux ayant survécu à des naufrages au cours des périodes de colonisation et dont la croissance fut peu à peu freinée en raison de la nourriture très pauvre. Évoquant davantage de petits chevaux que des poneys, ils ont reçu récemment une infusion de sang Arabe qui a amélioré la qualité de la race.

Sur Asseatague, île inhabitée par les humains, ces spécimens, soumis à un rassemblement annuel, sont contraints de rejoindre à la nage Chincoteague pour le marquage et la vente ; ceux qui ne sont pas choisis retournent de la même façon dans leur île dès le lendemain.

Poney des Amériques

taille :	*1,15 à 1,38 mètre au garrot*
couleurs de robe :	*celles de l'Appaloosa (chacun des six types est accepté pour l'enregistrement)*
traits distinctifs :	*très docile*
aptitudes :	*équitation enfantine*

Race fondée dans les années 1950 par le croisement d'un étalon Shetland et d'une jument Appaloosa, le poney des Amériques est considéré comme une monture idéale, solide et fiable, pour les enfants. Ces animaux, dociles et faciles à manier, ont un mouvement sûr et libre. La tête, petite et « arabe », au profil camus, s'orne de grands yeux et de petites oreilles ; les épaules, bien inclinées encadrent un poitrail large ; le corps ample et profond, qui se prolonge d'une arrière-main arrondie dotée d'une queue plantée haut, surmonte des membres courts et ossus.

Mexique

Galiceno

taille :	*1,22 à 1,38 mètre au garrot*
couleurs de robe :	*toutes les robes unies*
traits distinctifs :	*agilité naturelle*
aptitudes :	*selle, attelage, travaux de ranch*

Descendant du poney Garrano (Minho) et du Sorraia du Portugal, les ancêtres du Galiceno furent sans doute amenés en Amérique par les conquistadores d'Hispaniola (Haïti). Originaire du Mexique, la race de ce poney, qui s'est répandue à travers tous les États-Unis, fut reconnue en 1958. On l'utilise pour la selle, l'attelage et les travaux dans les ranchs.

De conformation légère et compacte, ce poney possède une belle tête aux yeux bien écartés, des épaules droites et un dos court ; son poitrail se révèle plutôt étroit mais les membres et les pieds sont solides. Doté d'une démarche caractéristique à la fois rapide et nonchalante, vigoureux et intelligent, il possède un tempérament plaisant et accommodant.

Canada

Poney de l'île du Sable

taille :	*1,43 mètre au garrot*
couleurs de robe :	*alezan, bai, brun, noir & gris*
traits distinctifs :	*corps étroit*
aptitudes :	*selle & trait léger*

Descendant d'animaux amenés au Canada par les Français au milieu du XVIIe siècle, ce spécimen fut sans doute introduit sur l'île du Sable – banc situé dans l'océan Atlantique, à 320 km au large de la Nouvelle-Écosse – au début du XVIIIe siècle. Il existe à présent près de trois cents poneys, au corps ramassé, extrêmement vigoureux, rudes et nerveux, vivant en liberté sur l'île longue de 40 km, et subsistant de la végétation pauvre de leur milieu naturel.

Amérique du Sud

Criollo

taille :	*1,43 à 1,53 mètre au garrot*
couleurs de robe :	*en général louvet ; fréquentes marques noires, raie de mulet & zébrures sur les membres*
traits distinctifs :	*grande endurance*
aptitudes :	*selle*

D'origine espagnole – issus de chevaux Arabes, Barbes et Andalous amenés en Amérique du Sud par les conquistadores au XVIe siècle – le Criollo s'est maintenant répandu dans tout le continent, acquérant, selon son environnement, différentes caractéristiques. Baptisé Criollo en Argentine, il est surnommé Crioulo au Brésil, Caballo Chileno au Chili, Llanero au Venezuela ; au Pérou, on rencontre trois types différents, le Costeno, le Morochuco et le Chola.

Ce poney, robuste, compact et musclé présente une tête courte et large, au profil droit et aux yeux bien écartés. L'encolure et l'arrière-main sont bien développées ; le poitrail est large, les épaules bien inclinées et le dos ramassé. Les membres trapus et ossus se terminent par des pieds durs. Ce poney rustique qui témoigne d'une grande faculté d'endurance, peut porter des poids très lourds.

Falabella

taille :	*0,70 mètre au garrot*
couleurs de robe :	*toutes*
traits distinctifs :	*intelligence*
aptitudes :	*exposition & attelage occasionnel*

Le Falabella, cheval en miniature plutôt que poney, est le plus petit représentant de l'espèce. Tout d'abord élevé dans le ranch de la famille Falabella, près de Buenos Aires, en Argentine, où furent expérimentés un croisement entre un petit Pur-Sang et de petits Shetlands, puis des croisements internes aux poneys obtenus, le Falabella se révèle inapte à la selle, mais peut participer à des présentations en main ou être attelé – aux États-Unis. Des haras de cette race existent maintenant dans le monde entier.

Asie Myanma (Birmanie)

Burma

taille :	*1,33 mètre au garrot*
couleurs de robe :	*toutes*
traits distinctifs :	*force*
aptitudes :	*selle & transport au bât*

Également connu sous le nom de Shan, ce poney, semblable au Manipur, est originaire des États de Myanma et de Shan, où il est élevé par les tribus des collines. Fort et actif, il est utilisé pour la selle et en tant qu'animal de bât.

Ce spécimen, en général doté d'un mauvais caractère, très résistant et au pied sûr, d'apparence plutôt inélégante, possède une petite tête prolongée par un dos long et une arrière-main sous-développée reposant sur des membres postérieurs faibles.

Inde

Bhutia

taille :	*1,33 à 1,38 mètre au garrot*
couleurs de robe :	*en général gris*
traits distinctifs :	*robustesse*
aptitudes :	*transport au bât*

Ce poney épais issu de la région indienne de l'Himalaya, est essentiellement utilisé comme cheval de bât dans ces monts inaccessibles. Intelligent, au pied sûr, il se montre extrêmement résistant, témoignant de beaucoup d'endurance et d'une capacité à vivre frugalement. De constitution forte et vigoureuse, il possède une croupe musclée et une bonne ossature.

Indonésie

Batak

taille :	*1,22 à 1,33 mètre au garrot*
couleurs de robe :	*toutes*
traits distinctifs :	*facile à entretenir*
aptitudes :	*selle & transport au bât*

Élevé sous surveillance dans l'île indonésienne de Sumatra, où des chevaux Arabes furent introduits dans les haras afin d'améliorer la race de ce poney autochtone, d'aspect peu élégant, le Batak se montre doux et complaisant, facile à manier, d'entretien économique et constitue ainsi un cheval aux multiples aptitudes. Le sang Arabe a insufflé à ce spécimen une touche de caractère et d'élégance absente de la plupart des autres races indonésiennes – le Sandalwood excepté.

Java

taille :	*1,28 mètre au garrot*
couleurs de robe :	*toutes*
traits distinctifs :	*force en dépit de formes peu harmonieuses*
aptitudes :	*attelage*

Issu de l'île du même nom, le Java est un peu plus grand que certains des autres poneys indonésiens. D'ossature légère, il se révèle rude, vigoureux et apparemment infatigable, capable de travailler dur sous le climat tropical. Sa fonction principale consiste à tirer le sados, véhicule à deux roues qui sert de taxi sur l'île. De conformation plutôt pauvre, il présente une encolure et une croupe faibles, un dos allongé, des membres plutôt longs et des jarrets épais.

Sandalwood

taille :	*1,22 à 1,33 mètre au garrot*
couleurs de robe :	*toutes*
traits distinctifs :	*tête bien proportionnée*
aptitudes :	*courses, essentiellement*

Originaire des îles de Sumba et de Sumbawa, le Sandalwood, doté d'une tête « arabe », plus beau que les autres, représente le poney de qualité de l'Indonésie. Portant le nom du produit d'exportation essentiel de son pays, il est essentiellement utilisé pour les courses à cru, bien qu'il ne soit petit que de taille. Il présente une tête délicate et bien modelée, dotée de grands yeux, un poitrail large, un passage de sangle profond et des membres durs et solides. Sa robe possède une texture particulièrement fine.

Sumba et Sumbawa

taille :	*1,28 mètre au garrot*
couleurs de robe :	*isabelle ; raie de mulet*
traits distinctifs :	*aspect primitif*
aptitudes :	*selle*

La ressemblance entre les poneys indonésiens et les poneys sauvages de Chine et de Mongolie étant indéniable, il semble possible que les Chinois anciens aient introduit les premiers en Indonésie. Les spécimens autochtones rustiques de Sumba et de Sumbawa, presque identiques, possèdent un aspect quelque peu primitif en raison de leur couleur de robe et de leur crinière en brosse.

Très agiles, ces poneys représentent une monture idéale pour le sport national de Sumba, le lancer de javelot.

Timor

taille :	*1,10 à 1,22 mètre au garrot*
couleurs de robe :	*noir, brun ou bai*
traits distinctifs :	*tempérament docile*
aptitudes :	*selle*

Ce poney issu de l'île de Timor, représentant la plus petite race indonésienne, est utilisé par les insulaires comme *cow pony*. Exceptionnellement fort et agile en dépit de sa petite taille, il possède une grande faculté d'endurance ainsi qu'un niveau élevé de bon sens. Docile et doté d'un pied sûr, le Timor, excellente monture pour enfants, a été importé sur le continent australien pour cette fonction. De belle conformation, il possède une petite tête, un dos court, une croupe forte, ainsi que des membres et des pieds solides et durs.

Iran

Caspien

taille :	*1,10 à 1,22 mètre au garrot*
couleurs de robe :	*gris, brun bai & alezan*
traits distinctifs :	*sauteurs exceptionnels*
aptitudes :	*selle*

On pensait que la race du poney Caspien, issu de la région des monts Elbrouz, était éteinte, lorsque, en 1965, on découvrit des spécimens tirant des charrettes dans les villes côtières de la mer Caspienne ou errant le long du rivage, au nord de l'Iran. Il s'agissait d'une découverte importante car ces animaux pourraient être les descendants des premiers équidés qui parcouraient la région en 3 000 av. J.-C. Un programme d'élevage a été élaboré pour préserver leur descendance.

Évoquant un petit cheval, doté d'une allure élégante, ce poney au pied sûr se révèle intelligent et constitue une monture idéale pour les enfants. Il possède également des dons de sauteur. Sa tête de type Arabe, petite et fine, aux yeux écartés, surmonte un poitrail étroit. Son corps d'ossature légère présente un dos court, porté par des membres postérieurs faibles.

Australasie Australie

Poney australien

taille :	*1,22 à 1,43 mètre au garrot*
couleurs de robe :	*en général gris ou alezan*
traits distinctifs :	*solide & harmonieux*
aptitudes :	*selle*

Ce spécimen originaire d'Australie et contrôlé par l'Australia Pony Stud Book Society, formée en 1929, descend principalement de poneys Welsh Mountains importés et ayant subi des croisements avec des chevaux Arabes, Pur-Sang, Hackneys, Timors et Shetlands – il ne s'agit donc pas d'un autochtone. Les sujets de cette race constituent une monture appréciée pour les enfants, en raison de leur qualité, révélée par leur conformation correcte et leur allure libre et aisée. Intelligent, ce poney est également résistant et solide.

CEI

Kazakh

taille :	*1,28 à 1,38 mètre au garrot*
couleurs de robe :	*en général gris, bai, alezan ou noir*
traits distinctifs :	*force*
aptitudes :	*selle et boucherie*

Poney de race ancienne élevé à l'origine dans le Kazakhstan, ce spécimen est particulièrement vigoureux et capable de supporter des conditions climatiques très rudes. Des croisements avec le Cheval du Don ou l'Akhal-Teké ont produit une bonne monture de cavalerie, bien que cet animal soit utilisé essentiellement comme *cow pony*. Le Khazakh, fort et volontaire, possède des membres solides et durs. Les juments sont élevées pour la production de lait et les têtes les plus jeunes sont engraissées pour leur viande.

Afrique Lesotho (Basutoland)

Basuto

taille :	*1,48 mètre au garrot*
couleurs de robe :	*en général bai, brun, gris ou alezan*
traits distinctifs :	*grande faculté d'adaptation*
aptitudes :	*selle & transport au bât*

Ce poney provient essentiellement des chevaux Arabes et Barbes importés de Java en 1653, dans la province du Cap, en Afrique du Sud. De nombreux croisements avec des Pur-Sang ont produit le Cheval du Cap. À la suite d'invasions, au début du XIXe siècle, cet animal fut introduit dans le Basutoland où divers croisements avec les chevaux locaux, ajoutés aux conditions climatiques défavorables, ont fait dégénérer la race, la transformant en poney ; il ne s'agit donc pas d'un autochtone.

Exceptionnellement rustique, vigoureux et endurant, capable de transporter des poids importants, ce spécimen fut utilisé intensivement pendant la guerre des Boers. Aujourd'hui, il révèle ses facultés d'adaptation en se prêtant au polo et aux courses, aussi bien qu'à l'agrément et au bât. De structure compacte, il possède fréquemment une belle tête, une encolure et un dos allongés, des épaules droites, des sabots très durs, et un pied sûr.

Chapitre III : Les sports et loisirs équestres

LE DRESSAGE

Pages précédentes : *Mary King en 1997 à Badminton, où elle termina deuxième sur Star Appeal.*

Ci-contre : *Les anciens champions olympiques Reine Klimke et Ahlerich exécutant un piaffer.*

Ci-contre : *L'Allemande Nicole Uphoff-Becker et Rembrandt s'apprêtent à remporter la médaille d'or aux jeux Olympiques.*

L'ORIGINE DU DRESSAGE dans sa forme la plus traditionnelle, pour monter les chevaux, date au moins du Ve siècle av. J.-C. ; sa raison d'être et ses principes de base ont été définis par les Grecs – notamment par un général de cavalerie du nom de Xénophon (*cf.* p. 16). Toutefois, le terme de dressage n'est apparu qu'au début du XVIIIe siècle, pour décrire cette activité.

Le dressage classique, pratiqué par les cavaliers pour leur plaisir et pour l'éducation de leurs chevaux, se complète de deux autres formes, appréciées du public. La première prépare à la compétition, la seconde – la plus populaire – aux présentations de dressage, les plus célèbres dans le monde entier étant les prestations de l'École espagnole de Vienne (*cf.* p. 19).

Au cours du XXe siècle, le dressage a évolué d'une activité purement militaire et aristocratique au statut de sport presque exclusivement civil. Au début du siècle, les cours royales – qui accueillaient les écoles d'équitation, l'École espagnole étant la dernière – déclinèrent rapidement. Toutes les écoles de cavalerie avaient disparu à la fin de la Seconde Guerre mondiale ; le flambeau fut alors repris par les civils et les quelques soldats retraités qui avaient reçu une formation avant la guerre. L'intérêt pour cette activité s'accrut rapidement, s'exprimant bientôt dans le monde de la compétition, en pleine expansion.

Compétition de dressage

Dans la première moitié du XXe siècle, les compétitions de dressage se développèrent dans tous les pays d'Europe continentale, qui prirent ainsi de l'avance dans l'univers de la compétition. L'une des principales nouveautés fut l'apparition des femmes aux plus hauts niveaux – bien que novices dans cette discipline, elles se révélèrent en mesure de rivaliser avec les hommes. La première femme à obtenir une médaille olympique de dressage fut la Danoise Liz Hartel, sérieusement handicapée par la poliomyélite. Elle remporta sur Jubilee deux médailles d'argent : à Helsinki en 1952 et à Stockholm en 1956.

Le dressage de compétition couvre une large palette de catégories, des simples manifestations des clubs équestres aux jeux Olympiques. Les compétitions sont gérées par le Bureau de dressage de la Fédération équestre internationale (FEI), fondée en 1921 et siégeant à Lausanne, en Suisse. Le Bureau détermine le niveau des épreuves, les qualifications, le règlement destiné au jury et aux organisateurs des compétitions, et il supervise tout ce qui concerne le sport au niveau international. Chaque pays membre de la Fédération dispose également d'un bureau qui gère les affaires au niveau national. La principale priorité consiste à maintenir l'éthique du sport et à enrayer l'apparition de méthodes de dressage qui abaisseraient le niveau des compétitions.

Il existe différentes catégories de dressage, chacune comprenant deux ou trois degrés de difficulté. Dans tous les pays, les niveaux avancés se distinguent des débutants par l'ajout des changements de pieds et des pirouettes ainsi que, dans la catégorie supérieure, du piaffer et du passage, airs de Haute École. Les sauts d'école ne figurent jamais dans les compétitions ; c'est le cas de la levade et de la courbette, les prestations les plus prestigieuses dans les académies comme l'École espagnole.

Épreuves de dressage

La Fédération nationale de chaque pays définit les épreuves pour tous les niveaux de compétition nationale. La FEI détermine les épreuves internationales avancées (la catégorie la moins élevée étant le Prix Saint-Georges, puis les Intermédiaires I et II, le Grand Prix et le Grand Prix Spécial), ainsi que les exigences des figures libres, incluses au programme des compétitions

432

Ci-dessus : *Le dressage implique une grande rigueur, qui s'illustre ici dans le pas de deux.*

Ci-contre : *Les longues rênes, technique de dressage à pied, s'utilisent pour éduquer les jeunes chevaux, ainsi qu'à un stade plus avancé, comme ici.*

internationales. Cinq juges sont conseillés pour chaque épreuve, ce nombre pouvant toutefois varier ; pour les concours nationaux, un à trois juges sont généralement requis.

Les épreuves, qui sont révisées régulièrement pour éviter qu'elles deviennent trop familières aux chevaux, durent entre huit et douze minutes. Les compétitions nationales et internationales comportent fréquemment une improvisation en musique (ou Kür), lors de laquelle les candidats donnent libre cours à leur fantaisie, sur la base d'un ensemble de figures obligatoires.

Les compétitions de dressage se déroulent dans une carrière rectangulaire, de 20 x 40 m pour les manifestations internationales, de 20 x 60 m pour les autres. Toutes les carrières sont dotées d'un système de lettrage conventionnel indiquant aux cavaliers et aux juges où commence et où se termine chaque figure, les origines de ce fonctionnement quelque peu illogique restant obscures.

Système de notation

Les juges attribuent une note comprise entre 0 et 10 pour chaque figure ou ensemble de figures – à l'inverse, l'épreuve de dressage du concours complet fonctionne selon un système de pénalités, les scores les moins élevés correspondant aux meilleures performances, et le concurrent ayant le moins de pénalités pouvant se qualifier pour le niveau de compétition supérieur. Chaque juge est accompagné d'une personne qui consigne les notes attribuées ainsi que les commentaires du juge sur une feuille d'appréciation, remise ensuite au concurrent. Les notes attribuées par chaque juge sont rassemblées et additionnées, le gagnant étant celui qui obtient le moins de pénalités.

Les juges doivent avoir une connaissance approfondie des techniques de dressage et des problèmes qu'elles posent ; il doit également mémoriser les épreuves, ce qui rend sa tâche presque aussi difficile que celle des cavaliers. La FEI possède ses propres juges pour les compétitions internationales ; chaque pays a aussi sa propre liste de juges, classés selon la catégorie de dressage pour laquelle ils sont qualifiés.

Évolution des compétitions de dressage

Aux jeux Olympiques, de même qu'aux championnats d'Europe et du monde, des prix sont généralement attribués à des équipes de quatre cavaliers d'un pays donné, en plus des récompenses individuelles. La compétition de dressage qui eut lieu à Stockholm en 1912 – premiers jeux Olympiques auxquels figurait ce sport – se déroula sur une carrière de 20 x 40 m, sous la forme de figures libres ; le niveau était extrêmement bas, comparé à celui des compétitions suivantes. Aucune figure latérale n'était exigée, pas plus que le piaffer, le passage ou le changement de pieds. Au programme figurait en outre une épreuve d'obstacles – cinq sauts et une épreuve d'obéissance. Lors des jeux Olympiques suivants, à Anvers, en 1920, une série d'épreuves beaucoup plus complète fut intégrée, comprenant des changements de pieds, des coefficients étant attribués aux figures les plus importantes. Le piaffer et le passage ont été introduits pour la première fois en 1932, à l'occasion des jeux Olympiques de Los Angeles, et ils y ont toujours figuré depuis – sauf dans les Jeux d'après-guerre, à Londres, en 1948. Des pirouettes au galop ont été imposées pour la première fois à Berlin, en 1936.

Tandis que les figures libres en musique se développaient, une Coupe mondiale de dressage fut créée en 1985, comportant un système de qualifications et une finale

annuelle. Pour toucher un public plus large, le championnat d'Europe de 1991 comprenait des figures en musique, récompensées par une série de médailles individuelles au même titre que le Grand Prix Spécial. Cependant, pour éviter d'avoir deux champions, une nouvelle formule fut mise au point lors du championnat d'Europe de 1995, reposant sur le cumul des points au Grand Prix, au Grand Prix Spécial et à la Kür ; ce système fonctionna également pour la première fois lors des jeux Olympiques d'Atlanta, en 1996.

Qualités du cheval de dressage

Malgré l'intérêt croissant pour l'équitation et les sports équestres, le nombre de combinaisons cheval-cavalier de première catégorie au niveau international est rarement supérieur à quatre ou cinq pour un même pays – à l'exception de l'Allemagne. Mais, si l'on considère les principes du dressage moderne, on comprend plus facilement pourquoi la plupart des pays ne revendiquent que quelques chevaux de première classe.

En premier lieu, le cheval doit être actif et libre, tout en déployant la puissance et la vitesse qui le caractérisent. Il doit être léger sur la main, pour permettre au cavalier de contrôler ses mouvements sans effort apparent, il doit aussi être calme et vif à la fois, donner toujours l'impression de vouloir avancer quand on lui demande. Il doit faire preuve de souplesse et de soumission, ajustant ses allures sans résistance ; il doit rester dans une position rectiligne dans ses déplacements en ligne droite ; garder un rythme régulier et une fréquence correcte de poser de pied à toutes les allures ; accepter un contact léger mais continu des rênes, en restant confiant et diligent de manière à ne paraître nullement contraint. Le cheval et le cavalier doivent créer ensemble une impression d'harmonie totale.

On considère généralement que la plupart des races sont capables de produire d'excellents chevaux de dressage, à condition que les individus présentent une bonne conformation, qu'ils soient bien soignés et bien montés. Toutefois, certaines races sont particulièrement prisées pour ce sport hautement spécialisé, les plus populaires et les plus performantes étant les allemandes, suédoises et hollandaises. Les haras de Hanovre, Trakehner, Westphalie et Holstein produisent tous d'excellents chevaux, dont la reproduction est soigneusement contrôlée, de manière à éliminer les lignées ne répondant pas aux normes requises de mouvement et de tempérament. Les chevaux suédois, croisements de races allemandes et de Pur-Sang, sont presque aussi performants que les allemands. Depuis une vingtaine d'années, les chevaux de dressage, plus légers, comprennent davantage de Pur-Sang – d'autres races, comme l'Andalou, étant également reconnues depuis peu au niveau international.

Ci-dessus : *Le passage, une figure de Haute École figurant dans les épreuves de dressage du Grand Prix, est exécuté ici par l'Allemand Balkonhol et Goldstem.*

Les compétitions internationales

L'Allemagne, qui semble fournir sans relâche de bons chevaux, de bons cavaliers et de bons entraîneurs, arrive au premier rang mondial pour le dressage, les performances impressionnantes de ses cavaliers aux jeux Olympiques attestant sa domination écrasante au XXe siècle. Cette réussite s'explique par le soutien inconditionnel qu'il reçoit du public dans le pays, ainsi que par l'intérêt que lui porte le gouvernement. Ainsi, l'école d'État de Warendorf, centre de dressage, accueille les fédérations nationales et olympiques.

En France, le dressage est principalement l'apanage de l'École de cavalerie établie de longue date à Saumur (*cf.* p. 17). Toutefois, à la suite du déclin de l'École, ce sont les civils qui perpétuent la tradition.

La Suisse offre des conditions idéales pour le dressage, qu'elle doit en partie à ses hivers rigoureux, propices aux activités en intérieur, et donc au dressage. Les principaux cavaliers suisses étaient auparavant d'anciens soldats de l'École de cavalerie de Berne, mais sa fermeture a entraîné la reprise de l'activité par des cavaliers civils. Dans les années 1950 et 1960, ils ont élaboré un style de dressage qui devait davantage à l'enseignement de Saumur qu'à celui de Vienne ou à la tradition allemande, plus précise et plus puissante. Les Suisses se sont toujours procurés dans d'autres pays, notamment en Suède, leurs meilleurs chevaux de cavalerie – et donc de dressage. Toutefois, l'un de leurs chevaux les plus célèbres, Granat, monté par Christine Stückelberger, sa propriétaire, était un Holstein, entraîné par Georg Wahl, ancien écuyer en chef autrichien de l'École espagnole de Vienne. Granat est considéré par beaucoup comme l'un des plus somptueux chevaux de dressage ayant jamais existé.

Les pays scandinaves, en particulier la Suède, figurent depuis longtemps en bonne place sur la scène mondiale du dressage. Le succès suédois vient de l'École de cavalerie de Stromsholm ; comme celui de la Suisse, le climat de ce pays a favorisé de tout temps l'équitation en intérieur. Le pays a joué un rôle majeur dans le développement du dressage pendant la première moitié du XXe siècle. Dominant complètement la compétition internationale pendant les vingt-cinq premières années, ses cavaliers continuent de s'affirmer. Le plus célèbre, Henri Saint Cyr, a remporté les médailles d'or olympiques en 1952 et 1956, sur Master Rujus et Juli.

Dans l'ancienne URSS, le dressage doit ses origines à l'Anglais James Fillis, écuyer en chef de l'École de cavalerie de Saint-Pétersbourg de 1898 à 1910, et l'un des plus grands cavaliers de Haute École (*cf.* p. 18). Anéanti par la Révolution bolchevique de 1917, ce sport a été de nouveau réhabilité dans les écoles d'État des principales métropoles après la Seconde Guerre mondiale. Les cavaliers se sont imposés pour la première fois au niveau international lors des jeux Olympiques de Rome en 1960, et ils continuent de s'affirmer depuis à l'occasion des championnats d'Europe et des jeux Olympiques.

Un pays s'est fait remarquer dans les années 1990, la Hollande, avec Anky van Grunsven et Olympic Bonfire. Ce couple a brigué la médaille d'or en individuel, terminant deuxième aux jeux Olympiques de 1996, aux championnats d'Europe de 1995 et 1997, après l'Allemande Isabelle Werth et Gigolo – au milieu des controverses. Les juges de ce sport hautement subjectif seront toujours l'objet de critiques, même si le dressage évolue avec le temps.

Considéré de tout temps comme une activité intellectuelle, ce sport était jadis l'apanage de cavaliers d'âge mûr, bénéficiant de longues années d'expérience. Toutefois, cette situation changea dans les années 1980, lorsque la cavalière allemande Nicole Uphoff-Becker, âgée de 21 ans, remporta sur Rembrandt les médailles d'or en individuel et en équipe lors des jeux Olympiques de 1988. Elle réitéra son exploit aux JO de 1992, avec des scores exceptionnels, marquant le début d'une tendance qui semble vouée à perdurer.

Ci-contre : *L'équitation traditionnelle dans l'une de ses plus belles prestations, par l'École espagnole de Vienne. La courbette figure parmi les airs relevés de Haute École.*

Ci-contre : *La Haute École fait l'objet de présentations à travers le monde grâce aux quadrilles de l'École espagnole de Vienne*

LE SAUT D'OBSTACLES

Si l'homme monte à cheval depuis plus de trois millénaires, l'idée de sauter les obstacles n'est pas si ancienne. Le concours de saut d'obstacles, qui en est issu, est une création relativement récente, comparée aux autres activités équestres. C'est seulement dans la seconde moitié du XVIIIe siècle que le saut d'obstacles commença à être reconnu, et il ne prit que lentement de l'essor. Sa première mention dans un manuel de cavalerie français date de 1788. Quant au cheval de chasse britannique, s'il imagine ses ancêtres chevauchant le pays depuis des temps immémoriaux, il n'entreprit de sauter les obstacles qu'à la suite des lois du XVIIIe siècle sur les enclosures, qui augmentèrent le nombre de haies et de clôtures autour des champs.

Il fallut encore un siècle avant que le saut d'obstacles – contrairement au steeple-chase – devienne une discipline officielle, après quoi il se développa rapidement dans les différentes parties du monde. L'Irlande, berceau du steeple-chase, a joué un rôle de premier plan dans le saut d'obstacles. Lors de la manifestation annuelle de la Royal Dublin Society, en 1865, des épreuves de sauts en hauteur et en longueur furent organisées. Des concours se déroulèrent en Russie à la même époque, ainsi qu'à Paris, en 1866 – les concurrents défilèrent dans la capitale avant de se rendre dans la campagne pour sauter les haies. Neuf ans après, la célèbre École de Saumur (*cf.* p. 19) intégrait le saut d'obstacles dans ses épreuves de Haute École. En Grande-Bretagne, le saut d'obstacles, qui faisait partie principalement des manifestations agricoles, est devenu officiel à Londres en 1876 ; aux États-Unis, le premier National Horse Show a eu lieu en 1883 au Madison Square Garden à New York ; et quelques années après, des compétitions se tenaient dans toute l'Allemagne.

Compétitions internationales

Au début du XXe siècle, ce sport était devenu une discipline internationale. Les deuxièmes jeux Olympiques, à Paris, en 1900, comportaient trois épreuves d'obstacles – saut en hauteur, saut en longueur et jumping individuel. L'année suivante, à Turin, eut lieu la première compétition de saut d'obstacles internationale et officielle, lors de laquelle des officiers de l'armée allemande se confrontèrent à leurs homologues italiens. Le premier Concours hippique international se déroula à l'Olympia, à Londres, en 1907 ; il comprenait des sauts en hauteur et en longueur, récompensés par des sommes d'argent considérables.

Le saut d'obstacles fut inclus dans les jeux Olympiques de Stockholm en 1912, selon un système de notation compliqué. Chaque haie comptait dix points, des pénalisations sanctionnant les fautes ; ainsi, un premier refus coûtait deux points ; un deuxième refus, ou la chute du cheval et du cavalier, quatre points ; un troisième refus, ou la chute du cavalier seul, six points. Des pénalisations étaient aussi appliquées lorsque le cheval touchait l'obstacle avec les antérieurs ou les postérieurs, lorsqu'il atterrissait sur ou à l'intérieur de la ligne de démarcation d'un obstacle. Pour les spectateurs, aujourd'hui, l'un des grands attraits du saut d'obstacles est que chacun peut voir de ses propres yeux lorsqu'un cheval touche ou déloge un obstacle, alors qu'auparavant le fonctionnement était plus compliqué – un juge, installé à chaque obstacle, faisait parvenir sa notation à un jury qui déterminait le vainqueur en additionnant tous les points.

Lors des jeux Olympiques de 1912, huit pays – France, Belgique, Grande-Bretagne, Chili, Allemagne, Norvège, Russie et Suède – rassemblèrent un total de trente et un concurrents pour l'épreuve de jumping individuel, qui fut remportée par le Français Cariou ; la Suède gagna la médaille d'or pour l'épreuve par équipe, suivie de la France. L'année suivante, l'Allemagne créa son propre Comité olympique équestre, mais la guerre mit un terme à ces activités en Europe. Aux États-Unis, l'Association américaine des concours équestres (AHSA), formée en 1917, allait devenir le représentant officiel des États-Unis au niveau international.

La Fédération équestre internationale

Si les sports équestres étaient désormais reconnus comme disciplines olympiques, il n'existait aucune réglementation officielle. La Suède et la France suscitèrent en 1921 la fondation de la Fédération équestre internationale, destinée à établir des règles au niveau international ; les six autres membres fondateurs étaient la Belgique, le Danemark, l'Italie, le Japon, la Norvège et les États-Unis. L'Allemagne adhéra à la FEI la même année, la Suisse en 1922.

Le saut d'obstacles n'était toutefois pas limité aux pays de l'hémisphère Nord ; le premier concours international avait eu lieu à Buenos Aires en 1910, et deux cavaliers chiliens participèrent aux JO de 1912. En 1924, lors des premiers JO tenus sous l'égide de la FEI – la Suède remporta de nouveau l'épreuve par équipe –, un total de quatre-vingt-dix-neuf concurrents provenant de dix-sept pays montrait que le sport connaissait une popularité croissante.

En Grande-Bretagne, la situation un peu chaotique du saut d'obstacles s'améliora progressivement avec la fondation, en 1923,

Ci-contre : *Démonstration de force et d'athlétisme par Michel Robert et Miss San Patrignano.*

Ci-dessous : *Entraînement d'un cheval débutant au saut d'obstacles. De bonnes bases sont indispensables pour les futures compétitions.*

de l'Association britannique des concours de jumping qui, en améliorant le système de notation et les épreuves, entraîna l'apparition de concurrents anglais de première classe. Le pays adhéra à la FEI en 1925, et l'année suivante, la Royal Dublin Society adopta le jumping international – elle avait été à l'origine de ce sport soixante ans auparavant.

Des compétitions équestres de niveau olympique se déroulèrent pour la première fois en dehors de l'Europe en 1932, lors des JO de Los Angeles, mais le déplacement des chevaux étant une entreprise délicate et coûteuse, seuls trente-quatre concurrents provenant de six pays y participèrent. Les Allemands affirmèrent leur supériorité lors des JO de Berlin en 1936, leurs cavaliers remportant les médailles d'or en individuel et par équipe en saut d'obstacles, dressage et concours complet.

Depuis 1945

Après la Seconde Guerre mondiale, le saut d'obstacles reprit à travers l'Europe. Les JO de 1948 se déroulèrent à Londres, où la Grande-Bretagne remporta sa première médaille en saut d'obstacles – bronze, par équipe –, tandis que le Mexique devenait médaille d'or, devant l'Espagne. Cette même année fut créé le premier championnat officiel de la FEI pour les juniors (14-18 ans). La FEI institua ensuite d'autres championnats, en commençant par le championnat du monde pour hommes, qui eut lieu pour la première fois à Paris en 1953, et fut remporté par l'Espagnol Francisco (« Paco ») Goyoaga. En 1955, Hans Gunter Winkler remporta le premier de deux titres mondiaux successifs sur Halla – la meilleure jument de tous les temps pour le saut d'obstacles, sur laquelle il gagna la médaille d'or en individuel lors des JO de Stockholm en 1956. Winkler était également membre de l'équipe gagnante, exploit qu'il répéta à Rome, Tokyo et Munich, totalisant ainsi cinq médailles d'or. Les deux titres mondiaux suivants furent remportés par l'Italien Raimondo d'Inzeo. Le championnat du monde, auparavant annuel, avait désormais lieu tous les quatre ans, le championnat d'Europe tous les deux ans.

Il existe une différence fondamentale entre ces deux championnats. Le championnat d'Europe se déroule sur la base de trois épreuves, le champion étant déterminé par le cumul des points, tandis que le championnat du monde comporte trois épreuves de qualification : compétition de vitesse, coupe des Nations et Grand Prix. Ces épreuves déterminent les quatre finalistes, chacun montant le cheval des autres lors de la finale.

Un championnat d'Europe pour femmes fut institué en 1957 – la Britannique Pat Smythe remportant trois victoires de 1961 à 1963 sur Flanagan –, puis la compétition fut regroupée avec celle des hommes en 1975. La même année, le championnat fut réservé aux amateurs, puis, à partir de 1977, il s'ouvrit aux amateurs et aux professionnels ; en 1979, la formule fut de nouveau révisée, et elle est toujours en vigueur.

Pat Smythe fut la première femme à participer aux JO de 1956 à Stockholm, où l'équipe britannique remporta la médaille de bronze, derrière l'Allemagne et l'Italie. Quatre ans après, à Rome, l'Anglais David Broome devint également médaille de bronze en individuel, tandis que l'Allemagne gagnait les épreuves par équipe. Elle renouvela son exploit quatre ans plus tard, lors des JO de Tokyo, devant la

Ci-contre, en haut :
Ludger Beerbaum et Sprehe Rush On, à Calgary, en 1995.

Ci-contre, en bas :
Les précurseurs de ces concurrents actuels participaient à des compétitions de sauts en hauteur et en longueur. Les premières eurent lieu à Dublin, en Irlande.

France, avant d'être supplantée par le Canada, qui remporta sa première médaille d'or en jumping par équipe à Mexico, en 1968, devant la France et l'Allemagne. À Tokyo, l'équipe française comprenait Janou Lefèvre (future Tissot), âgée de 18 ans, également membre de l'équipe qui obtint la médaille d'argent à Mexico, et qui a gagné deux des trois championnats mondiaux pour femmes ayant existé.

Le premier eut lieu en 1965 à Hickstead, dans le Sussex, en Angleterre. Doté d'obstacles permanents stimulants et d'équipements en amélioration constante, Hickstead a contribué à l'évolution du saut d'obstacles en Grande-Bretagne, introduisant un type d'épreuves auparavant réservées au reste de l'Europe. L'Américaine Kathy Kusner, considérée comme la favorite du premier titre mondial, termina deuxième derrière la Britannique Marion Coakes (future Mould) et son brillant poney Stroller ; cette combinaison gagna aussi la médaille d'argent à Mexico en 1968 derrière l'Américain Bill Steinkraus, qui donna aux États-Unis leur première médaille d'or en jumping individuel.

Le déroulement de la compétition par équipe à Mexico fut considéré comme l'un des pires de tous les JO – le mauvais placement des obstacles entraîna des scores astronomiques, la victoire revenant au Canada, avec 1 023/4 pénalités. La Grande-Bretagne, qui revendiquait désormais une place de choix dans cette discipline, connut son heure de gloire lorsque David Broome et Harvey Smith arrivèrent respectivement premier et troisième lors du championnat mondial de La Baule en 1970. Quatre ans après, l'Allemand Hartwig Steenken compléta son titre européen de 1971 par le titre mondial à Hickstead.

Depuis 1975

En 1975, toutes les compétitions équestres ont été ouvertes à la fois aux hommes et aux femmes – s'alignant ainsi sur les JO, mixtes –, mais des changements introduits cette même année dans les divers championnats ont séparé les amateurs des professionnels. Ainsi le championnat européen, remporté par l'Allemand Alwin Schockemöhle, fut réservé aux amateurs, ce qui conduisit à la non-participation des

Silk Cut

Britanniques, après des controverses. La Fédération britannique était la seule à avoir entraîné ses meilleurs cavaliers au niveau professionnel. Le championnat mondial des professionnels de 1975 fut annulé, la FEI refusant de faire figurer les noms des sponsors. Lors des JO de Montréal en 1976, également marqués par un manque de professionnels, la France remporta sa première médaille d'or olympique par équipe tandis qu'Alwin Schockemöhle fut vainqueur en individuel.

Gerd Wiltfang gagna le championnat mondial de 1978 dans son pays à Aix-la-Chapelle, où la Grande-Bretagne remporta la victoire par équipe devant la Hollande. Celle-ci s'était fait remarquer l'année précédente avec le titre européen à Vienne, le membre de l'équipe Johan Heins remportant la médaille d'or en individuel. La Grande-Bretagne s'imposa de nouveau par équipe à Rotterdam en 1979, site des JO l'année suivante, lors desquels le Canada prit la médaille d'or à la Grande-Bretagne et l'Autrichien Hugo Simon remporta la médaille d'or en individuel devant l'Anglais John Whitaker.

Suivant les traces de son frère Alwin, Paul Schockemöhle obtint les trois titres européens suivants, à Munich (1981), Hickstead (1983) et Dinard (1985). Son compatriote Norbert Koof gagna le titre mondial en 1982 à Dublin, en Irlande, tandis que la France terminait devant l'Allemagne dans la compétition par équipe. Cependant, en 1984, les États-Unis menacèrent la domination allemande lors des JO de Los Angeles, remportant la victoire par équipe sur la Grande-Bretagne et l'Allemagne, ainsi que les médailles d'or et d'argent en individuel. Ils sortirent également vainqueurs par équipe du championnat mondial d'Aix-la-Chapelle en 1986, lors duquel la Canadienne Gail Greenhough devint la première femme gagnante en individuel depuis la réunion des championnats.

La Grande-Bretagne obtint le titre européen par équipe à Saint-Gallen (1987) et de nouveau à Rotterdam deux ans après, l'Anglais John Whitaker remportant aussi la médaille d'or en individuel. Lors des JO de Séoul, l'année suivante, l'Allemagne reprit la médaille d'or par équipe, suivie des États-Unis et de la France. La victoire en individuel revint au Français Pierre Durand, tandis que l'Américain Greg Best devenait médaille d'argent devant l'Allemand Karsten Huck. Éric Navet remporta le titre mondial deux ans après à Stockholm, battant l'Américain Greg Best et l'Anglais John Whitaker ; la France remportait aussi la victoire par équipe devant l'Allemagne et la Grande-Bretagne.

La Hollande se fit remarquer lors des JO de Barcelone en 1992, l'année après sa victoire au championnat d'Europe par équipe de La Baule. Elle battit l'Autriche et la France, tandis que l'Allemagne gardait sa première place en individuel, Ludger Beerbaum remportant la médaille d'or devant le Hollandais Piet Raymakers. Deux ans après, lors du championnat mondial de La Haye, l'Allemagne reprit la première place, gagnant en équipe devant la France, tandis que Franke Sloothak prenait la médaille d'or en individuel au Français Michel Robert.

La Suisse remporta la victoire par équipe au championnat d'Europe de Gijon (1993), devant la Grande-Bretagne, et deux ans après à Saint-Gallen, le membre de l'équipe Willie Melliger devenant médaille d'or en individuel en 1993 ; l'Irlandais Peter Charles gagna en 1995, tandis que la Suisse remportait la médaille d'or par équipe.

Lors des JO d'Atlanta en 1996, l'Allemagne obtint la médaille d'or par équipe et en individuel avec Ulrich Kirchhoff, la médaille d'argent revenant à Willie Melliger devant la Française Alexandra Ledermann. L'Allemagne, gagnante aux JO et au championnat du monde, remporta le championnat d'Europe par équipe à Mannheim en 1997 – sa première victoire dans cette discipline depuis 1981. La Hollande gagna la médaille d'argent devant la Grande-Bretagne, tandis que la médaille d'or en individuel était attribuée à Ludger Beerbaum devant les Autrichiens Hugo Simon et Willie Melliger.

Ci-contre : *L'un des obstacles les plus célèbres et les plus impressionnants du monde, le Derby Bank, à Hickstead, en Angleterre, négocié ici par la combinaison britannique Everest Gammon et Michael Whitaker.*

LE CONCOURS COMPLET

Ci-contre : *Témérité, énergie et athlétisme constituent les marques distinctives de la combinaison gagnante du concours complet. Ici, Ginny Elliott et Master Craftsman participent au principal concours international de trois jours, celui de Badminton.*

Le passionnant concours complet est souvent considéré comme la compétition équestre la plus exhaustive, car elle comprend trois épreuves – dressage, cross et saut d'obstacles –, mettant à l'épreuve toutes les capacités du cheval et le talent du cavalier. Des compétitions plus modestes, notamment pour les chevaux débutants, durent une seule journée – le nombre élevé de partants imposant parfois que les trois étapes de la compétition se déroulent sur deux jours –, mais les principales compétitions s'étendent sur trois jours.

Origines du concours complet

Ce concours de trois jours était destiné à l'origine à tester les chevaux militaires. Ils devaient être capables de couvrir de longues distances à une vitesse correcte, en pleine nature, en négociant si besoin des obstacles en chemin ; tandis que le cavalier devait savoir évaluer les allures pour atteindre son objectif rapidement et dans de bonnes conditions – sans trop fatiguer le cheval, le concours durant plusieurs jours. Sur la base de ces principes, le concours complet consistait en une épreuve d'endurance au pas de travail, avec des obstacles naturels et un steeple-chase. Une épreuve de dressage fut ensuite ajoutée pour tester les capacités physiques du cheval, sa maîtrise des allures de base et sa réaction aux aides. Enfin, le saut d'obstacles avait pour but d'apprécier la faculté de récupération du cheval, après un exercice très éprouvant.

Si les compétitions internationales, dans de nombreuses disciplines sportives, ont débuté avec la fondation du mouvement olympique moderne en 1896, le concours complet n'a vu le jour qu'aux jeux Olympiques de Stockholm, en 1912. Ouvert au départ aux seuls militaires, il a accueilli peu à peu les civils. La structure du concours complet, soumise au départ à des changements, a fini par prendre sa forme actuelle entre les deux guerres mondiales.

Le concours actuel de trois jours

Les concurrents, qui se suivent, passent trois épreuves différentes – dressage, vitesse et endurance, saut d'obstacles – pendant trois jours consécutifs.

Le dressage comprend 20 figures différentes de difficulté moyenne, à exécuter au pas, au trot ou au galop, dans une carrière de 60 x 20 m. Les points sont attribués par un jury de trois membres, qui jugent la fluidité et la précision de l'exécution, l'équilibre, l'impulsion, la cadence et la souplesse du cheval, ainsi que l'assiette du cavalier et son utilisation des aides.

L'épreuve de vitesse et d'endurance comporte quatre étapes : les étapes A et C consistent en un parcours de 10 à 20 km, au trot ou au petit galop, sur des routes et des chemins ; l'étape B, steeple-chase de 2 à 4 km comprenant 8 à 12 haies, se court au grand galop ; l'étape D est un cross de 5 à 8 km, comportant 20 à 32 obstacles fixes, à parcourir au grand galop. Des pénalités sanctionnent les chutes, les refus aux obstacles ainsi que les dépassements de temps autorisés pour chaque étape.

Le saut d'obstacles consiste en un parcours de 700 à 900 m, comprenant 10 à 12 obstacles. Des pénalités sont appliquées pour les chutes et refus aux obstacles, et pour les dépassements de temps.

Il existe cinq catégories pour le concours complet, reposant sur un système de points accumulés en compétition : Pré-débutant (parcours destinés à initier les jeunes chevaux au concours complet), Débutant, Intermédiaire, Intermédiaire Open et Avancé (comprenant un système de une à quatre étoiles selon les niveaux – les quatre étoiles étant réservées aux concours de première catégorie comme Badminton).

Tous les chevaux sont soumis à un examen vétérinaire avant le début de la compétition, à un autre pendant l'épreuve de vitesse et d'endurance, à un dernier avant le saut d'obstacles. Les trois épreuves doivent être accomplies par le même couple cheval-cavalier, le gagnant étant celui qui obtient le moins de pénalités. Dans les concours par équipe, trois ou quatre membres peuvent composer une équipe, et ce sont les trois meilleurs scores finaux qui déterminent le placement final de l'équipe, le quatrième ne comptant pas.

Le cross

Si les routes et chemins des étapes A et C, ainsi que le parcours de steeple-chase de l'étape B sont relativement simples – les cavaliers devant toutefois évaluer soigneusement les temps pour préserver l'énergie de leurs chevaux –, la difficulté surgit à l'étape D, le cross. Les concours complets sont toujours différents, en raison des divergences dans la configuration du parcours. C'est l'un des facteurs déterminants, avec l'état du terrain, l'altitude et les conditions météo – si l'on excepte les obstacles à négocier. Les permutations étant infinies, les chevaux doivent être suffisamment souples et résistants pour y faire face lorsqu'ils courent et sautent sur un terrain qu'ils ne connaissent pas. Les cavaliers sont autorisés à le parcourir à pied la veille de manière à déterminer la vitesse, la ligne d'approche des obstacles, l'angle et le point précis pour les sauter – ils ont souvent plusieurs possibilités, l'une d'entre elles étant plus facile, mais moins rapide que la variante la plus difficile.

Le travail du chef de piste consiste à tester la faculté de jugement et la vivacité des cavaliers, ainsi que les compétences, le courage et la soumission des chevaux, sans

imposer toutefois de demandes exagérées. Son parcours doit être conçu de manière que le gagnant soit méritant, sans anéantir totalement les perdants ; la construction du parcours est un travail très spécialisé, exigeant un grand savoir-faire. Certains obstacles, désormais indissociables de la discipline, se rencontrent sous diverses variantes sur de nombreux parcours : le coffin (une dépression au fond d'un fossé, avec une stationata sur les talus, de part et d'autre), le trakehnen (une haute stationata au fond d'un fossé) ou les marches Helsinki (des barres formant des marches à flanc d'une colline, apparues pour la première fois aux JO de 1952).

Compétition internationale

Le premier concours olympique de trois jours s'est déroulé à Stockholm en 1912. Il a commencé par les épreuves de vitesse et d'endurance, suivies du saut d'obstacles, puis du dressage. La Suède gagna la médaille d'or par équipe et en individuel, réitérant son exploit à Anvers en 1920, où le dressage était remplacé par une seconde épreuve d'endurance.

Lors des JO de 1924 à Paris, le concours de trois jours prit sa forme actuelle : dressage, suivi des épreuves de vitesse et d'endurance, puis du saut d'obstacles. La Hollande sortit victorieuse par équipe et en individuel. Quatre ans après, vingt pays, dont le Japon, l'Argentine et les États-Unis, participèrent aux JO d'Amsterdam ; la Hollande remporta de nouveau les deux titres ; la médaille d'or en individuel revint à C.P. Mortanges, également vainqueur en 1932 à Los Angeles, où seules six nations étaient présentes – principalement en raison de la difficulté et du coût représentés par le transport des équipes pour les pays européens.

À Berlin, en 1936, le parcours de cross était particulièrement difficile, notamment à cause du quatrième obstacle – une mare en pente, remplie d'eau ; l'Allemagne remporta la médaille d'or par équipe et en individuel. Après la guerre, la British Horse Society, de création récente, organisa le concours complet de trois jours à Aldershot pour les JO de Londres en 1948 – la première fois qu'une telle manifestation se déroulait en Grande-Bretagne. Les États-Unis gagnèrent la compétition par équipe, le Français Chevallier celle en individuel. Cet événement marqua un tournant pour l'Angleterre dans l'histoire du sport ; le duc de Beaufort, personnalité du monde hippique, décida que l'Angleterre devait exceller dans le concours complet. Il invita la British Horse Society à organiser au printemps 1949 un concours national de trois jours à Badminton, sa demeure du Gloucestershire ; il deviendrait le premier concours de trois jours dans le monde.

Ci-dessus : *Les chevaux sont soumis à des contrôles vétérinaires stricts pendant le concours de trois jours.*

Ci-contre : *Le niveau de l'épreuve de dressage du concours complet est inférieur à celui du concours spécialisé. Ici, la combinaison néo-zélandaise Mark Todd et Bertie Blunt s'apprête à remporter sa célèbre victoire de Badminton.*

Depuis les années 1950

En 1954, la Suisse organisa le premier championnat d'Europe à Bâle, où l'Anglais Bertie Hill fut vainqueur, les cavaliers anglais remportant quatre des six places suivantes, ainsi que la compétition par équipe ; parmi eux figuraient Margaret Hough et Diana Mason, les premières concurrentes

Ci-contre, en haut : *Sur le parcours de cross.*
Ci-dessus : *Le steeple-chase constitue l'épreuve de vitesse du concours de trois jours.*
Ci-contre : *Ce cavalier familiarise son jeune cheval avec des obstacles naturels comme l'eau.*

Ci-contre : *Parcourir le terrain à pied, mesurer les distances, déterminer les bonnes stratégies, toutes ces tâches font partie du travail des concurrents au concours complet.*

au niveau international. En 1955, la Grande-Bretagne défendit son titre avec succès à Windsor, et l'année suivante, aux JO de Stockholm, elle remporta sa première médaille d'or par équipe, la victoire en individuel revenant à la Suède. Sheila Wilcox devint la première championne européenne sur High et Mighty à Copenhague, en 1957, mais au championnat européen d'Harewood, en Angleterre, deux ans après, la Grande-Bretagne perdit son prestige, et l'Allemagne remporta le championnat par équipe. L'Australie obtint le titre par équipe aux JO de Rome en 1960, l'Italie sortant victorieuse en équipe et en individuel à Tokyo, quatre ans après.

Le premier championnat du monde était programmé à Burghley, en Angleterre, en 1966, mais une épidémie de peste équine africaine empêcha le déplacement des chevaux à travers l'Europe. Néanmoins, l'Irlande, l'URSS et les États-Unis contournèrent l'interdiction en envoyant leurs chevaux par avion, tandis que l'équipe d'Argentine effectua courageusement le voyage par bateau – effort qui se révéla fructueux, car le gagnant de la médaille d'argent à Tokyo, Carlos Moratorio, devint premier champion du monde. L'Irlande remporta le titre par équipe.

Lors des JO de Mexico en 1968 – sur un parcours simple, mais à une altitude sans précédent – de fortes pluies provoquèrent un nombre de chutes important. La Grande-Bretagne gagna néanmoins la médaille d'or par équipe, Derek Allhusen devenant médaille d'argent en individuel derrière le Français Jean-Jacques Guyon. La Grande-Bretagne renouvela son exploit quatre ans après à Munich, où Richard Meade gagna la première médaille d'or du pays en individuel. À Kiev, en 1973, l'Allemagne remporta le titre par équipe, la Russie en individuel, tandis que les États-Unis devenaient champions du monde à Burghley en 1974 ; l'Américain Bruce Davidson remporta aussi le titre en individuel. Les États-Unis continuèrent à s'imposer aux JO de 1976 à Montréal, remportant la médaille d'or par équipe, la médaille d'or et d'argent en individuel avec Tad Coffin et Mike Plumb. Bruce Davidson gagna ensuite la médaille d'or en individuel au championnat du monde de Lexington aux États-Unis, en 1978, le Canada obtenant le titre par équipe. En 1980, l'URSS remporta le titre par équipe aux JO de Moscou, qui furent boycottés par de nombreux pays.

L'émergence de l'hémisphère Sud

C'est plus tard, dans les années 1980, que les cavaliers de l'hémisphère Sud ont commencé à s'imposer – notamment les

Ci-contre : Le Néo-Zélandais Andrew Nicholson sur Jagermeister au départ du saut d'obstacles. Comme beaucoup d'autres cavaliers, Nicholson a su utiliser avec succès d'anciens chevaux de course pour participer aux concours complets.

Néo-Zélandais, ainsi que les Australiens. Pendant ce temps, la Britannique Lucinda Prior-Palmer (future Green) s'affirmait comme la première cavalière de concours complet. Elle remporta six victoires à Badminton sur six chevaux différents, deux médailles d'or et une d'argent aux championnats d'Europe, ainsi qu'un titre au championnat mondial de Luhmuhlen, en Allemagne, en 1982. Elle passa ensuite le flambeau à une autre Britannique, Virginia Elliot (alias Holgate et Leng), qui remporta la médaille de bronze olympique à Los Angeles en 1984, derrière le Néo-Zélandais Mark Todd et l'Américaine Karen Stives. Les États-Unis gagnèrent aussi la médaille d'or par équipe devant la Grande-Bretagne et l'Allemagne, puis cette dernière devint médaille d'or à Séoul quatre ans après. Virginia Leng remporta son premier titre mondial à Gawler, en Australie, en 1986, devant le Néo-Zélandais Trudy Boyce, la Grande-Bretagne gagnant le titre par équipe ; elle obtint aussi la médaille d'or aux championnats d'Europe de Burghley (1985), Luhmuhlen (1987) et Burghley (1989).

Le Néo-Zélandais Mark Todd gagna sa seconde médaille d'or olympique en individuel à Séoul, stimulant le développement du sport dans son pays ainsi que l'installation des cavaliers néo-zélandais et australiens en Europe pour préparer les principaux championnats. La Grande-Bretagne se révéla un lieu de choix pour les cavaliers étrangers en raison de ses nombreux concours d'un jour, parfaits pour les chevaux débutants. Un autre Néo-Zélandais, Blyth Tait, devint champion du monde à Stockholm en 1990, tout en gagnant le titre par équipe avec ses compatriotes, devant la Grande-Bretagne, dont la suprématie se trouvait désormais sérieusement menacée.

L'Australien Matt Ryan, installé en Angleterre, remporta la médaille d'or par équipe et en individuel aux JO de Barcelone en 1992, tandis que la Nouvelle-Zélande gagnait la médaille d'argent par équipe devant l'Allemagne. Le Néo-Zélandais Vaughn Jefferis sortit vainqueur du championnat du monde de La Haye en 1994, où la Grande-Bretagne remporta le titre par équipe devant les États-Unis, qui devinrent de nouveau une force dominante du sport. Comme le Canada, le Mexique et l'Argentine, les États-Unis ont connu de tout temps une forte tradition équestre, ces quatre pays fournissant les principaux vainqueurs du Concours panaméricain de trois jours, qui a lieu régulièrement depuis 1955.

Changement de règles

À la suite des changements de règles institués en 1996 par le Comité olympique international à Atlanta, les concurrents ne peuvent plus représenter leur pays sur la même monture dans les compétitions par équipe et en individuel, qui se déroulent désormais sur des parcours de cross légèrement différents. L'Australie a obtenu le titre par équipe devant les États-Unis et la Nouvelle-Zélande, les titres en individuel revenant à Blyth Tait, suivi de son compatriote Sally Clark – certaines des meilleures combinaisons du monde étaient absentes.

Les changements de règles élaborés par la Fédération équestre internationale (FEI) affectèrent également les championnats d'Europe, bisannuels. Après la victoire de l'Anglais Ian Stark en individuel et par équipe à Punchestown en 1991 et l'attribution de la médaille d'or à la Suède à Achselschwang, en Allemagne, deux ans après, ils s'ouvrirent à l'ensemble du monde. En 1995, la Grande-Bretagne remporta le premier titre par équipe sur la France au championnat d'Europe open de Pratoni Del Vivaro, en Italie, l'Irlandaise Lucy Thompson obtenant le titre en individuel devant la Française Marie-Christine Duroy. À Burghley, en 1997, Mark Todd sortit vainqueur de la compétition, tandis que la médaille d'or européenne en individuel revenait à la deuxième place, l'Allemande Bettina Overesch-Boeker, devant l'Anglais William Fox-Pitt. La Grande-Bretagne remporta la médaille d'or par équipe. Après cette compétition, la FEI décida de revenir à la forme originelle du championnat d'Europe, qui s'est de nouveau refermé au reste du monde, initiative qui ne pouvait qu'abaisser le niveau et le prestige de la compétition.

Un autre changement a affecté le sport : la suppression du système du poids dans l'épreuve de vitesse et d'endurance, les cavaliers légers devant compenser la différence par le poids des selles. Des études ont montré que ce poids mort rendait le travail des chevaux plus difficile – le poids du cavalier se déplaçant pour aider le cheval. Cette mesure a donc été supprimée au niveau international en février 1998. Mais elle reste sujet à controverse car, si le système du poids portait préjudice aux cavaliers légers, ceux-ci ont désormais un avantage considérable sur les concurrents plus lourds.

Ci-contre : Le Hollandais Eddy Stibbe lors de la première étape de l'épreuve de vitesse et d'endurance d'un concours de trois jours, sur routes et chemins.

11

LES COURSES

Ci-contre : *Éclipse, l'un des chevaux de course les plus prestigieux de tous les temps, représenté par l'un des plus célèbres artistes équestres, George Stubbs.*

Le 23 juillet 1985, deux grands noms des courses de plat dans le monde – l'entraîneur Wayne Lukas et le propriétaire Robert Sangster – se sont disputés un yearling à la vente aux enchères de Keeneland aux États-Unis. Robert Sangster a fini par l'emporter avec une offre de 13,1 millions de dollars. Le prix atteint par le poulain, Seattle Dancer, s'explique par son pedigree, qui en faisait un Pur-Sang exceptionnel, le plus rapide de toutes les races de chevaux. Fils de Nijinsky, élu Cheval européen de l'année, il avait pour ancêtre Northern Dancer, l'étalon Pur-Sang le plus célèbre de part et d'autre de l'Atlantique.

Né en Angleterre au XVIIe siècle, le Pur-Sang (*cf.* p. 38-41) s'est développé ensuite dans divers pays grâce à un programme judicieux d'élevage sélectif. Il est à l'origine d'une industrie internationale qui s'étend sur les cinq continents, produisant des chevaux de course d'exception dans le monde entier.

Courses de plat au galop

C'est le roi anglais Charles II qui a donné à sa passion, les courses de chevaux, leur statut de sport. Il en favorisa la pratique à proximité de la ville de Newmarket, dans le Suffolk, où son père, Charles Ier, avait créé la première coupe en 1634.

Jusqu'alors, les chevaux de courses – réunissant généralement deux chevaux dans le cadre d'un pari entre deux propriétaires – étaient presque tous de races indigènes. Mais à partir du règne de la reine Élizabeth I, de plus en plus de chevaux furent importés en Angleterre, tout d'abord d'Italie et d'Espagne. Comme d'autres arrivants plus tardifs en provenance d'Afrique du Nord et de l'est de la Méditerranée – les Barbes (nom dérivé de la Barbarie, ou Berbérie), les Turcs et les Arabes –, ces chevaux obtinrent peu de succès aux courses, mais le mélange de leur sang avec celui des chevaux indigènes allait contribuer à l'évolution des races de chevaux ; ainsi naquit le Pur-Sang comme race à part entière. Tous les Pur-Sang actuels du monde descendent de trois célèbres étalons orientaux – Byerley Turk, Darley Arabian et Godolphin Arabian (*cf.* p. 38). Le deuxième, considéré comme « un cheval d'une beauté infinie », a donné naissance à Flying Childers – le premier grand cheval de course – et, par le frère de ce dernier, il a eu pour descendance le cheval de course le plus célèbre de tous les temps, Éclipse.

Élevé en 1764 par le duc de Cumberland, Éclipse, qui n'a jamais été battu, compte vingt-six courses à son brillant palmarès. Il a donné naissance à 344 gagnants en individuel, l'un de ses descendants les plus connus étant Saint Simon, vainqueur de la Coupe d'or à Ascot, en 1884. Sa progéniture a gagné 571 courses en Grande-Bretagne seulement. De Saint Simon descend l'un des grands chevaux de course actuels, le champion italien Ribot, jamais battu au cours de sa longue carrière, et deux fois gagnant au Prix de l'Arc de Triomphe.

Les courses britanniques et le Jockey Club

Les courses de chevaux sont apparues dans toute la Grande-Bretagne au début du XVIIIe siècle, mais – à l'exception de Newmarket, où le roi Charles instituait et faisait respecter les règles –, elles n'étaient guère codifiées. C'est ce qui entraîna, vers 1750, la création du Jockey Club à Newmarket par un groupe de sportifs. Il devint bientôt l'autorité suprême dans le domaine, dans le Suffolk, et, en 1827, la Justice lui reconnut le droit d'expulser tous ceux qu'il jugeait indésirables. Le Jockey Club gagna peu à peu de l'influence, toutes les courses de chevaux du pays se déroulant bientôt sous son égide. Il reçut de nombreuses responsabilités – approuver les parcours, les programmes, licencier les officiels, élaborer les règlements

Ci-contre : *Le plus grand steeple-chase du monde, le Grand National, se court chaque année en avril sur l'hippodrome d'Aintree, en Angleterre.*

32
DO BE

Ci-dessus à gauche : *Chevaux de course à l'entraînement, au galop. Les entraînements ont généralement lieu tôt le matin.*

Ci-dessus à droite : *Courses de chevaux dans le décor enchanteur des Cotswolds, lors du National Hunt Festival de Cheltenham, en Angleterre.*

– et ce n'est qu'en 1993, avec la formation du British Horseracing Board, que la gestion des courses en Grande-Bretagne fut retirée de la juridiction du Jockey Club.

À la fin du XVIIIe siècle et au XIXe siècle, le pouvoir du Jockey Club avait souvent reposé entre les mains d'une seule personnalité influente. C'est ainsi que sous la loi de Sir Charles Bunbury, le Club fut suffisamment puissant, en 1791, pour expulser le prince de Galles (futur George IV), après avoir enquêté sur des circonstances douteuses concernant une course sur le cheval Escape. Bunbury était le propriétaire de Diomed, gagnant de la première course à Epsom en 1780, où les jeunes chevaux avaient la faveur des cavaliers. Elle serait à l'origine du premier Classique mondial – le Derby –, qui conduirait à la création des cinq Classiques actuels : le 1 000 Guinées (pour les pouliches) et le 2 000 Guinées (pour les poulains), sur 1 500 m ; le Oaks (pour les pouliches) et le Derby (pour les poulains), sur 2 250 m ; le Saint-Léger, sur 1 500 m.

États-Unis

Parallèlement à cette expansion en Grande-Bretagne, les courses de chevaux prenaient de l'essor dans d'autres pays. En Amérique du Nord, elles s'imposèrent après la guerre, Diomed, propriété de Charles Bunbury, figurant alors parmi les grands chevaux importés d'Angleterre. Mauvais reproducteur en Angleterre, Diomed donna naissance aux États-Unis à une progéniture d'excellente qualité. Un autre cheval, Medley, arrivé en 1784, eut aussi un impact énorme sur l'évolution du Pur-Sang américain. Deux autres noms prestigieux dans l'histoire des courses au Nouveau Monde furent Leviathan, arrivé en 1830, et cinq fois gagnant, ainsi que Glencoe, qui s'illustra de part et d'autre de l'Atlantique.

Le plus grand étalon américain du XIXe siècle fut Lexington, seize fois champion, dont la carrière couvrit la guerre de Sécession. Si la guerre porta ombrage au développement des courses et de l'élevage dans les États du Sud, il se poursuivit au nord, notamment à New York, dans les États du Centre et de l'Ouest, ainsi que dans les États frontaliers du Maryland et du Kentucky. Les Classiques, réservés aux chevaux de 3 ans, virent le jour dans la décennie qui suivit la guerre de Sécession. En 1867 apparut le Belmont Stakes qui, depuis 1905, se court sur 2 400 m à Belmont Park, champ de courses new-yorkais. Il fut suivi du Preakness Stakes, sur 1 900 m, créé en 1873 à Pimlico, près de Baltimore, dans le Maryland ; puis, en 1875, du Kentucky Derby, qui se court sur 2 000 m à Churchill Downs, Louisville, dans le Kentucky.

Néanmoins, l'image de marque du sport était de plus en plus victime de pratiques engendrées par des préoccupations avant tout lucratives. Même après la formation du Jockey Club en 1894, l'indignation du public entraîna l'interdiction ou la diminution des courses dans de nombreux États. Toutefois, la situation s'est nettement améliorée, depuis que le Jockey Club exerce un contrôle sur les courses, en association avec d'autres structures, et les États-Unis revendiquent désormais la première place sur la scène internationale.

La principale région d'élevage des chevaux de course est le Kentucky, notamment la plaine de Blue Grass, près de Lexington. Les éleveurs américains s'efforcent de satisfaire les besoins de propriétaires soucieux de gains rapides, pratique qui entraîne la forte production de chevaux de course conçus pour gagner dès l'âge de 2 ans. Néanmoins, grâce à des contrôles rigoureux, ainsi qu'à un intérêt marqué pour les meilleures races mondiales, les chevaux de course américains se sont illustrés par leurs victoires au Derby anglais – Sir Ivor (1968), Mill Reef (1971), Golden Fleece (1982) et Shahrastani (1986).

Ci-contre : *L'hippodrome illuminé de Happy Valley, à Hong Kong.*

Ci-dessus : *Courses de chevaux dans la neige à Saint-Moritz, en Suisse.*

France

Le cheval de course français a connu récemment un renouveau. Le sport ne s'est développé en France de manière significative que vingt ans après la création du Jockey Club en Angleterre, après quoi il a décliné pendant la Révolution et les guerres napoléoniennes.

C'est à un Anglais, Lord Henry Seymour, que la France doit la renaissance des courses de chevaux dans le deuxième quart du XIXe siècle. Avec le duc d'Orléans, il fonda le Jockey Club en 1833. Lorsqu'ils comprirent que ses membres étaient davantage préoccupés de la vie sociale du club que de courses, ils favorisèrent la création de la Société d'encouragement pour l'amélioration des races de chevaux en France.

Le champ de courses de Chantilly a ouvert en 1836 et le centre d'entraînement installé à proximité rivalise désormais avec celui de Newmarket. Le Prix du Jockey Club, sur 2 400 m – équivalent du Derby d'Epson – y a vu le jour l'année de l'inauguration du champ de courses. En dix ans, il a été suivi par la création des autres Classiques français, la Poule d'essais des pouliches et la Poule d'essais des poulains (équivalents du 1 000 Guinées et du 2 000 Guinées), le Prix de Diane (le Oaks français) et le Prix Royal Oak (équivalent du Saint Léger). Principale course de plat internationale, le Prix de l'Arc de Triomphe est né à Longchamp en 1920.

Italie

Le plus important des autres pays européens en matière de courses, l'Italie a fait une entrée en scène relativement tardive. À Milan, le principal centre, des rencontres régulières n'ont lieu que depuis les années 1840, et à Rome, depuis 1868.

Bien que de dimensions modestes, l'industrie de l'élevage a eu un profond impact au niveau international, notamment grâce à une personnalité, Federico Tesio, fondateur du haras de Dormello-Olgiata en 1898. Entre 1911 et 1954, date de sa mort, Tesio a produit vingt gagnants au Derby italien, et deux champions mondiaux, Nearco et Ribot – jamais battus durant leur carrière.

Australie et Nouvelle-Zélande

Si le cheval était inconnu en Australie et en Nouvelle-Zélande lorsque les premiers colons anglais y ont débarqué à la fin du XVIIIe siècle, ces pays se placent aujourd'hui en deuxième position derrière les États-Unis.

Les Australiens se sont toujours attachés à produire des chevaux résistants, pour l'endurance et la vitesse. Chaque État possède son propre Classique, ces courses se complétant de handicaps sur de longues distances, comme les Coupes de Melbourne, Sydney et Brisbane, sur 3 200 m, qui donnent lieu à des gains importants et à des paris intéressants.

Courses d'obstacles

Les courses de chevaux dans le monde entier sont généralement de plat. Aux États-Unis, elles se déroulent toute l'année, tandis qu'en Europe, la saison s'étend entre mars et le début de novembre. Néanmoins, en hiver, les Européens organisent les National Hunt, des courses de haies ou d'obstacles qui, du moins en Grande-Bretagne et en Irlande, attirent presque autant d'adeptes que les courses de plat.

Les parcours comprennent des haies de bouleau ou d'ajonc (steeple-chase) ou des obstacles ; plus longs que ceux des courses de plat (distance minimale, 3 200 m), ils sont courus par des chevaux plus âgés. La chasse est l'ancêtre direct du steeple-chase, né au XVIIIe siècle, lorsqu'en Angleterre, des lois, les Enclosure Acts, provoquèrent la multiplication des haies, fossés, clôtures en bois et autres obstacles destinés à délimiter les terrains. Les chasseurs durent apprendre à leurs chevaux à sauter les obstacles. Cette nouveauté eut tant de succès que des

Ci-contre : *L'heure des paris, indissociables de l'univers des courses.*

Ci-contre : *Course au-dessus d'obstacles en bois, dans le Maryland.*

rencontres furent organisées en pleine campagne, d'un point à un autre – souvent du clocher d'un village à un autre, d'où le nom de la course (steeple-chase).

Pendant la première moitié du XIXᵉ siècle, une scission apparut parmi les fervents de ce sport, certains se ralliant à l'aspect amateur, inspiré de la chasse, d'où dériverait ensuite le point-to-points, d'autres étant partisans d'une approche plus professionnelle et participant régulièrement à des courses. La première rencontre annuelle fut inaugurée à Saint Albans en 1830 et, neuf ans plus tard, eut lieu la première manifestation de ce qui deviendrait le plus grand steeple-chase, le Grand National d'Aintree, près de Liverpool. Cette course fut remportée par un cheval bai de 1,60 m, dénommé Lottery. Chaque cheval portait 76 kg et le parcours de 6 400 m, principalement sur des terres labourées, comprenait vingt-neuf obstacles.

Depuis cet événement, de prestigieux chevaux ont gagné le Grand National – Golden Miller, par exemple, en 1934. Considéré comme le plus beau de tous les gagnants, il a obtenu cinq Coupes d'or consécutives à Cheltenham. Reynoldstown a remporté deux victoires, en 1935 et 1936, exploit inégalé jusqu'au triomphe de Red Rum en 1973, 1974 et 1977.

Dans les années 1960, le Grand National n'était plus isolé dans sa course à l'argent. Avec l'apparition des sponsors commerciaux, les enjeux s'avèrent désormais très intéressants, notamment lors du National Hunt Festival de Cheltenham, qui accueille pendant trois jours de célèbres courses d'obstacles comme la Gold Cup et le Champion Hurdle.

Toutefois, ce sport ne s'est jamais véritablement imposé en dehors de la Grande-Bretagne et de l'Irlande. Aux États-Unis, les courses d'obstacles, dérivées de la chasse comme en Angleterre, connurent des débuts plus tardifs sur les terrains officiels, le premier steeple-chase américain datant seulement de 1865. Trente ans après naissait l'Association nationale de steeple-chase, mais ce sport n'a jamais remporté un succès comparable à celui des courses de plat, et les courses d'obstacles ont décliné progressivement.

Aujourd'hui, toutefois, le calendrier américain comprend des courses comme la Maryland Hunt Cup, qui se court sur 6 400 m. Les terrains sont de dimensions réduites, tous les concurrents doivent être amateurs, et les obstacles consistent en clôtures de bois fixes. En 1965, Jay Trump a été le premier cheval à remporter le doublé Maryland Hunt Cup/Grand National.

Point-to-points

Les professionnels sont exclus du point-to-points, ou « course de clocher », troisième élément de la scène des courses en Grande-Bretagne et en Irlande, toujours inspiré de la chasse, comme le National Hunt. Au cours du XIXᵉ siècle, le nouveau National Hunt Committee, chargé de l'organisation des courses d'obstacles sur des terrains officiels, autorisait des manifestations annuelles privées. Ces rencontres réunissaient principalement les membres du Hunt. Aujourd'hui, le programme du point-to-points comprend habituellement cinq ou six événements, qui se courent sur une distance minimale de 4 800 m.

Ci-contre : *L'un des points forts du calendrier des courses aux États-Unis – le Derby du Kentucky.*

L'ENDURANCE

Ci-contre : *Des partenaires de longues distances – les anciens champions américains RO Grand Sultan et Becky Hart.*

Lorsque la Tom Quilty Gold Cup, raid d'endurance de 161 km, eut lieu pour la première fois en 1966 dans les montagnes de Nouvelle-Galles-du-Sud, en Australie, les défenseurs des animaux protestèrent, prétextant qu'il fallait arrêter cette « cruelle » course de chevaux. La Société royale pour la défense des animaux (RSPCA) fut alertée, mais lorsqu'elle apprit que les organisateurs prenaient soin des chevaux et que des contrôles vétérinaires étaient effectués, tout rentra dans l'ordre. Depuis le début, en effet, le bien-être des chevaux est resté la priorité et le principe fondamental de ce sport.

Le plus récent de tous les sports équestres, le raid d'endurance fait aujourd'hui de nombreux adeptes. Il est né dans sa forme actuelle aux États-Unis, avec l'inauguration en 1955 du raid de 161 km le plus célèbre du monde – la Tevis cup. Baptisée d'après le nom du président de la société Wells Fargo, la course suit l'itinéraire des cavaliers et des diligences Pony Express de la société (*cf.* p. 22), en franchissant la Sierra Nevada ; le parcours, difficile, doit être effectué en une journée, performance que seuls réalisent les meilleurs chevaux. Après 1955, les raids d'endurance se sont multipliés pendant dix ans aux États-Unis, avant de gagner l'Australie ainsi que, plus récemment, la Grande-Bretagne, la France, l'Allemagne, la Nouvelle-Zélande, l'Afrique du Sud et les États du Golfe.

Un sport en évolution

Le sport connaît actuellement une grande évolution. Le nombre d'entraîneurs professionnels augmente – dressant des chevaux destinés à être montés par d'autres, politique éloignée du principe de départ, selon lequel une seule personne devait dresser un seul cheval devant effectuer 160 km en un jour. Il reposait sur l'idée que le dressage de son propre cheval par le cavalier était essentiel non seulement au succès, mais aussi au bien-être et à la satisfaction du cheval. De nombreux puristes regrettent que ce principe ne soit plus respecté.

Il reste à vérifier si les couples cheval-cavalier qui ne se sont pas entraînés ensemble réussissent à l'emporter sur les combinaisons traditionnelles, mais ils peuvent y parvenir – autre motif de souci – en choisissant des chevaux meilleurs et nécessairement plus coûteux pour les programmes d'entraînement professionnels. Auparavant, les cavaliers d'endurance excellaient souvent avec les chevaux qui leur appartenaient ; il suffit de penser à des combinaisons comme Becky Hart et RO Grand Sultan, trois fois champions du monde, ou l'ancien champion d'Europe Jill Thomas et l'Égyptien Khalifa. Le niveau des chevaux d'endurance s'est nettement amélioré ces dernières années, et les responsables de ce sport doivent veiller à ce que les couples amateurs ne soient pas éliminés de la scène.

Les enjeux financiers – du moins dans les principales compétitions – constituent une autre évolution importante. Il suffit de constater leurs effets sur les autres sports équestres pour comprendre à quel point ils peuvent modifier l'esprit de ces rencontres, qui se déroulaient auparavant dans un climat d'entraide et d'amitié. Toutefois, en dépit des changements au niveau professionnel, les raids d'endurance demeurent inchangés dans le fond au niveau amateur, et, pour le cavalier passionné de cheval, ils

Ci-contre : *Ces concurrents entament une rude journée – le Golden Horseshoe Ride, dans l'Exmoor, en Angleterre.*

procurent toujours plaisir et défi dans un environnement agréable, sans la dimension de la compétition.

Règles et niveaux de compétition

Les règles du raid d'endurance varient d'un pays à l'autre. Les États-Unis ont mis au point une réglementation pour les distances limitées, tandis que la Grande-Bretagne dispose de deux systèmes : les qualifications de l'Association britannique des Raids d'endurance, et les compétitions de la Société de chevaux et de poneys d'endurance. Les concurrents doivent parcourir la distance dans un temps limité et subir des contrôles vétérinaires avant, pendant et après le raid. Les gagnants sont récompensés par une cocarde, ainsi que par des points qui peuvent être cumulés jusqu'à l'obtention de trophées annuels.

Les participants à ces raids de 32 à 96 km peuvent accéder aux « courses » d'endurance, sanctionnées par des classements, le gagnant étant le cheval qui arrive le premier, et qui subit avec succès les contrôles vétérinaires. Les raids couvrant des distances de 80 à 161 km en une journée (ou différentes combinaisons de distances sur plusieurs jours), l'allure des chevaux est déterminée avec soin ; la compétition se dispute généralement au trot ou au petit galop – pas au galop de course.

Seuls les meilleurs cavaliers peuvent prétendre accéder de ces raids nationaux aux compétitions internationales. Depuis 1984, les championnats d'endurance sont placés sous la juridiction de la Fédération équestre internationale (FEI). Néanmoins, depuis 1979, la Conférence des raids d'endurance de longue distance (ELDRIC), sorte de forum pour les cavaliers du monde entier, établit la réglementation au niveau international. L'adhésion est ouverte aux organisations nationales et aux particuliers. L'ELDRIC organise un championnat annuel, le Trophée de l'ELDRIC, qui attire des concurrents acharnés et repose sur un système de points obtenus lors de raids dans plusieurs pays. Les trophées sont attribués à la meilleure combinaison cheval/cavalier, au meilleur cavalier et au meilleur cheval Arabe.

Ci-contre : *Les raids couvrent divers terrains naturels. Ici, cheval et cavalier font une pause sur le parcours du Golden Horseshoe Ride dans l'Exmoor, en Angleterre.*

Ci-dessous : *L'endurance nécessite la participation d'une équipe de supporters efficaces.*

Ci-dessus : *Des contrôles vétérinaires ont lieu avant le départ, de même que pendant et après l'endurance.*

Le cheval d'endurance

Lorsque l'on pense au cheval d'endurance, on imagine souvent un Arabe. Conjuguant l'équilibre et l'énergie avec l'intelligence et la vigilance sur les terrains difficiles, cette race (et ses croisements) s'est toujours mieux classée que les autres dans ce sport. L'Arabe est également réputé pour sa capacité à porter des poids lourds en dépit de sa petite taille, ainsi que sa faculté à évacuer la chaleur, en raison de la surface importante de sa peau, comparée au volume de son corps.

Cependant, le succès dans le raid d'endurance ne dépend pas que de la race du cheval. Une bonne conformation est essentielle, de même que la capacité à porter le cavalier avec le minimum d'effort et de dépense d'énergie. Ce sport n'exige en réalité aucun type particulier de cheval, ce qui fait son intérêt. Ainsi, aux États-Unis, l'Appaloosa, le Morgan et le Standardbred côtoient l'Arabe, le Pur-Sang et le Connemara. En Grande-Bretagne, où la palette est moins étendue, l'Arabe et le Pur-Sang (ainsi que leurs croisements) sont prisés, de même que les hunters et des races indigènes plus grandes ; tandis qu'en Allemagne, on rencontre des races nationales comme le Hanovre, le Trakehner et le Hostein, mais aussi des races étrangères comme le Fjord norvégien et le Welsh Cob. Ces exemples suffisent à montrer que le choix est large, même si les cavaliers de haut niveau préfèrent généralement des chevaux fins et athlétiques. S'il n'existe pas d'âge maximal ni minimal pour les cavaliers, les chevaux doivent être âgés d'au moins 5 ans pour concourir.

Entraînement et condition physique

Pour les compétitions au niveau des clubs, un cheval en bonne condition physique doit pouvoir couvrir les distances minimales de 32 à 48 km en un jour, sans trop d'efforts. À partir de cette base, l'entraînement est progressif, et largement favorisé par la participation aux compétitions – toutes les trois ou quatre semaines pendant la saison.

L'entraînement s'effectue généralement en aérobie, certains cavaliers évaluant les progrès de leur cheval en mesurant son rythme cardiaque. L'objectif consiste à augmenter la distance et la vitesse auxquelles le cheval peut travailler en aérobie – en utilisant l'oxygène et sans solliciter la méthode anaérobie de production d'énergie, qui fatigue le cheval au bout de quelques minutes. L'entraînement se déroule le plus souvent à une bonne vitesse de trot, avec des périodes de repos au pas et de galop. Lorsque le cheval concourt à des vitesses plus rapides, sur des distances plus longues, l'entraînement peut se limiter à deux ou trois jours par semaine. Un travail rapide, sous la forme de séances espacées (*cf.* p. 184), figure généralement dans la préparation aux compétitions. Après un raid important, les chevaux se reposent deux ou trois semaines pour retrouver leur forme.

Compétition et contrôles vétérinaires

Les raids couvrent une variété de terrains naturels, les plus difficiles se déroulant dans des zones de collines ou de montagnes. L'itinéraire – chemins, champs et bois – est balisé par des marques de peinture biodégradable, ou de la chaux ; une carte est généralement fournie.

Des contrôles vétérinaires ont lieu avant le raid pour vérifier que chaque cheval est apte à partir, de même que pendant et après. Le vétérinaire mesure le pouls avec un stéthoscope, la fréquence devant retomber au-dessous d'un chiffre déterminé (généralement 64 pulsations par minute) ; il vérifie si le cheval porte des traces de blessures (entraînant des pénalités) ; il le fait avancer au trot pour vérifier sa condition physique. Un cheval qui boite est aussitôt éliminé.

La science vétérinaire s'est beaucoup améliorée ces dix dernières années, et il est rare aujourd'hui de devoir traiter un cheval affaibli. Ainsi, le test Ridgway, qui consiste à vérifier le pouls avant et après l'examen de trot, permet de repérer les chevaux fatigués, qui sont alors éliminés de la compétition.

Les cavaliers sont généralement assistés par une équipe de supporters, amis ou famille, qui leur fournissent sur l'itinéraire de quoi boire, se réhydrater, se laver, les denrées de base, et qui les aident à préparer le cheval pour les contrôles vétérinaires. Dans les courses d'endurance de bon niveau, le temps étant chronométré jusqu'à la présentation du cheval, une équipe efficace est essentielle. Dans les raids ordinaires, les équipes peuvent s'entraider à loisir, échanger des informations, et se mélanger aux concurrents dans une atmosphère conviviale.

LE POLO

Ci-dessus : Jeu de polo en Inde, au XVIIe siècle.

LE POLO SE JOUE À CHEVAL, avec un maillet et une balle, entre deux équipes de quatre. Ses origines, orientales, remontent à plus de deux millénaires. En Perse, le jeu se dénommait *chaugan* (maillet), mais son nom actuel est dérivé du terme tibétain *pulu*, racine d'une plante qui servait à confectionner les balles. Les premières références au polo sont associées à Alexandre le Grand et Darius, roi de Perse ; le jeu serait né dans ce pays, mais il existait aussi certainement sous diverses formes dans le reste de l'Orient.

Les envahisseurs musulmans et les Chinois, venus respectivement du nord-ouest et du nord-est, introduisirent le jeu en Inde où, au milieu du XIXe siècle, il fut découvert par les planteurs anglais en Assam. Silchar, capitale de la province de Cachar, devint le berceau du polo moderne ; le club de Silchar, fondé en 1859, est le plus ancien du monde. À l'origine, les équipes comptaient neuf cavaliers, nombre qui fut bientôt réduit à sept, puis à quatre, les chevaux devenant plus grands et plus rapides. En 1876, la hauteur limite fut fixée à 1,32 m en Inde, à 1,40 m en Angleterre ; aujourd'hui la hauteur moyenne est d'environ 1,50 m.

L'essor du polo

En 1869, le jeu fut introduit en Angleterre par des officiers de l'armée qui jouaient par équipes de huit à Hounslow Heath, près de Londres. Il prit rapidement de l'essor, le club londonien de Hurlingham devenant le siège du polo anglais. Il fixa les premières règles anglaises en 1875 (l'Association indienne de polo, créée à la même époque, établit ses propres règles jusqu'à la Seconde Guerre mondiale). L'année 1878 inaugura les tournois inter-régiments en Angleterre, et la Société nationale des poneys fut fondée en 1893 pour promouvoir l'élevage des poneys de polo.

Le jeu se propagea bientôt dans les autres parties du monde. En Argentine, il remporta un succès immédiat, les Argentins devenant les principaux éleveurs et exportateurs de poneys de polo au monde. Le polo fut introduit aux États-Unis en 1876 par James Gordon Bennett, et les matchs internationaux virent le jour en 1886, opposant des équipes anglaises et américaines qui se disputaient la Coupe de Westchester. Les États-Unis fournissaient alors les meilleurs joueurs, avant d'être surpassés par l'Argentine. Après 1945, les Argentins établirent leur domination, remportant d'une année sur l'autre la Coupe d'Amérique. En France, le polo se pratique depuis 1890 au bois de Boulogne, sur le terrain de Bagatelle. Le tournoi de la Coupe d'or se dispute à Deauville depuis 1950.

La technique

Un poney de polo doit être capable de galoper à vive allure, de s'arrêter brusquement, de tourner à 180 °C et de démarrer à toute vitesse dans n'importe quelle direction. La principale qualité requise est le courage, et parmi les critères morphologiques, une longue encolure, des épaules obliques, un dos court et fort, des membres solides et des jarrets bien descendus. Le poney doit être entraîné à la rêne d'appui, car il n'est dirigé que d'une seule main.

Pour le joueur, une maîtrise de base du cheval, une bonne assiette et un équilibre satisfaisant sont des exigences indispensables. Une bonne concentration sur la balle, la témérité et la rapidité sont des critères encore plus importants. Les joueurs apprennent à frapper la balle sur un cheval en bois, puis, après avoir maîtrisé les coups de maillet – en avant, en arrière, perpendiculairement à l'axe du cheval, en oblique vers l'avant ou l'arrière –, ils poursuivent l'apprentissage en selle, à allure lente, puis vive.

Règles et sécurité

Un terrain de polo ne doit pas dépasser 274 m de long, et les buts – de 7,3 m de large et au moins 3 m de haut – doivent être séparés d'au moins 227 m. La balle, en racine de saule ou de bambou, mesure au maximum 8 cm de diamètre ; le maillet, en bois de sycomore, frêne ou bambou, et mesurant 120 à 137 cm, est pourvu d'une tête à angle droit.

Le but du polo est de marquer des buts contre l'équipe adverse. Il se joue en quatre à six périodes ou chukkas de sept minutes. À chaque but marqué, les équipes changent de place. La plupart des jeux se déroulent sur la base du handicap, tous les joueurs se voyant attribuer un handicap de -2 à +10 (ce dernier étant le meilleur).

Les règles du jeu, visant avant tout la sécurité, déterminent les priorités de frappe de la balle. Les joueurs sont pénalisés lorsqu'ils ne les respectent pas et manifestent un comportement dangereux – par exemple, en franchissant la ligne de la balle devant un joueur qui a le droit de passage. Le jeu s'arrête si un poney tombe ou boite, si son équipement est endommagé, si un joueur est blessé ou perd son casque, si la balle sort du terrain.

Sport coûteux, le polo est néanmoins populaire. Le désir des participants de jouer toute l'année a entraîné la création du paddock polo, dans lequel les équipes s'affrontent sur un terrain non gazonné, utilisable par tous les temps.

Ci-dessus : *Une maîtrise satisfaisante du cheval, de l'équilibre et une bonne assiette sont les principales qualités requises pour le joueur de polo.*

Ci-contre : *Le prince de Galles est un fervent joueur de polo.*

Ci-contre : *Saint-Moritz, en Suisse, est un haut lieu du polo pour les joueurs confirmés du monde entier.*

LE CONCOURS D'ÉLEVAGE

Ci-dessus : *Souplesse, harmonie, grâce et symétrie des lignes constituent des critères déterminants dans les présentations de chevaux.*

Les premiers concours de chevaux, apparus il y a environ 200 ans, sont nés du désir, pour les éleveurs, de montrer qu'ils étaient capables de produire de meilleurs chevaux que leurs concurrents – des spécimens mieux adaptés au travail demandé, plus puissants, plus énergiques et mieux conformés. Les éleveurs pouvaient ainsi exiger des prix élevés pour leurs jeunes produits. Souplesse, robustesse, équilibre et grâce ont toujours constitué les facteurs déterminants des concours, la qualité essentielle étant toutefois la prestance – cette capacité presque indéfinissable d'attirer l'attention.

La forme la plus simple pour présenter un cheval consiste à le tenir en main. Aujourd'hui, toutefois, il existe des présentations en main et en selle pour pratiquement tous les types de chevaux et de cavaliers, les principales étant répertoriées ci-dessous. D'autres se sont développées récemment, par exemple pour les Quarter Horses, les chevaux d'équitation western et les poneys.

En France, il existe des concours « modèle et allures » pour les poulains et les pouliches de moins de 3 ans, qui sont jugés et primés d'après leur morphologie, leur comportement et leurs allures. D'autres concours sont organisés pour les chevaux de course, de selle, de trait et les ânes, qui font tous l'objet de présentations.

Hunters

Les présentations en main et en selle pour hunters figurent parmi les plus prestigieuses de toutes. Celles en selle sont réparties en huit catégories, dans lesquelles les chevaux doivent courir au galop, être présentés sans selle et montés par le juge – en Grande-Bretagne et en Irlande, mais pas aux États-Unis ni au Canada.

Les chevaux sont répartis selon le poids – légers, moyens, lourds. Ce poids correspond à celui que le cheval est capable de porter, proportionnellement à son volume osseux (mesuré autour de l'os du canon).

Il existe également des présentations pour petits hunters (de 1,52 m ou moins) ; hunters de femmes, montés en amazone ; débutants – chevaux qui n'ont pas encore remporté un niveau minimal de gains ; ceux âgés de 4 ans ; les hunters de labeur, qui doivent parcourir un itinéraire comportant huit à douze haies naturelles.

Chevaux de selle, hacks et cobs

Pour être aptes aux présentations, les chevaux de selle doivent pouvoir être montés par n'importe quel cavalier. Plus légers que les hunters, ainsi que modèles d'élégance et de grâce, les hacks doivent manifester une action parfaite au pas, au trot et au galop. Il existe des présentations pour petits (1,42 à 1,50 m) et grands (1,50 à 1,53 m).

Les cobs sont adaptables et peu coûteux d'entretien. Leurs présentations figurent parmi les plus populaires de toutes. Le cob idéal ne doit pas dépasser 1,50 m, mais il doit avoir le volume osseux et le physique d'un hunter lourd. Il existe des catégories pour légers (capables de porter jusqu'à 89 kg avec 21 cm d'os), et lourds (pouvant porter plus de 89 kg, avec au moins 23 cm d'os).

Chevaux Arabes

En Angleterre, la Société des chevaux Arabes gère des présentations pour les Arabes, les Anglo-Arabes (croisements d'Arabes et de

Pur-Sang) et les Arabes près du sang (avec au moins 25 % de sang arabe). Elles attirent des participants venus du monde entier, désireux de concourir dans des présentations ordinaires et des championnats.

Poneys

Ces présentations sont très prisées, surtout en Grande-Bretagne. Il en existe pour les poneys tenus en main et montés (répartis par catégories de hauteur) ; ainsi que les hunters de labeur et de concours (également par catégories de hauteur). Les présentations de poneys de labeur sont très appréciées ; beaucoup pensent que ces animaux plus naturels constituent de meilleures montures pour les enfants que les spécimens réservés aux présentations.

Présentation du cheval et du cavalier

Elle dépend de la manifestation, mais dans les plus ordinaires, le cavalier doit porter une veste bien coupée en tweed (ou une veste bleue ou noire pour les femmes) ; une culotte de couleur canari, foncée ou chamois ; des bottes, des gants en cuir et une cravate.

Les hunters – sauf les débutants, qui portent un mors de filet – sont présentés avec mors de bride, muserolle et frontal ; les martingales ne sont autorisées que dans les présentations de hunters de labeur. La selle, coupée droite pour dégager les épaules, doit être adaptée à la taille du cheval, une petite selle sur un cheval lourd (ou vice-versa) ne donnant pas une bonne impression.

Le jury

Les appréciations du jury sont toujours subjectives, mais un juge compétent doit rechercher les critères suivants : aplomb juste des membres, épaules longues et obliques, poitrine profonde, postérieurs solides. De face, le cheval doit donner une bonne impression d'ensemble. Des membres présentant des défauts d'aplomb, des os courts, des épaules droites, un corps étroit et des postérieurs faibles constituent les principaux défauts physiques.

Si les concours d'élevage ne sont pas du goût de tous, ils ont leur raison d'être pour tous les types de chevaux et de poneys. Tant qu'il existera un intérêt pour les races, il y aura des concours dans lesquels éleveurs et propriétaires présenteront leurs chevaux, après avoir fait de leur mieux pour acquérir et perpétuer les qualités propres à chaque race.

Ci-contre : *Concurrents dans la carrière de West Palm Beach, en Floride, aux États-Unis.*

Ci-contre : *Après avoir montré leurs performances au pas, au trot et au galop, les chevaux sont montés par les juges.*

Ci-contre : *De longues heures d'entraînement sont nécessaires pour préparer les chevaux aux présentations, comme ici à West Palm, aux États-Unis.*

LA CHASSE À COURRE

Ci-contre : La chasse en rase campagne s'est développée au XVIIIe siècle.

Il n'existe aucun témoignage écrit concernant la première utilisation du cheval comme moyen de locomotion pour suivre des meutes. Les Chinois, les Égyptiens et les Grecs anciens pratiquaient la chasse à pied, même s'ils faisaient un large usage du cheval sur le champ de bataille. La vénerie française, datant du Moyen Âge, a été imitée en Grande-Bretagne et en Irlande, puis, plus tard en Australie, en Inde, en Nouvelle-Zélande, en Afrique du Sud, ainsi qu'aux États-Unis. Les chasses à courre constituent dans tous ces pays une activité équestre de choix, et elles sont demeurées longtemps le principal sport équestre, jusqu'au développement relativement récent des compétitions. C'est d'elles que sont issus le saut d'obstacles et le steeple-chase (*cf.* p. 106), tandis que des présentations de hunters (*cf.* p. 130) permettent d'admirer les plus beaux chevaux de chasse.

Comme les chasseurs modernes, le grand maître de l'équitation Xénophon (*cf.* p. 16) soulignait dès le Ve siècle av. J.-C. l'importance de certains critères – énergie, soumission, condition physique –, essentiels au cheval de chasse. Au IIIe siècle apr. J.-C., l'écrivain romain Oppian énumérait ainsi les qualités requises pour un hunter : « Il doit avoir une bonne conformation, des membres solides ; une tête fine qu'il porte haute, une encolure incurvée comme la plume d'un casque ; un large front, un toupet épais et bouclé ; un regard clair et vif, un large poitrail ; un dos avec une double colonne vertébrale (sic) ; une queue bien fournie ; des cuisses musclées ; des jambes fines et propres, des paturons inclinés, des sabots forts et granuleux, qu'il lève haut ». Oppian mentionnait aussi la nécessité d'« un cheval actif, habitué à franchir des obstacles en pierre et des fossés », mais pendant de nombreux siècles – du moins pendant tout le Moyen Âge –, le cheval de chasse n'a pas eu besoin de posséder la capacité à sauter attendue du hunter moderne.

Évolution de la chasse

Le cerf, l'ours et le chevreuil ont constitué le principal gibier en Europe pendant des siècles. Pour poursuivre le gibier durant de longues journées sur les vastes domaines royaux, le cheval avait besoin d'énergie, mais ce n'est qu'à partir de la deuxième moitié du XVIIe siècle, lorsque le renard devint une proie plus prisée, qu'il lui fallut sauter les obstacles.

S'ajoutant au développement des enclosures au XVIIIe siècle en Angleterre, le défrichement des grandes forêts favorisa la chasse au renard en rase campagne, au détriment de celle au gros gibier, en forêt. Le cheval de chasse devait désormais avancer au galop, en sautant haies et fossés. Ainsi, il dut apprendre à franchir sans hésitation la nouvelle « haie oxer » – haie précédée d'une barrière en bois, destinée à la protéger du bétail. Redoutable obstacle, un double oxer – haie protégée de barrières de part et d'autre – existe toujours, tant en pleine campagne que sur les parcours de sauts d'obstacles.

Ces changements nécessitant des chevaux de meilleure qualité, il s'avéra nécessaire d'utiliser des Pur-Sang pour produire les hunters. Les véritables Pur-Sang sont toujours en minorité parmi les hunters anglais, les demi-sang et près du sang étant plus répandus – résultats de croisements avec des races indigènes résistantes comme le Welsh Pony et le Welsh Cob, tandis que le Hunter irlandais, renommé, est issu d'un croisement entre le Pur-Sang et le Trait irlandais.

La chasse à courre dans le monde

La chasse à courre s'est étendue, telle qu'elle était pratiquée en Grande-Bretagne, aux autres parties du monde. Toutefois, en France – où l'on chasse toujours le cerf, le lièvre et le sanglier – il y a en général moins d'obstacles à franchir, et le Pur-Sang convient parfaitement pour suivre les meutes, lorsque la vitesse du gibier et l'odeur forte, caractéristique des cerfs, imposent des chevauchées longues et rapides pendant des journées entières.

La chasse à courre est un sport prisé aux États-Unis, où le Pur-Sang s'utilise couramment pour suivre les meutes. En Virginie et dans le Maryland – hauts lieux de cette activité –, les chevaux sont confrontés principalement aux clôtures en bois, dont certaines sont imposantes par leur taille et leur robustesse. Les Australiens et les Néo-Zélandais chassent le plus souvent avec des Pur-Sang, mais dans ces pays aussi intervient la nature du terrain. Les étrangers sont souvent impressionnés par la facilité avec laquelle les chasseurs néo-zélandais sont capables de franchir de hautes clôtures en fil de fer barbelé.

Ci-dessus : *En France, la chasse à courre fait partie intégrante d'un mode de vie ; il y a peu d'obstacles à franchir, et les chevaux utilisés doivent être adaptés aux chasses longues et rapides.*

Ci-contre : *Le cheval de chasse doit pouvoir franchir haies et fossés à une vitesse rapide.*

L'ATTELAGE

PRINCIPAL MOYEN DE TRANSPORT sur terre pendant des siècles, l'attelage était aussi jadis un loisir et un sport populaire, comme en témoignent les courses de chars des Grecs et Romains anciens. La pratique de l'attelage pour le plaisir culmine aujourd'hui dans le sport florissant des concours d'attelage.

Les origines de l'attelage

La tradition de l'attelage est née en Grande-Bretagne. Au début du XIXe siècle, lorsque l'apparition du chemin de fer mit un terme à l'âge d'or des diligences, plusieurs clubs d'attelage virent le jour afin de préserver la tradition et le savoir-faire de la conduite de l'attelage. Fondé en 1871, le Coaching Club perpétue aujourd'hui la pratique, organisant deux fois par an des rencontres d'attelage par équipes de quatre, ainsi que des compétitions à l'occasion des principales manifestations hippiques du pays.

De même, au XXe siècle, avec l'arrivée de l'automobile et le déclin des transports à cheval qui s'en est suivi, les fervents de l'attelage se sont attachés à maintenir l'art de la conduite des chevaux et à entretenir d'anciens équipements.

L'attelage a connu un regain d'intérêt en Grande-Bretagne dans les années d'après-guerre, sous l'impulsion de passionnés comme Sir John Miller, George Mossman et Sanders Watney. Ils fondèrent en 1957 la British Driving Society, destinée à promouvoir et à encourager la conduite des chevaux et des attelages pour le plaisir. Par l'intermédiaire de ses représentants régionaux, la société organise toute l'année pour ses membres activités et rencontres diverses – rallyes, sorties pique-niques, stages. Les initiatives privées sont également en essor, la présentation d'élégants attelages figurant désormais dans les principales manifestations hippiques. La British Driving Society tient en été une rencontre annuelle, qui attire un nombre croissant de participants.

Concours d'attelage

Dans les années 1960, les concours d'attelage se sont développés dans toute l'Europe. En 1969, le prince Philip, duc d'Édimbourg, a contribué, en sa qualité de président de la Fédération équestre internationale (FEI), à l'élaboration des premières règles concernant les épreuves, s'inspirant du fonctionnement des concours complets de trois jours. C'est également l'un des chefs de file de ce sport.

Un concours complet d'attelage comporte trois épreuves distinctes : tout d'abord, une reprise de dressage avec l'attelage ; puis un marathon chronométré d'environ 25 km, ayant pour point fort huit obstacles naturels fixes. Le parcours final de maniabilité, exigeant une grande précision du meneur et des chevaux, après l'étape précédente, est l'équivalent du saut d'obstacles dans un concours complet de trois jours. Le gagnant est le meneur qui obtient le moins de pénalités pour l'ensemble des épreuves.

Le premier Championnat européen d'attelage par équipes de quatre s'est tenu à Budapest, en Hongrie, en 1971. Il a été

Ci-contre : *Le marathon du concours complet d'attelage couvre environ 25 km.*

Ci-contre : *L'épreuve de dressage constitue la première épreuve du concours complet d'attelage.*

Ci-dessus : *L'épreuve de maniabilité, qui nécessite de la précision, correspond au saut d'obstacles du concours complet.*

Ci-contre : *En Angleterre, le duc d'Édimbourg a largement contribué à l'essor de l'attelage avec son équipe de poneys Fell.*

suivi, en 1972, du premier Championnat mondial d'attelage à quatre, à Munster, en Allemagne. Ces premières compétitions étaient réservées à des équipes de quatre chevaux, mais au vu du succès qu'elles remportèrent, des catégories furent ajoutées pour des équipes de quatre poneys, puis pour des couples, des tandems (deux chevaux ou poneys en enfilade), et pour un seul cheval ou poney.

L'attelage aujourd'hui

L'enthousiasme pour les concours d'attelage à travers le monde a entraîné la création de nombreuses rencontres internationales en Europe, aux États-Unis, en Afrique du Sud, en Amérique du Sud et en Australie.

En dehors d'un Championnat mondial bisannuel pour des équipes de quatre chevaux, il existe dorénavant un Championnat mondial pour des équipes de deux, pour un seul cheval, ainsi qu'un Championnat européen pour des équipes de poneys. Ils se déroulent tous les deux ans, à l'occasion d'événements importants à travers le monde, selon la réglementation internationale du Comité d'attelage de la FEI.

En France, moins de trois cents licenciés sortent en compétition – des concours sont régulièrement organisés à Saumur et à Chantilly. En revanche, on dénombre aujourd'hui près de cinq mille « meneurs » amateurs.

LES COURSES DE TROT ATTELÉ

Ci-dessus : Le Red Mile se court à Lexington, dans le Kentucky, aux États-Unis.

DANS CETTE COURSE PASSIONNANTE, les chevaux tractent une voiture légère ou sulky, en maintenant leur allure à l'amble ou au trot. Structure légère en bois ou en aluminium, le sulky est parfaitement équilibré de manière que le poids du conducteur intervienne peu selon la vitesse à laquelle il avance, sauf peut-être dans des terrains difficiles.

Dans certains pays, ambleurs et trotteurs courent également montés. La technique des cavaliers est alors différente de celle qu'utilisent les jockeys dans les courses de Pur-Sang, car ce sport exige des étriers plus longs et une position plus verticale. Bien que nombre de courses se disputent avec des ambleurs, l'expression « course de trot » désigne les manifestations qui se courent à l'une ou à l'autre allure.

Amble

Il s'agit d'un trot latéral, allure dans laquelle les deux membres du même côté – antérieur gauche et postérieur gauche – avancent simultanément. C'est une allure aussi naturelle à certaines races de chevaux qu'à des animaux comme le chameau et la girafe. Les ambleurs portent généralement de légères sangles reliant les membres d'un même côté ; elles sont posées soigneusement pour permettre au cheval de trouver sa cadence optimale en pleine vitesse et pour équilibrer l'allure. L'amble est plus rapide que le trot d'environ trois secondes au kilomètre, et les ambleurs ont moins tendance à rompre leur allure que les trotteurs. Ce qui explique qu'ils soient davantage prisés des parieurs, et qu'ils dominent en Australie, en Grande-Bretagne, au Canada, en Irlande et aux États-Unis.

Aujourd'hui, il existe de nombreuses courses d'ambleurs, offrant des gains spectaculaires ; parmi elles figurent l'Australasian InterDominion et, aux États-Unis, le Little Brown Jug et le Meadowlands Pace. Le record de vitesse a été battu en 1993 par un ambleur américain, Cambest, qui a couru 1 600 m en 1 minute 46,1 secondes.

Trot

C'est une allure diagonale, sautée, à deux temps, dans laquelle le cheval avance simultanément deux diagonaux, antérieur gauche et postérieur droit, puis antérieur droit et postérieur gauche. Le trot est la seule allure autorisée sur les parcours de trot attelé en Europe continentale, où ce sport l'emporte sur les courses de plat et de saut d'obstacles réunies, représentant 90 % des enjeux des courses en Scandinavie, 62 % en Italie, 57 % en Allemagne et 51 % en France.

Les courses les plus prestigieuses du monde – particulièrement lucratives pour les gagnants – sont le Prix d'Amérique, qui se court à Vincennes sur 2 540 m, l'Elitlop en Suède et le Hambletonian aux États-Unis. Le trotteur américain Pine Chip détient actuellement le record du monde – 1 500 m en une minute 51,1 secondes en 1994, à l'âge de 4 ans.

Parcours et distances

En Europe, la longueur du parcours est généralement de 1 000 m ou 1 500 m, la plus grande piste de l'hippodrome de Vincennes atteignant 2 000 m. Vincennes, où se disputent mille cent quarante courses par an, comporte également une piste de 1 350 m. Néanmoins, des courses de plus de 1 500 m ont lieu en Europe, ainsi qu'aux États-Unis, et elles se disputent sur des distances supérieures encore en Australie et Nouvelle-Zélande.

Ci-contre : Le trot est une allure diagonale – la seule autorisée sur les parcours de trot attelé en Europe continentale.

Races utilisées pour les courses de trot

Dans les pays anglo-saxons, la majorité des chevaux de trot attelé est composée de Standardbreds. Ils doivent leur nom à la norme – standard – imposée au départ pour figurer au Registre américain des trotteurs datant des années 1800 : parcourir 1 500 m à l'amble ou au trot en 2 minutes 30 secondes maximum.

L'origine des chevaux de trot attelé les plus rapides du monde remonte au Pur-Sang anglais Messenger, importé en Amérique à la fin du XVIIIe siècle. L'ancêtre des chevaux de trot attelé aux États-Unis était le puissant Hambletonian (né en 1849), qui a profondément marqué ce sport de son influence.

En Europe, le Trotteur français, le Coldblood scandinave et l'Orlov russe figurent en bonne place parmi les concurrents. Toutefois, la rapidité du Standardbred semble irrésistible et, à l'exception de la France, le Standardbred et ses croisements prédominent dans les courses de trot attelé du monde entier.

Ci-dessus : *La race privilégiée pour les chevaux de trot attelé est celle des Standarbreds.*

Ci-contre : *Les courses de trot attelé sont populaires en Europe de l'Est, comme ici, à l'hippodrome de Moscou.*

LES SPORTS WESTERN

Pour beaucoup, le rodéo est synonyme de sport western. Ses origines remontent aux activités et aux loisirs des cow-boys de l'Ouest américain, au XIXe siècle. Dans les décades qui ont précédé la guerre civile de 1860-1865, nombre d'Américains s'installèrent au sud-ouest des États-Unis pour travailler dans les ranchs. Le développement économique d'après-guerre – notamment le chemin de fer – ouvrit ensuite des terres à l'ouest du Mississipi, et de gigantesques ranchs virent le jour du Texas au Montana, et au-delà.

La vie du ranch était éprouvante. Chaque printemps, il fallait ramener les troupeaux de bétail des pâturages d'hiver pour marquer et castrer les veaux ; puis il fallait prendre soin des troupeaux jusqu'en automne, saison durant laquelle les cow-boys les conduisaient aux dépôts de chemin de fer (*cf.* p. 21). Chaque cow-boy avait besoin de plusieurs chevaux pour effectuer ces tâches, et le temps manquait pour les dresser. Les cow-boys glissaient une corde autour des chevaux, posaient une selle sur le dos, montaient dessus, et le dressage s'effectuait jusqu'à ce que les animaux soient enfin domptés.

Des pauses ponctuaient cette existence difficile, notamment pour clôturer les migrations annuelles, les participants se retrouvant alors dans les saloons et salles de jeux. Les conversations allaient bon train sur les prouesses réalisées avec le lariat (corde) ou le cheval, et il fallait montrer des preuves du savoir-faire allégué. La rue principale du village ou le corral devenait alors le théâtre de concours impromptus, donnant lieu à des paris qui engloutissaient parfois les gains d'une année entière. Ce genre de compétition devint rapidement populaire. Vers 1879, une manifestation plus formelle, dénommée rodéo (de l'espagnol signifiant « encerclement du bétail »), fut organisée à Wyoming et une autre à Kansas. En 1883, la ville de Pecos, au Texas, offrit de l'argent pour attraper un bouvillon dans le cadre d'un concours. Cinq ans après, le premier rodéo payant, à Denver, dans le Colorado, marquait les débuts d'une activité désormais florissante.

Attraper un veau au lasso

Deux des cinq épreuves classiques, ou standards, des rodéos actuels ont leur origine dans la vie du ranch. L'une des deux, *calf-roping*, consistant à attraper un veau au lasso, permet de tester le savoir-faire de base du cow-boy ; elle exige un cheval bien dressé et une parfaite maîtrise du lasso. L'épreuve consiste à prendre le veau avec la corde, puis à l'attacher, comme pour le préparer pour le marquage. Le veau court pendant quelques secondes dans l'arène avant que le cheval et le cavalier se lancent à sa poursuite. Lorsque le cow-boy se trouve dans la bonne position, il lance le lasso sur la tête de l'animal et – en un seul geste ou presque – il fixe l'autre extrémité autour du pommeau de la selle, s'éjecte de la selle et court vers le veau. Le cheval a appris à reculer pour maintenir la corde tendue.

Ainsi retenu, le veau devient la proie du cow-boy, qui le fait basculer sur le flanc et attache trois de ses pattes avec une petite corde qu'il tient entre ses dents. Le temps détermine le gagnant de la compétition, un cow-boy étant automatiquement disqualifié si le veau parvient à se détacher en moins de cinq secondes.

Chevaucher un bronco en selle

La seconde épreuve classique du rodéo, *saddle-bronc riding*, consiste à chevaucher

Ci-contre : *Le barrel-racing est apprécié des cavalières ; l'épreuve consiste à négocier des obstacles à vive allure.*

Ci-contre : *Le calf-roping, l'une des cinq épreuves du rodéo, est issu du travail au ranch.*

anna Take ’em

un bronco en selle, rappel de la technique utilisée par les cow-boys pour débourrer leur monture. La selle, plus petite que la selle américaine, ne comporte pas de pommeau, tandis que la rêne se réduit à une corde attachée au licol du cheval. Une sangle est serrée autour des flancs de l'animal pour encourager son action. La sélection des chevaux et l'ordre des participants sont déterminés au moyen d'une loterie.

Avant le départ de la compétition, le cow-boy se positionne et monte sur le cheval. Lorsqu'il a enroulé la corde autour d'une main, il demande d'un signe que l'on ouvre la barrière, et le cheval se précipite sauvagement dans l'arène en ruant. Le cavalier doit poser au début ses éperons sur les épaules du cheval, puis les utiliser pour sauter. La course proprement dite, qui doit durer dix secondes, exige beaucoup d'équilibre et de rapidité pour obtenir le score maximal.

Deux juges attribuent au cavalier des points compris entre 0 et 25 ; le même barême s'appliquant à la performance du cheval, les cow-boys espèrent tomber sur une monture difficile. Le cumul constitue le score du cavalier pour cette épreuve. Un cavalier peut être disqualifié lorsqu'il change de main sur la rêne, lorsqu'il touche le cheval avec sa main libre, ou lorsqu'il tombe avant la limite des dix secondes.

Chevaucher un taureau ou un bronco à cru, maîtriser un bouvillon

Les trois dernières épreuves classiques d'un rodéo ont pour origine la vantardise des cow-boys, qui prétendaient pouvoir chevaucher un taureau ou un bronco à cru et mettre un bouvillon à terre.

Monter un bronco à cru, *bareback bronc riding*, nécessite une force démesurée, et le cavalier ne peut utiliser qu'une seule main pour tenir la poignée, attachée à une sangle posée autour du corps du cheval. Les règles et la notation sont semblables à celles de l'épreuve dans laquelle le cavalier monte un bronco en selle, mais le temps est ici limité à huit secondes.

Chevaucher un taureau, *bull-riding*, est particulièrement dangereux, car l'animal pourchasse le cow-boy éjecté et tente de le blesser. Dans cette épreuve, le cavalier peut utiliser les deux mains pour se tenir à la poignée, et il doit rester huit secondes sur le taureau.

Dans l'épreuve dénommée *steer-wrestling*, consistant à mettre un bouvillon à terre, l'animal commence par sortir de son enclos et parcourir l'arène. Le cow-boy le suit au galop, tandis qu'un autre cavalier chevauche de l'autre côté pour maintenir l'animal en ligne droite. Arrivé à hauteur de la tête de l'animal, le cow-boy s'éjecte du cheval et attrape ses cornes, en plantant ses bottes dans la poussière pour le retenir fermement. Les deux bras serrés sur l'animal, le cow-boy le fait tomber sur le côté. Le temps que dure l'épreuve constitue le facteur déterminant de la compétition.

Autres épreuves de rodéo

Dans les grands rodéos, d'autres épreuves s'ajoutent aux cinq compétitions traditionnelles. Celle du *cutting horse* fait intervenir un cheval dressé pour séparer un veau ou un bouvillon d'un troupeau, puis pour s'interposer de manière à éviter que l'animal rejoigne les autres. Dans le *team penning*, de plus en plus populaire, des équipes de trois cavaliers séparent trois bouvillons d'un troupeau, avant de les envoyer dans un enclos.

Autre épreuve, le *team roping* implique la participation de deux cow-boys, l'un des deux lançant un lasso sur la tête d'un veau tandis que l'autre attrape les pattes arrière avec une corde. Impressionnantes, les courses de *chuck-wagon* – évoquant le film *Ben Hur* – se disputent par équipes de quatre ou six chevaux qui tractent des chariots Connestoga sur un chemin à une allure folle.

Barrel racing est généralement réservé aux femmes. Trois gros fûts sont placés de manière à former un triangle autour duquel courent le cheval et sa cavalière. Les couples les plus rapides sont les gagnants.

Ci-dessus et ci-contre à gauche : *Le « parcours suicidaire », surnom du rodéo, se déroule toute l'année.*
Ci-dessous à gauche : *Courses de chariots à Calgary.*

Ci-contre à droite : *Des présentations d'équitation western ont lieu lors des manifestations hippiques aux États-Unis.*

Le championnat de rodéo

Le « parcours suicidaire », surnom du championnat de rodéo, se déroule toute l'année. Les cavaliers doivent faire face à toutes sortes de dépenses – droits d'entrée, hébergement, pension, frais d'écurie. Les blessures sont légion, les cow-boys briguant le titre de champion. Reposant sur les gains accumulés dans l'année, le championnat ouvre aussi la porte aux revenus des sponsors – fabricants de vêtements, de bière et autres produits liés aux pratiques équestres.

L'équitation western

Moins dangereuses et moins spectaculaires que le rodéo – mais tout aussi distrayantes –, les quatre disciplines de l'équitation western figurent au programme des manifestations hippiques aux États-Unis. Dans l'épreuve d'équitation sur selle américaine – *western riding* –, les concurrents sont jugés d'après leur maîtrise du cheval ainsi que d'après les performances de ce dernier au pas, au trot et au galop, parfois complétées de prestations telles que huit de chiffre et impressionnants arrêts glissés. Équivalent western de l'épreuve de dressage, le *reining* permet de tester les qualités nécessaires au travail du ranch ; l'épreuve comporte des huit de chiffre, des pivots sur les antérieurs et les postérieurs, des arrêts. Dans l'épreuve de *trail-horse*, les chevaux doivent négocier des obstacles qu'ils sont susceptibles de rencontrer lors de sorties en pleine nature. Dans celle dénommée *pleasure-horse*, les chevaux sont présentés au pas, au trot et au galop, de manière que le public puisse apprécier s'ils conviennent comme montures western.

En outre, certaines races, dont l'Appaloosa, l'Arabe, le Morgan, le Palomino, le Pinto et le Quarter Horse sont admises à concourir dans les sections western de leurs divisions.

Les cavaliers portent la tenue traditionnelle – chapeau à large bord et bottes à talons hauts –, ainsi que des chaps ou jambières western. Les chevaux sont présentés équipés de selles américaines et de brides avec mors de bride et rênes séparées. Les cavaliers western doivent tenir les rênes dans une seule main et être assis les jambes droites, légèrement en avant des étriers ; ils ne doivent pas se lever au trot.

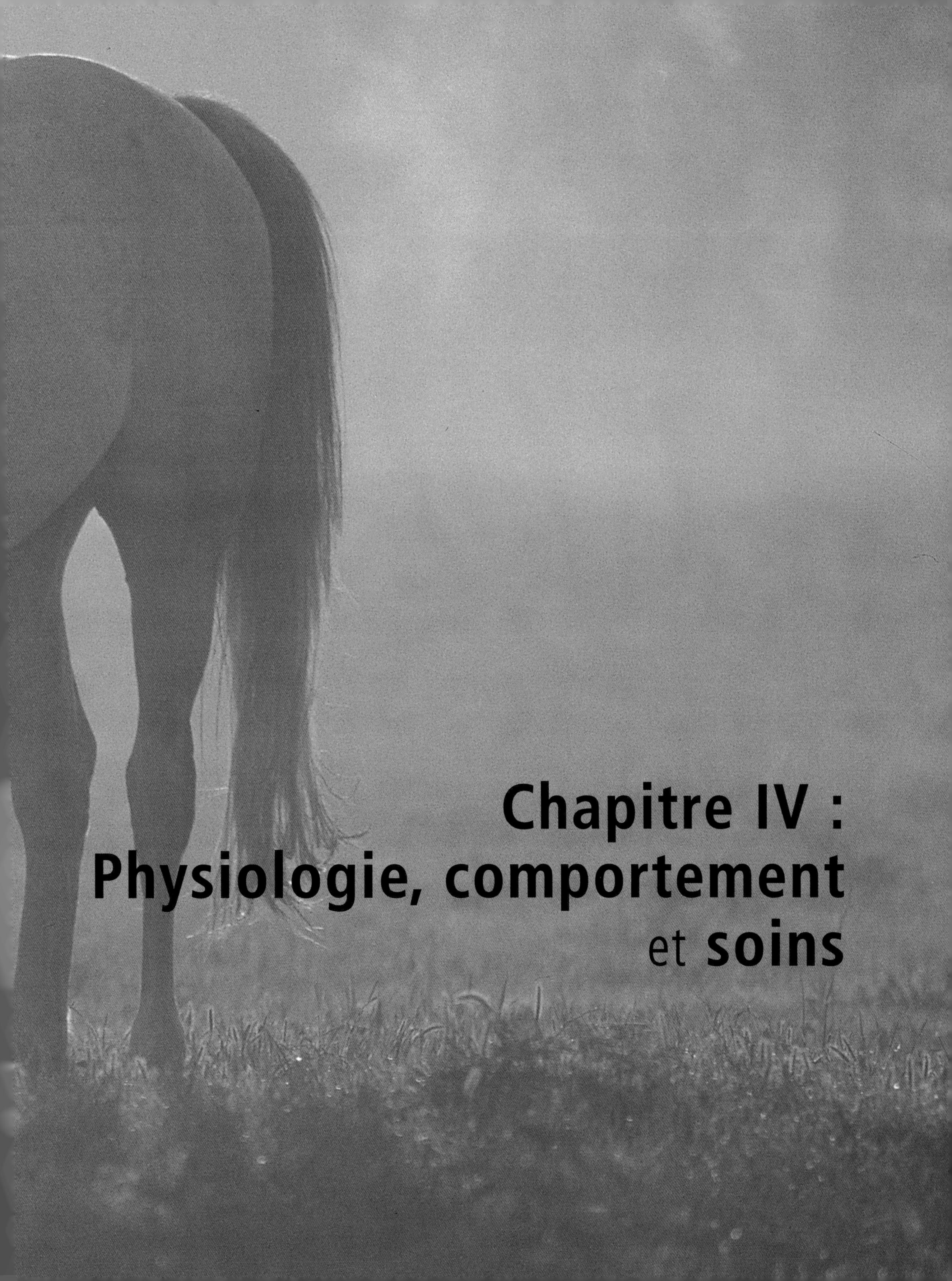

Chapitre IV : Physiologie, comportement et soins

APPRENDRE À MONTER

Si l'apprentissage de l'équitation recouvre une signification différente pour chacun, les bases restent identiques pour celui qui vise la compétition internationale et celui qui souhaite simplement se promener à cheval dans la nature : un environnement sûr, un instructeur compétent et un cheval ou un poney adapté. L'âge importe peu, seul le désir d'apprendre est déterminant. Un handicap physique ne doit pas non plus constituer un obstacle ; il suffit de consulter un médecin, puis de trouver un moniteur et une école dotés de l'équipement et des qualifications nécessaires.

Si un ami vous propose de monter son cheval ou son poney, il est vivement conseillé de prendre quelques leçons au préalable pour acquérir les règles indispensables. Il suffit de s'adresser à l'un des nombreux centres équestres existants. La Fédération française d'équitation (FFE), qui supervise les sports équestres en France, gère les établissements équestres et prépare aux différents brevets fédéraux. Regroupant trois mille clubs affiliés et plus de quatre mille enseignants diplômés d'État, elle offre à ses licenciés un important réseau de formation. Vous pouvez également demander le conseil d'amis qui pratiquent l'équitation, ou trouver des adresses dans les magazines spécialisés.

Choisir un centre équestre

Lorsque vous avez sélectionné quelques centres, il est souhaitable de prendre rendez-vous pour les visiter et, si possible, assister à des leçons pour débutants. Inutile d'être un expert pour déterminer la qualité d'un centre et de l'enseignement qu'il dispense.

Ci-contre : *Ce jeune cavalier apprécie le sentiment de liberté que lui procure l'équitation.*

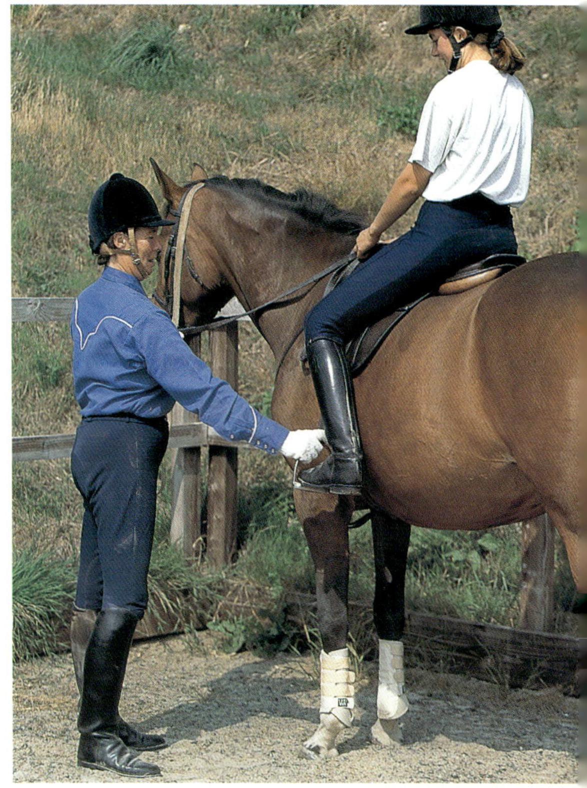

Ci-contre : *Avant le début de la leçon, le moniteur vérifie les étriers et l'équipement du cavalier débutant.*

Critères positifs :

- *Cour d'écurie propre et personnel aimable.*
- *Des chevaux et des poneys qui paraissent heureux et en bonne santé.*
- *Pièces de sellerie et autres équipements propres et en bon état.*
- *Écuries, terrains et clôtures bien entretenus.*
- *Des élèves qui semblent prendre plaisir à s'initier à l'équitation et des moniteurs qui paraissent motivés.*

Critères négatifs :

- *Cour mal entretenue et jonchée d'outils ou d'équipements.*
- *Des chevaux agressifs, prêts à mordre ou à ruer, ou paraissant en mauvaise condition physique.*
- *Sellerie sale ou en mauvais état.*
- *Clôtures ou bâtiments délabrés, herbe de mauvaise qualité.*
- *Personnel peu aimable, moniteurs durs ou sarcastiques.*

Équipement de base

S'il est inutile de vous procurer tout l'équipement dès le départ, vous devez cependant vous sentir à la fois à l'aise et en sécurité. Une bombe répondant aux normes de sécurité en vigueur est indispensable – certains centres en louent, mais il est préférable d'en acheter une chez un spécialiste. De bonnes bottes sont également nécessaires, les bottines jodhpurs ou les modèles en caoutchouc étant les moins coûteux. Les chaussures de sport et les bottes pourvues de semelles à crampons sont dangereuses, les pieds risquant de glisser ou de se coincer dans les étriers.

Si vous ne souhaitez pas investir dans une culotte de cheval dès le départ, des jambières dépourvues de coutures seront plus confortables que des jeans. Choisissez pour le haut un vêtement de forme ample et prévoyez des gants d'équitation en laine ou en coton. Lorsque vous commencez à sauter, notamment dans la nature, il est conseillé de se procurer une protection pour le corps.

Premières leçons

Les premières leçons doivent être individuelles ; vous pourrez ensuite suivre des cours collectifs, si vous le souhaitez. Il est tout à fait naturel d'appréhender un peu les premières reprises et de se poser des questions comme celles-ci :

- *Le cheval va-t-il s'emballer?*
- *Est-ce que je vais tomber et me blesser ?*
- *Est-ce que je vais me ridiculiser ?*
- *Aurai-je mal au dos après le cours ?*

La réponse doit être claire et définitive – non ! Le moniteur vous trouvera un cheval tranquille et expérimenté, de la taille correcte. Au départ il vous conduira à la longe, longue rêne servant à diriger le cheval lorsqu'il se déplace en cercle. Il vous suffira de corriger votre position en suivant les instructions du moniteur et en vous familiarisant avec les mouvements du cheval.

L'équitation sollicite des muscles qui travaillent peu en temps ordinaire. Le vélo, la natation et le saut à la corde vous permettront d'améliorer votre souplesse et votre tonicité musculaire entre les leçons. En tant que débutant, prévoyez au moins une leçon hebdomadaire, un rythme de deux permettant bien sûr de progresser plus rapidement.

Communiquer avec les chevaux

Apprendre à monter à cheval, c'est aussi apprendre à communiquer avec l'animal. Lorsque le moniteur vous montre la position assise correcte, c'est pour vous permettre de diriger le cheval en lui transmettant des signaux avec les jambes, l'assiette, les mains et la voix.

Lors du premier cours, vous apprendrez à rester en équilibre au pas, au trot et au galop. Au pas, vous compterez jusqu'à quatre, au rythme des posers des pieds du cheval ; au trot, il déplace ses membres en diagonale sur un rythme à deux temps ; au galop, le rythme comprend trois temps. Dans cette allure, le cheval effectue des foulées plus longues avec un antérieur – la jambe d'appui. Pour décrire un cercle au galop, le cheval doit prendre appui sur sa jambe intérieure. Ainsi, lorsque vous bougez la rêne gauche, c'est le membre gauche qui avance en premier.

Une pratique assidue est nécessaire pour devenir un bon cavalier ; et même les plus confirmés prétendent qu'ils ne cessent jamais d'apprendre. Pour débuter, voici quelques recommandations essentielles :

- *Portez votre regard dans la direction où vous voulez aller – jamais sur les oreilles du cheval.*
- *Pensez à respirer ! Certains cavaliers ont tendance à retenir leur respiration en se concentrant, ce qui crée une tension. À l'inverse, être détendu ne signifie pas s'affaler sur le dos du cheval.*
- *Lorsque vous tenez les rênes, imaginez que vous avez deux oiseaux dans les mains. Vous devez les tenir de manière qu'elles ne vous échappent pas, mais sans trop les serrer.*
- *Si vous vous sentez mal à l'aise au trot ou au galop, pensez à absorber le mouvement avec votre bassin. Le bon cavalier semble immobile, alors qu'il suit en fait les mouvements du cheval.*

Comprendre la psychologie du cheval

En apprenant à penser comme le cheval et à le traiter correctement, vous vous sentirez davantage en confiance. Même le poney le plus paresseux agit instinctivement – il apprécie la compagnie des autres, s'enfuit face au danger, n'aime pas les mouvements brusques ni les bruits violents. Profitez des occasions qui vous sont données de soigner, panser et seller les chevaux du centre, en leur parlant doucement. Ne craignez pas de paraître ridicule – les chevaux sont très réceptifs à l'intonation de la voix.

Approchez le cheval de côté pour qu'il vous voie. Les yeux du cheval, globuleux, sont placés de part et d'autre de la tête, ce qui lui permet de voir presque à 360° autour de lui. Évitez de lui parler en le regardant droit dans les yeux – il reculerait.

Suite de l'apprentissage

Si les leçons permettent de progresser rapidement, le plus important est de ne jamais cesser l'apprentissage. Ne vous inquiétez pas si les progrès sont irréguliers, ou si vous rencontrez des problèmes particuliers ; faites-en part à votre moniteur.

Une fois que vous possédez les bases à la longe, vous pouvez commencer à monter dans un manège. Ils sont généralement pourvus de lettres qui balisent les cercles ou figures destinés à améliorer la maîtrise du cheval. Ces lettres (les mêmes que celles figurant dans les carrières de dressage), A, K, V, E, S, H, C, M, R, B, P et F, ont une signification inconnue.

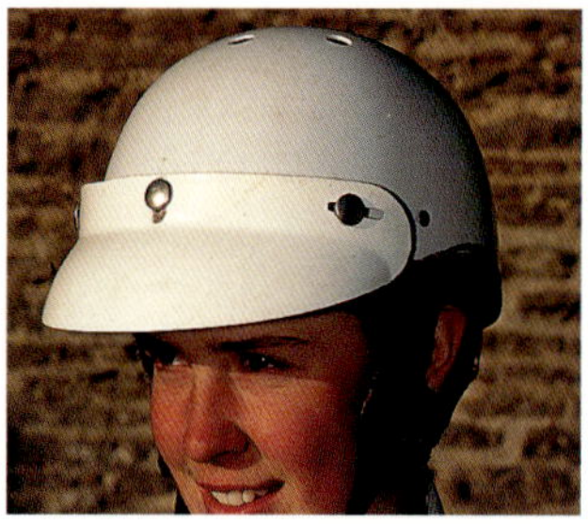

Ci-dessus : *Une bombe trois points à la bonne taille est un élément indispensable de l'équipement du cavalier. Ce modèle actuel est léger et confortable.*

Dès que vous savez avancer au pas, au trot et au galop en toute sécurité, vous pouvez vous intégrer à un cours collectif et commencer à monter en extérieur. L'équitation en extérieur permet d'acquérir une réelle confiance en soi ; vous découvrirez ainsi que les chevaux des centres équestres se révèlent plus vifs dans leur environnement naturel. L'observation du comportement des cavaliers confirmés (pendant des cours, lors des compétitions ou en vidéo) permet également de progresser.

Saut et travail sur le plat

Beaucoup de cavaliers aiment sauter, mais, même si vous préférez garder les pieds de votre cheval au sol, les exercices sur des

Ci-dessus : *Les leçons à la longe sont bénéfiques à n'importe quel stade de l'apprentissage. Elles permettent au débutant de se concentrer sur sa position, sans devoir se préoccuper de diriger le cheval.*

Ci-contre : *Pour assurer la réussite des cours collectifs, le moniteur doit encourager le travail en équipe, dans une atmosphère détendue.*

cavalettis et de petits obstacles ne peuvent qu'être bénéfiques. Ils permettent d'acquérir le sens de l'équilibre, de la coordination et du rythme, ils encouragent le cheval à engager ses postérieurs – technique dont vous entendrez souvent parler en progressant. Le saut et le travail sur le plat, ou dressage, se complètent. Le « moteur » du cheval se situe dans l'arrière-main et les postérieurs ; c'est de là que provient l'énergie (ou l'impulsion), que vous contrôlez et canalisez avec les mains. Avec le temps, vous apprendrez à influencer la conduite de votre cheval, de manière à vous sentir en parfait équilibre et en harmonie avec lui.

Lors des premières reprises de saut, le cheval doit enjamber des barres à terre et de petits obstacles. Le moniteur vous apprend à négocier des successions d'obstacles correspondant aux foulées du cheval – de manière qu'il aborde chacun correctement. Puis, vous enchaînez un petit parcours d'obstacles, épreuve qui permet de regrouper toutes ces techniques. Vous pouvez aussi apprendre à sauter dans la nature, à une allure plus rapide.

Au bout d'une année d'apprentissage, vous serez sans doute passionné d'équitation. Avec l'aide de votre moniteur, vous pourrez alors commencer à vous perfectionner dans les domaines qui vous intéressent, voire envisager d'acheter ou de partager votre premier cheval.

Ci-dessus et ci-contre : *À mesure que le cavalier progresse, le moniteur évalue à quel moment il peut introduire les difficultés. Les premières leçons de saut permettent d'augmenter la confiance du cavalier, ainsi que d'améliorer son sens de l'équilibre, de la coordination et du rythme.*

DRESSER UN JEUNE CHEVAL

Le dressage d'un jeune cheval est une activité gratifiante et passionnante. Calme, patient et ferme, un bon dresseur doit aussi savoir comprendre les chevaux. Pour cela, il doit travailler avec des animaux de types et de tempéraments différents, avant de pouvoir prétendre dresser entièrement un cheval ou un poney (*cf.* p. 174-175).

Il n'est pas nécessaire d'être un cavalier confirmé pour éduquer un cheval avec succès, mais vous devez être compétent, détendu et efficace ; vous devez avoir une bonne assiette, savoir quelles demandes formuler, et à quel moment. Si vous êtes habitué à monter et à soigner des chevaux débourrés, il est conseillé de travailler sous les directives d'une personne qui connaît les jeunes chevaux, pour obtenir de bons résultats. Avant d'acquérir un jeune cheval, il convient de prendre en compte les considérations suivantes :

- *Disposez-vous d'un lieu propice au dressage ? Un terrain sûr, pourvu d'un sol adéquat, est indispensable.*
- *Avez-vous le tempérament qui convient pour dresser un jeune cheval ? La patience et la persévérance sont deux qualités essentielles.*
- *Un cheval peut être débourré à l'âge de 3 ans, mais il faut compter encore un an avant qu'il puisse travailler convenablement. Êtes-vous prêt à attendre si longtemps ?*

Évolution des méthodes de dressage

Traditionnellement, le débourrage consistait à habituer un cheval à accepter un cavalier sur son dos. Si l'on y parvenait jadis par la force plutôt que par la persuasion, dorénavant cette méthode n'a plus cours, les bons entraîneurs travaillant en essayant d'acquérir la confiance de leurs chevaux. Des dresseurs connus comme l'Américain Monty Roberts et l'Anglais Richard Maxwell ont exercé une profonde influence sur la manière dont on éduque les chevaux ; ils utilisent tous les deux une méthode douce, faisant appel aux instincts du cheval et au langage de son corps. Cette technique comporte une étape importante. Le dresseur travaille avec le cheval dans un espace fermé – de préférence une carrière ou un enclos circulaire, de 50 m de diamètre ; il mime le comportement de la jument dominante dans un groupe, en poursuivant le jeune cheval jusqu'à ce qu'il se soumette – c'est-à-dire qu'il accepte que l'endroit le plus sûr et le plus agréable pour lui se trouve près du dresseur, dont il accepte la domination. Nous avons certes beaucoup à apprendre de l'approche de ces dresseurs, mais il faut savoir qu'ils sont très compétents et expérimentés, et qu'ils savent faire face au danger. Si vous souhaitez essayer leur technique, entraînez-vous d'abord avec un animal âgé. Il est toujours conseillé de progresser lentement et sans prendre de risques, quel que soit le niveau de dressage.

En vous mettant à l'écoute du langage corporel du cheval et en le prenant en compte, vous saurez déterminer quand il s'inquiète de ce que vous lui demandez et quand il est confiant. Par exemple, un cheval qui couche ses oreilles vers l'arrière est effrayé ou agressif, mais s'il tourne ses oreilles vers l'arrière pour écouter le cavalier, il est attentif.

Ci-contre : *Le travail à la longe constitue la base du dressage du jeune cheval. Ici, le dresseur pose un caveçon et une longe.*

Ci-contre : *Les premières leçons sur la route, pour le jeune cheval, se déroulent en compagnie d'un compagnon expérimenté.*

Début du dressage

Le dressage commence lorsque le foal n'a que quelques jours. Les jeunes poulains sont généralement curieux : lorsqu'ils voient leur mère accepter de bon gré l'attention des hommes, ils adoptent la même attitude. Beaucoup d'éleveurs apprennent à leurs poulains à porter de légers licols et à suivre leur mère attachés, dès le jour de leur naissance. Bien que les poulains et les jeunes chevaux passent la plus grande partie de leur temps dans l'enclos, leur éducation doit être un processus continu. Si vous ne touchez pas à un cheval jusqu'au moment où il peut être monté, le dressage s'avérera plus difficile parce qu'il sera alors plus fort et plus dangereux.

Faites preuve de gentillesse mais aussi de cohérence, et donnez-lui de bonnes habitudes dès le début – ce que vous trouvez amusant chez un poulain risque de l'être moins chez un cheval de 3 ans qui porte une sangle. Des techniques simples préparent le poulain à son éducation ultérieure. Lorsqu'il accepte que vous caressiez son corps, y compris des endroits vulnérables ou sensibles comme les membres et le ventre, il montre qu'il a confiance en vous ; en massant le haut de ses gencives, vous le préparez à se faire limer les dents et à accepter un mors. Pensez à son confort : par exemple, avant de demander au poulain de vous laisser prendre un pied, assurez-vous qu'il est bien équilibré sur les trois autres. Lui apprendre à accepter un tapis le familiarise avec l'idée de porter quelque chose sur le dos, tandis que tenir, puis serrer une bande élastique autour de son ventre l'initie à la pression de la sangle. Montez sur une caisse pour panser le poulain, et penchez-vous pour brosser l'autre côté ; il s'habitue ainsi à l'idée d'avoir quelqu'un sur son dos.

Beaucoup d'éleveurs envisagent les concours comme le moyen de faire découvrir de nouvelles sensations à leurs jeunes chevaux, non débourrés. Si cette pratique peut s'avérer utile, il est bon de savoir que ces derniers se fatiguent et s'ennuyent vite, et qu'il vaut mieux éviter de faire participer un yearling à un concours d'élevage tous les week-ends.

Suite du dressage

Certains dresseurs introduisent seulement le mors lorsque le cheval est prêt à être monté, tandis que d'autres préfèrent le faire plus tôt. Quel que soit votre choix, vous devez demander au préalable à un chirurgien vétérinaire ou à un dentiste équin de vérifier la dentition et la bouche du cheval pour être sûr qu'il n'existe pas de lésion ou autre problème. On commence parfois avec une embouchure pourvue d'un dispositif mobile qui repose sur la langue et encourage le cheval à mâcher ; d'autres préfèrent un mors de filet, articulé ou non. Le plus important est que le mors soit de la taille convenable, et correctement ajusté (*cf.* p. 165). Pour habituer le cheval à la selle, il faut d'abord utiliser un surfaix, puis une selle (peu ajustée au départ), sans les étriers, puis avec.

Les longues rênes peuvent être introduites dès l'âge de 2 ans. Au moyen de cette technique, le dresseur expérimenté apprend au cheval à s'arrêter, à partir, à tourner sans être gêné par le poids du cavalier, ainsi qu'à réagir aux instructions à la voix. Beaucoup de dresseurs utilisent également cette technique sur des chemins et routes tranquilles pour habituer le cheval à voir et à entendre, comme lorsqu'il sortira monté. Fatigant pour les articulations, le travail à la longe en cercle ne doit pas être entrepris avant l'âge de 3 ans. Quelle que soit la forme de dressage que vous pratiquiez, les séances doivent être courtes ; comme les enfants, les jeunes chevaux ne sont pas capables d'une longue concentration.

Les chevaux bien traités dès le départ acceptent généralement d'être montés sans difficultés. La méthode habituelle consiste à faire appel à trois personnes : une qui se tient au niveau de la tête du cheval pour le rassurer ; un cavalier léger et agile ; une personne expérimentée qui aide le cavalier à monter. Au départ, celui-ci est simplement hissé de manière à poser un petit poids sur la selle, et le cheval décrit des cercles à la longe pour s'habituer à la sensation. Progressivement, le cavalier pose davantage de poids sur la selle, jusqu'à ce qu'il puisse passer la jambe par-dessus et s'asseoir – en se penchant d'abord en avant pour que le cheval ne soit pas surpris par quelqu'un qui le domine soudain.

Ci-dessus : *Fatigant pour les articulations, le travail en cercle à la longe n'intervient qu'à partir de l'âge de 3 ans pour le cheval.*

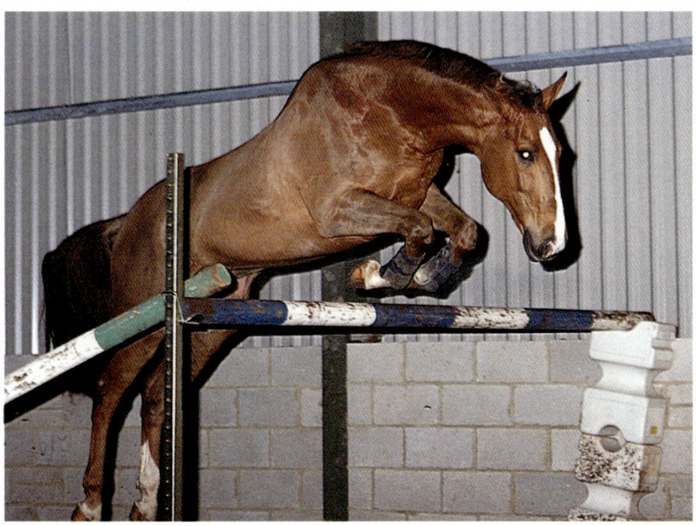

Ci-contre : *Les mouvements libres sont encouragés par des exercices de sauts permettant au cheval de bouger sans la contrainte du cavalier.*

Monter un jeune cheval

Lorsque vous montez un jeune cheval, les instructions doivent être parfaitement claires et cohérentes, mais jamais dures. Utilisez la voix, ayez une assiette légère et laissez toujours suffisamment de temps et d'espace au cheval pour changer de direction ; faites une rêne d'ouverture vers l'intérieur (sans tirer dessus) pour le diriger.

Lorsque le cheval sait avancer tranquillement au pas, au trot et au galop dans le centre équestre, et lorsqu'il est sorti monté, d'abord avec un compagnon, puis seul, il est conseillé de le laisser se reposer de ses efforts à la fois physiques et mentaux. Beaucoup de dresseurs laissent ainsi les chevaux de 3 ans jusqu'à leur quatrième printemps. Ils reprennent alors les acquisitions de l'année précédente avant d'entreprendre de nouveaux apprentissages.

Le cheval de 4 ans peut commencer à sauter des barres à terre, puis à effectuer de petits enchaînements et des parcours d'obstacles. À mesure que ses muscles se développent, il apprend, monté, à engager ses postérieurs et, par la suite, à être sur la main (*cf.* p. 182). Les leçons doivent être variées de manière à maintenir son intérêt. Le cheval de 4 ans doit être davantage sollicité, en l'initiant progressivement à la compétition.

Lorsque vous dressez un jeune cheval, gardez votre calme et, si besoin, retournez à l'étape précédente en cas de problèmes. Il est essentiel de procéder devant un dresseur ou une personne expérimentée qui puisse vous aider à résoudre les difficultés. Il est également important que vous montiez des chevaux bien débourrés en même temps que votre propre cheval, afin que vos objectifs restent clairs dans votre tête.

S'OCCUPER D'UN CHEVAL

S'OCCUPER D'UN CHEVAL ou d'un poney est une activité gratifiante, mais aussi exigeante ; il est important de s'assurer que le cheval a des conditions de vie qui lui conviennent. Pour de nombreux propriétaires, le système selon lequel le cheval vit en partie à l'extérieur, en partie à l'écurie, fonctionne parfaitement : le cheval évolue dans un environnement naturel et se maintient en bonne condition physique sans avoir besoin de faire d'exercice, il nécessite moins de soins et d'attention. En outre, parce qu'il évacue son trop-plein d'énergie à l'extérieur, il est souvent plus facile à monter qu'un cheval restant en permanence à l'intérieur. Dans l'idéal, il faut le rentrer à l'écurie tous les matins, pour le nourrir, le panser rapidement, vérifier qu'il n'est pas blessé, puis le sortir de nouveau. En hiver, il est préférable d'inverser le programme d'été si le cheval doit être monté : le rentrer la nuit, puis le sortir dès qu'il n'est pas en reprise ou avec un cavalier – en le revêtant si besoin d'une couverture.

Ci-contre : Beaucoup de propriétaires privilégient le système selon lequel le cheval vit en partie à l'écurie et en partie à l'extérieur. Ce choix évite que le cheval s'ennuie.

Autres possibilités, le cheval peut rester en permanence dans le pré ou à l'écurie. Dans la première solution, les nécessités de base sont la sécurité et une bonne pâture, une source constante d'eau propre, la possibilité de se protéger des éléments en hiver et des insectes en été, de la compagnie et un rythme régulier. Toutefois, à moins que le climat soit clément, l'herbe suffisamment abondante et nourrissante, le cheval qui doit travailler ne peut pas se contenter d'un régime à base d'herbe pour accumuler de l'énergie et se maintenir en bonne santé. Pour le cheval à l'écurie, la priorité consiste à éviter l'ennui dans un environnement artificiel, coupé du mode de vie grégaire et libre pour lequel il est prédisposé. Dans ce cas, les soins du corps doivent se compléter d'une attention au comportement du cheval et à ses demandes.

Ci-contre : Une cour d'écurie idéale, aérée mais abritée ; elle favorise aussi les contacts, nécessaires aux chevaux.

La pension

Beaucoup de propriétaires ne peuvent garder leurs chevaux chez eux ; ils doivent donc les mettre en pension. Si vous êtes dans ce cas, vous devez trouver un endroit géré par des personnes expérimentées, capables de vous aider si besoin.

Il existe plusieurs formules de pension. Dans la pension complète, toutes les tâches – même faire faire de l'exercice au cheval – sont assurées par les responsables, moyennant paiement. Cette solution, coûteuse, s'avère pour beaucoup moins gratifiante que s'ils étaient impliqués dans les soins de leur cheval. À l'autre extrême, vous devez tout assurer vous-même, ce qui exige beaucoup de temps – à moins de s'arranger avec un autre propriétaire. La pension au pré convient aux chevaux qui peuvent vivre dehors toute l'année, mais ils doivent néanmoins disposer d'un abri. Dans le cas de la demi-pension, vous effectuez vous-même une partie du travail, les responsables le reste ; c'est un bon moyen de garder le contact avec le cheval, tout en étant sûr qu'il est bien soigné. Enfin, dernière possibilité, le cheval est utilisé une partie du temps pour des reprises ; principaux désavantages de ce système, il n'est pas obligatoirement libre lorsque vous souhaitez le monter, et certains propriétaires n'aiment pas que leur cheval soit monté par d'autres.

Les exigences de l'extérieur

En général, chaque cheval a besoin d'un minimum de 0,2 à 0,4 ha de pâture, en fonction du temps qu'il passe dehors. Les prés doivent ne comporter aucun danger, notamment des plantes toxiques telles que la belladone et la jacobée ; vérifiez le terrain tous les jours pour être sûr qu'il ne comporte ni trous de lapins, ni clôtures abîmées ni ordures. Certains types de clôtures étant dangereux pour les chevaux, choisissez des lices, rubans électriques, clôtures métalliques ou en plastique conçus pour les chevaux. Le fil de fer barbelé est à éviter absolument, car il peut occasionner de graves blessures, de même que les fils conçus pour d'autres animaux.

Un abri permet aux chevaux de se protéger des intempéries. Le devant doit être ouvert et suffisamment grand pour que les animaux entrent et sortent sans difficultés, l'arrière devant être orienté du côté des vents dominants. L'abri sera placé de préférence à l'endroit le plus élevé du pré pour bénéficier d'un bon drainage.

Animaux grégaires, les chevaux ont besoin de compagnie, de préférence celle des

***Ci-dessous :** Des clôtures en bon état et de belles pâtures signent la qualité des soins prodigués aux chevaux.*
***En bas :** Chevaux revêtus de couvertures imperméables en plein hiver.*

autres chevaux. Si ce n'est pas possible, essayez de lui trouver des compagnons tels que lamas, ânes ou chèvres. Toutefois, demandez l'avis de votre vétérinaire avant de choisir les animaux (notamment un âne), certaines précautions concernant la vermifugation s'imposant parfois.

Vous prendrez soin de rendre visite à votre cheval deux fois par jour, même s'il vit entièrement à l'extérieur. C'est le seul moyen de traiter rapidement d'éventuelles blessures, de s'assurer qu'il a suffisamment d'eau et que les clôtures sont en bon état.

Écurie et litière

Claire et aérée, l'écurie doit être aussi vaste que possible. Le barn américain – une écurie intérieure comportant des rangées de boxes ouvrant sur une allée centrale – permet de s'occuper facilement des chevaux, mais la construction doit être équipée d'une bonne aération. Il en va de même des écuries privées : plutôt que de fermer la partie supérieure de la porte par mauvais temps, il vaut mieux protéger le cheval avec une couverture supplémentaire. Autre priorité, l'écurie doit être pourvue en permanence d'une réserve d'eau fraîche et claire.

La litière contribue au confort du cheval ; elle le protège du froid et réduit les risques d'éraflures aux jarrets et aux coudes lorsqu'il s'allonge. Différents types de litière sont aujourd'hui disponibles dans le commerce, de la paille au caoutchouc, la santé du cheval devant constituer le critère déterminant de votre choix. Dans l'écurie, le cheval est exposé à la poussière, aux spores de la moisissure et aux émanations d'ammoniac provenant de la litière, ainsi que du foin. Tous les chevaux doivent être protégés autant que possible de la poussière – certains souffrent d'allergies, qui doivent être traitées avec l'aide du vétérinaire.

Tous les types de litière présentent des avantages et des inconvénients. Le matériau traditionnel, la paille de blé, est souvent

Ci-dessous : *Les cours d'écuries doivent être soigneusement entretenues.*

Ci-contre : *Les outils nécessaires au nettoyage de la cour de l'écurie comprennent une pelle, des fourches, un râteau et un balai.*

Ci-contre : *Pour que le cheval vive dans de bonnes conditions, la litière doit être nettoyée chaque jour. La litière traditionnelle en paille se complète d'options modernes comme le chanvre, le papier et le caoutchouc.*

poussiéreux, et les chevaux adorent la manger. La paille en ballots, sans poussière, donne une bonne litière, mais les chevaux la consomment également. Les copeaux de bois conviennent si la poussière a été extraite – peu coûteuse, la sciure provenant des menuiseries est très poussiéreuse. Souple et résistante, la litière en chanvre est de plus en plus prisée, mais elle contient parfois de la poussière et certains chevaux la mangent. Dépourvu de poussière, le papier déchiré n'est pas toujours facile à évacuer et il a tendance à s'envoler. Le caoutchouc, souvent recouvert d'une petite épaisseur de litière, convient bien aux écuries pourvues d'un bon drainage, mais lorsqu'il est abîmé, il favorise la formation de boue en dessous.

Nettoyage de l'écurie

Pour préserver la santé du cheval, la litière doit être nettoyée tous les jours : la paille entièrement à chaque fois et, dans le cas de la sciure, du chanvre et du papier, le meilleur système consiste à évacuer le crottin, en évitant de déranger le dessous de la litière, et à procéder à un nettoyage en profondeur une ou deux fois par semaine – la fréquence dépendant de l'hygiène de votre cheval ! Une odeur d'ammoniac indique que vous ne nettoyez pas suffisamment l'écurie.

Le nettoyage est facilité par l'utilisation de quelques outils indispensables : brouette, fourches, pelle et balai. Pour évacuer le crottin, il suffit de le ramasser avec les mains recouvertes de gants en caoutchouc, mais vous pouvez aussi utiliser une fourche. À chaque grand nettoyage, vous devez sortir toute la litière sale et mouillée (sans oublier les coins), balayer le sol et le laver avec un désinfectant, puis laisser sécher. Pour renouveler la litière, placez l'ancienne, propre, aux endroits qui se salissent le plus, puis ajoutez la nouvelle de manière à obtenir une épaisseur confortable. En garnissant de litière le bas des parois du box, vous éviterez que le cheval se coince sur le flanc le long du mur lorsqu'il s'allonge ou se roule par terre.

Pansage

Le pansage constitue un élément essentiel des soins quotidiens prodigués au cheval, pas seulement pour qu'il paraisse élégant. Beaucoup plus important, il permet de vérifier que l'animal vivant dehors ne présente pas de signes de blessures ou autres problèmes : ainsi, en palpant soigneusement les jambes du cheval tous les jours, vous détecterez une chaleur, une enflure, ou les premiers symptômes d'une infection comme la fièvre de la boue (*cf.* p. 176) ; tandis qu'un cheval gardé à l'écurie – incapable de se rouler ou de se frotter comme il le ferait à l'extérieur – nécessite un pansage quotidien pour préserver la santé de sa robe et de sa peau. Il suffit de passer un peu de temps avec son cheval pour noter des changements dans son comportement ou son état général.

La technique de pansage utilisée et l'équipement dépendent du type du cheval et de son mode de vie. Ainsi, un poney vivant entièrement à l'extérieur a besoin de la graisse de sa robe pour se protéger de la pluie, tandis qu'un cheval ou poney souvent à l'écurie, tondu et couvert en hiver (*cf.* p. 166), doit être pansé plus soigneusement. La plupart apprécient d'être pansés tant qu'on les traite correctement. Les brosses à poils rigides sont trop dures pour les ani-

Ci-contre : *Le matériel de pansage, dans le sens des aiguilles d'une montre, à partir du haut, à gauche : brosse douce, éponge, cure-pieds, brosse de chiendent, brosse dure, étrille en plastique, époussettes, peignes à crinière, étrille en caoutchouc et étrille en fer.*

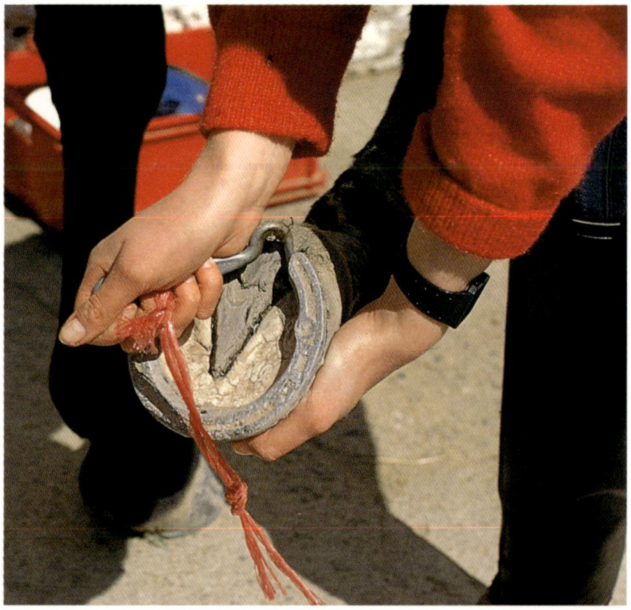

Ci-contre : *: Les sabots doivent être vérifiés et curés tous les jours.*

maux à peau fine – comme les Arabes ou les Pur-Sang –, et tous les chevaux sont très sensibles au niveau de la tête et du ventre.

Le matériel de pansage

Pour éviter les infections, le cheval doit être équipé de son propre matériel de pansage, qui comprend : un cure-pieds pour nettoyer les sabots ; une brosse à longs poils durs ou mous pour nettoyer la robe ; une brosse à poils courts et doux pour ôter la saleté et la sécrétion graisseuse de la robe du cheval d'écurie (*cf.* ci-dessous) ; une étrille en fer pour retirer la graisse et la poussière des brosses – une étrille en caoutchouc peut être utile pour enlever doucement la boue séchée de la robe, mais l'étrille en métal doit être réservée au nettoyage des brosses – ; un peigne en plastique pour la crinière ; un produit anti-mouches en été ; des tampons en coton, que vous pouvez humecter d'eau froide pour laver les yeux, les naseaux et les parties génitales – en utiliser un différent pour chaque partie du corps, puis jeter.

Certains accessoires sont facultatifs : onguent ou vernis pour les pieds, ciseaux à bouts ronds pour couper les poils, shampooing, peignes pour désépaissir la crinière et la queue. Une serviette-éponge permet d'enlever les taches, une époussette ou une peau de chamois de lustrer la robe.

La toilette quotidienne

Si vous avez un cheval ou un poney vivant en liberté, vous devez curer ses pieds tous les jours, vérifier que les pieds et les sabots sont toujours en bon état. Vous devez aussi retirer la boue séchée de la robe, notamment au niveau du harnachement et des couvertures, le frottement de la boue séchée contre la peau pouvant provoquer des infections. Pensez à laver les yeux, les naseaux et les parties génitales, à brosser la crinière et la queue. Si vous avez un cheval hongre, vous devez nettoyer le fourreau régulièrement et doucement avec de l'eau tiède – des produits spéciaux sont disponibles. Le cheval qui reste à l'écurie doit recevoir les mêmes soins ; toutefois, il n'a pas besoin de se protéger avec la sécrétion graisseuse de sa robe, que vous pouvez retirer avec une brosse douce, en massant la peau en même temps.

Si chacun possède sa propre technique de pansage, les conseils suivants vous permettront de procéder comme les spécialistes.

- *Dans le cas d'un cheval vivant à l'écurie, sortez-le si possible pour le panser de manière à ne pas libérer de poussière dans son espace.*
- *Procédez du haut du corps vers le bas, en tenant la brosse dans la main le plus près possible du cheval.*
- *Procédez par gestes courts et légers avec la brosse dure pour ôter la poussière de la robe.*
- *Utilisez la brosse douce par frictions courtes, mais plus fortes. Nettoyez la brosse avec une étrille après trois ou quatre coups, et tapez l'étrille sur le sol de temps en temps pour la décrasser.*
- *Si vous retirez les poils en haut de la queue (demandez à un expert de vous montrer comment procéder), posez une bande de queue une heure ou deux plusieurs fois par semaine pour aplatir les poils. Ne serrez pas trop la bande et ne la laissez pas trop longtemps afin de ne pas gêner la circulation du sang dans la queue du cheval.*

Ci-contre : *On lave les naseaux avec une éponge. Utilisez des éponges différentes pour les yeux et les parties génitales.*

ALIMENTATION ET NUTRITION

NOURRIR LES CHEVAUX relève à la fois de l'art et de la science ; en effet, l'alimentation doit être adaptée à la nature de chaque cheval, tout en tenant compte des connaissances scientifiques relatives à l'évolution de l'espèce et à ses besoins nutritionnels. À l'état sauvage, les chevaux évoluaient en liberté, broutant et s'abreuvant à loisir, couvrant chaque jour de longues distances, sélectionnant à leur gré les herbes et plantes qu'ils rencontraient. Leur système digestif s'est donc adapté à ces habitudes alimentaires – nourriture diversifiée, par rations petites et nombreuses.

Cependant, au cours des siècles, à mesure que l'homme domestiquait le cheval, celui-ci a dû produire davantage d'efforts physiques, nécessitant une alimentation plus rigoureuse. Aujourd'hui, le cheval s'utilise principalement dans le cadre des activités de loisir, des promenades à poney ou à cheval à la chasse, ainsi que dans le domaine sportif – courses, saut d'obstacles, concours complet, polo –, et dans les disciplines du dressage et de l'attelage. L'alimentation s'est ainsi modifiée radicalement à la suite des nouvelles exigences requises, et une large gamme de produits est apparue dans le commerce pour y répondre.

Le système digestif du cheval

En dépit des changements d'alimentation, le système digestif du cheval reste fondamentalement le même que celui de ses ancêtres. Les dents avant et les lèvres sélectionnent et prennent la nourriture tandis que les molaires la broient, prélude au processus de la digestion. Lorsque le cheval avale la nourriture, elle pénètre dans l'œsophage, d'où elle passe dans l'estomac, puis l'intestin grêle, le gros colon, le caecum et le rectum. D'une capacité de 8 litres seulement, l'estomac du cheval est relativement réduit. Il fonctionne bien lorsqu'il est plein aux deux tiers ; il ne doit pas être trop rempli – d'où la nécessité de le nourrir peu et souvent. L'intestin grêle est un tube étroit d'environ 21 m de long où l'amidon, le sucre, les protéines et l'huile – ainsi que certains minéraux et vitamines – sont broyés et assimilés.

Toutefois, le gros intestin constitue la partie la plus importante du système digestif du cheval. C'est là que les fibres sont broyées, fournissant au cheval la plus grande partie de son énergie. Ce travail est réalisé par les bactéries et autres microbes, qui font fermenter les fibres. La population microbienne s'adaptant à l'alimentation, tout changement de nourriture brusque provoque des perturbations dues à la présence des mauvais microbes.

Ci-contre : *À l'état sauvage, les chevaux évoluent en liberté ; ils broutent et s'abreuvent en permanence, couvrant de longues distances.*

Pour être équilibré, le régime du cheval doit comporter tous les éléments suivants dans des proportions correctes.

L'eau

Essentielle à la vie, l'eau est présente dans toutes les cellules du corps. Celui d'un jeune cheval est constitué de 80 % d'eau ; pourcentage qui se réduit à 50 à 60 % chez l'adulte. La déshydratation peut être cause de maladie, voire de mort. Les besoins en eau du cheval dépendent de son âge, de son alimentation, de son activité physique et de la température extérieure.

Les hydrates de carbone

Ils comprennent le sucre, l'amidon et certains composés des fibres. Le sucre est présent dans des proportions variables dans tous les aliments. La mélasse est riche en sucre, de même que l'herbe. L'amidon se trouve principalement dans les céréales.

Ci-dessus : *Le cheval a besoin d'eau en permanence. Son corps contient jusqu'à 80 % d'eau.*

Ci-dessus : Le principal ingrédient de l'alimentation du cheval sera toujours le fourrage – herbe, foin ou substituts de foin. On fait souvent tremper le foin pour éliminer la poussière et les spores.

Les matières grasses

Ces sources concentrées d'énergie contiennent deux fois et demie plus d'énergie que les hydrates de carbone. Présente en petites quantités dans la plupart des aliments commerciaux, l'huile complète couramment l'alimentation des chevaux (sous forme végétale).

Les fibres

Ce composant alimentaire important est présent dans tous les aliments, notamment dans l'herbe, le foin et la paille.

Les protéines

Les protéines lysées fournissent au corps des acides aminés essentiels ; ceux-ci sont utiles pour la croissance, la production de lait, la gestation et la régénération des tissus.

Les minéraux

Les principaux minéraux sont le calcium, le phosphore, le magnésium, le potassium, le sodium et le chlore ; les principaux oligo-éléments sont le cuivre, le zinc, le manganèse, le sélénium et le fer. L'équilibre le plus important est celui du calcium avec le phosphore ; l'alimentation doit contenir davantage de calcium que de phosphore, la proportion approximative étant de une quantité et demie de calcium pour une quantité de phosphore.

Les vitamines

Nécessaires en quantités infimes pour la santé, elles permettent de contrôler les réactions et processus chimiques. Les principales sont les vitamines A, D, E, K et celles du groupe B. Les végétaux, dont l'herbe, en sont riches, tandis que le foin est pauvre en vitamines.

Les bases d'une bonne alimentation

Les conseils figurant ci-après reposent tous sur le principe consistant à respecter les habitudes alimentaires naturelles du cheval pour s'adapter à son système digestif.

- *Le cheval doit avoir accès en permanence à une réserve d'eau fraîche et propre.*
- *Donnez-lui à manger souvent et en petites quantités. Dans la pratique, prévoyez deux rations par jour pour un cheval ayant une activité faible à modérée, trois à quatre pour un cheval actif toute la journée.*
- *Mesurez le poids, non le volume des rations. Vous devez connaître le poids de chaque ration donnée.*
- *Nourrissez le cheval en fonction de son poids (consultez si besoin un vétérinaire ou un propriétaire expérimenté). Pour peser un cheval, utilisez une balance. Tenez compte de tout changement chez votre cheval, et consultez votre vétérinaire si vous avez des questions sur son alimentation.*
- *Augmentez et diversifiez les rations selon le degré d'activité imposé au cheval.*
- *Utilisez des aliments de bonne qualité, ni poussiéreux ni moisis.*
- *Introduisez progressivement d'éventuels changements d'alimentation pour éviter les problèmes digestifs.*
- *Accordez un temps de repos au cheval après les repas, et ne le nourrissez pas aussitôt après un effort. Après les repas, attendez deux ou trois heures avant de le faire travailler, et laissez-le au moins une heure sans manger après une séance de travail.*
- *Nourrissez-le chaque jour à la même heure – les chevaux apprécient la régularité.*
- *Donnez-lui un apport suffisant en fibres. Les chevaux ont eu de tout temps une alimentation riche en fibres ; il est bon qu'elle en contienne au moins 50 %.*

Pour préserver l'énergie et le bien-être physique nécessaires au travail qui est demandé au cheval, son alimentation doit apporter les aliments suivants dans un équilibre satisfaisant.

Le fourrage
Principal composant de l'alimentation du cheval, le fourrage regroupe l'herbe et les fourrages conservés. Ceux-ci comprennent le foin, les substituts du foin (présentés en petites brindilles et vendus dans des emballages en plastique pour éviter la moisissure).

Ci-dessus : *Des douceurs comme les carottes constituent un apport en fibres et agrémentent les repas.*

Les céréales
Les céréales les plus courantes pour les chevaux sont l'avoine, l'orge et le maïs. Elles sont présentées en grains, en flocons, ou cuites pour faciliter la digestion.

Le son
Enveloppe fibreuse des grains de blé, le son constitue un aliment traditionnel depuis de nombreuses générations. Il s'utilise le plus souvent sous forme de mash, ainsi que pour enrichir les rations.

La pulpe de betterave à sucre
Dérivé de l'extraction du sucre, c'est un aliment agréable au goût. Il doit toujours tremper au préalable car, une fois que l'on ajoute l'eau, la pulpe l'absorbe et gonfle beaucoup, pouvant rendre la digestion difficile.

Les compléments alimentaires
Les compléments alimentaires sont des mélanges d'ingrédients destinés à compléter le fourrage. Ils sont disponibles sous forme de granulés ou de mélanges à gros grains. Parfaitement équlibrés, ils constituent une nourriture consistante, ne nécessitant aucun supplément en dehors du fourrage et de l'eau. Ils offrent des teneurs différentes en protéines, énergie, fibres, vitamines et minéraux, selon les besoins des chevaux.

Les douceurs
Quelques douceurs, telles que des morceaux de carotte crue ou de pomme, agrémentent les repas. Elles constituent en outre un apport en fibres.

Les troubles digestifs
Des changements dans les habitudes alimentaires ou une alimentation déficiente peuvent entraîner un certain nombre de troubles. Dans le cas de coliques graves, ou si vous soupçonnez un cas de fourbure ou de maladie du lundi, consultez un vétérinaire (*cf.* p. 176-181).

Les coliques
Les coliques se manifestent par un ensemble de symptômes révélateurs de douleurs abdominales. Les principales causes sont les suivantes :

- *Changement brusque d'alimentation.*
- *Aliments moisis.*
- *Le cheval a bu quand il avait très chaud.*
- *Il a mordillé la mangeoire et/ou avalé de l'air.*
- *Ingestion de sable.*
- *Infection par un parasite.*
- *Torsion de l'intestin.*
- *Gourmandise et/ou voracité.*

En général, le cheval se roule par terre. Il faut alors le faire marcher jusqu'à l'arrivée du vétérinaire, afin d'éviter une occlusion intestinale qui peut être fatale.

La fourbure
Maladie affectant souvent les poneys qui mangent trop d'herbe, la fourbure se caractérise par une inflammation douloureuse des tissus sensibles des pieds. Elle peut être provoquée par l'un des facteurs suivants :

- *Alimentation trop riche en amidon.*
- *Commotion.*
- *Gestation (associée à une inflammation de l'utérus).*
- *Agression quelconque.*

La maladie du lundi
Cette affection se caractérise par une raideur musculaire quand le cheval est actif. Les principales causes sont les suivantes :

- *Alimentation trop riche en céréales chez des chevaux au repos.*
- *Déséquilibre en minéraux.*
- *Changements hormonaux. Les pouliches et les juments sont plus vulnérables que les mâles.*

SELLERIE ET ÉQUIPEMENT

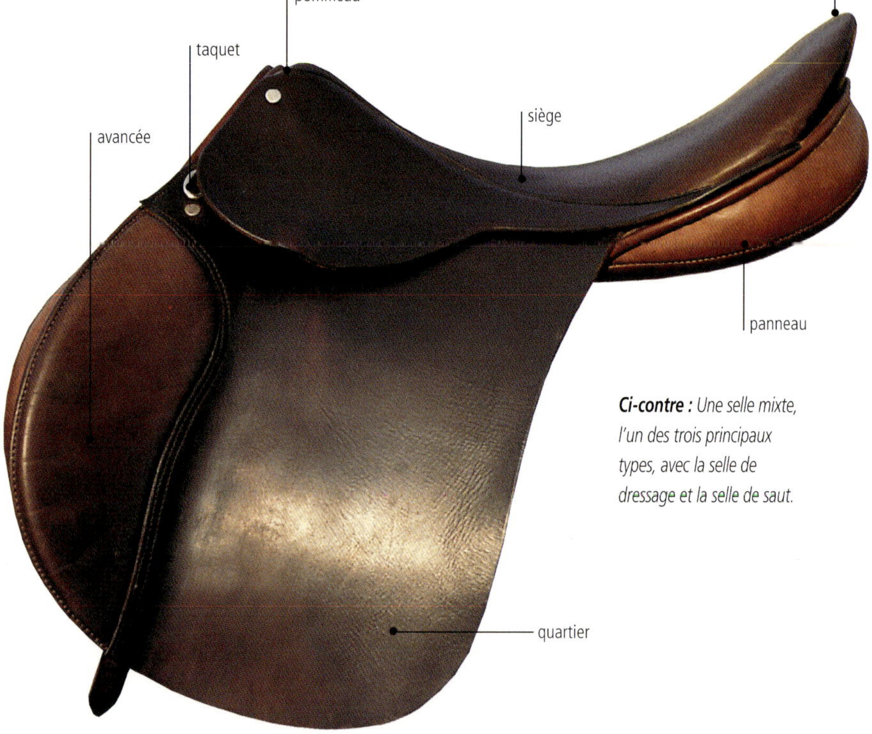

Ci-contre : *Une selle mixte, l'un des trois principaux types, avec la selle de dressage et la selle de saut.*

L'UTILISATION D'UN HARNACHEMENT correct est essentielle au bien-être du cheval et à ses performances. Un mors inapproprié ou mal ajusté provoque une gêne et crée des résistances au niveau de la tête, tandis qu'une selle inadéquate peut avoir des conséquences fâcheuses. Vu le large choix disponible chez le sellier, il est préférable de se faire aider par un cavalier confirmé, ainsi que de demander l'avis du personnel spécialisé.

Le harnachement doit être de la meilleure qualité possible – il sera plus sûr et plus résistant. Si vous achetez un cheval, son propriétaire vous proposera peut-être de vous vendre ses cuirs, solution qui vous évitera des dépenses, pourvu qu'ils vous conviennent et qu'ils soient en bon état. En cas de doute, faites-vous conseiller par un bon professionnel.

Ci-contre : *Les selles de course, légères, sont conçues pour permettre au jockey de monter avec des étrivières courtes.*

LES SELLES

Les selles sont conçues pour les différentes disciplines et positions des cavaliers : dressage, endurance, saut, multifonction, courses et amazone. La selle mixte, qui regroupe des éléments des selles de dressage et de saut, permet de monter, dresser et sauter des haies raisonnables confortablement.

Une selle doit s'adapter parfaitement au cheval : si elle pince, frotte ou cogne son dos, elle provoque des douleurs, voire des perturbations plus graves. L'arçon doit être de la largeur correcte. Un spécialiste peut vous conseiller à ce sujet, ainsi qu'ajuster le rembourrage pour répartir le poids au mieux. La selle doit être placée au milieu, ne pas faire pression sur le garrot ni sur la colonne vertébrale, et ne pas gêner les épaules. Pour savoir si la selle convient, vous devez monter devant le sellier.

Lorsque vous posez la selle sur le cheval, placez-la vers l'avant avant de la glisser légèrement vers l'arrière pour aplatir les poils. Elle doit être suffisamment à l'arrière de manière à ne pas pincer les épaules du cheval, mais pas trop pour éviter de faire pression sur les reins. Une fois la sangle ajustée, vous devez pouvoir glisser la main dessous.

Les accessoires de sellerie

La plupart des cavaliers posent un tapis sous la selle. Certains sont conçus de manière à répartir convenablement le poids, mais aucun modèle ne peut pallier les défauts d'une selle inadaptée.

Pour un usage courant, la sangle doit être avant tout résistante, et confortable pour le cheval. Populaires, les modèles traditionnels en cuir ne permettent pas les mouvements respiratoires ; parmi les autres modèles existants figure la sangle allemande en corde – celle en nylon, utilisée fréquemment sur les poneys, n'est pas conseillée, car elle a tendance à pincer –, la sangle tressée et, enfin, celle en coton rembourré.

Ci-dessous : *Pourvue d'un quartier droit et d'une légère avancée, la selle de dressage est dessinée de manière que le cavalier s'assoie au fond et rapproche ses jambes du corps du cheval.*

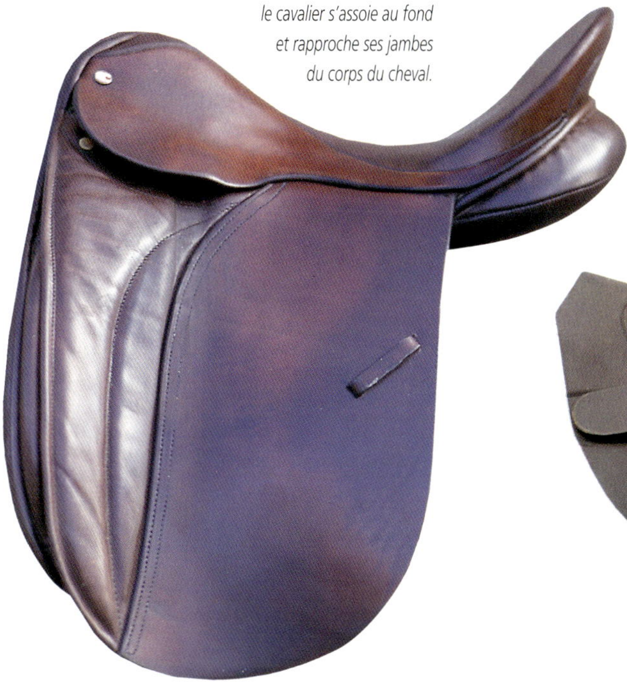

Ci-dessous : *La selle d'amazone, très spécialisée, vue du côté gauche.*

Ci-dessous : *Les tapis de selle, ou chabraques, posés sous la selle, permettent de la garder propre ; certains sont conçus pour assurer une répartition égale du poids, mais ils ne peuvent compenser les défauts d'une selle mal ajustée.*

Ci-contre : *Dotée d'un quartier coupé vers l'avant, la selle de saut est conçue pour être utilisée avec des étrivières courtes.*

Ci-dessus : *La sellerie doit être nettoyée soigneusement et régulièrement.*

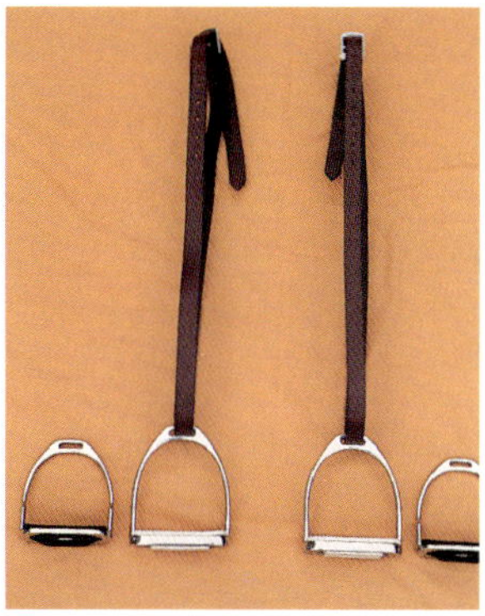

Ci-dessus : *Étrivières avec étriers de dressage, entourés d'étriers de saut.*

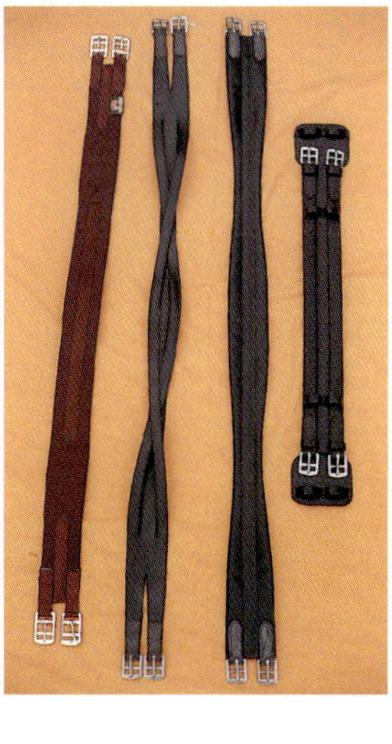

Ci-contre : *Quatre types de sangle – dressage, Atherstone, Balding, en coton rembourré.*

Les étriers doivent être en acier inoxydable par mesure de sécurité ; les plus prisés sont les plus simples. Ils doivent être suffisamment grands pour y glisser le pied facilement, les plus lourds étant les meilleurs. Les étrivières doivent être solides, et suffisamment étroites pour s'adapter aux étriers.

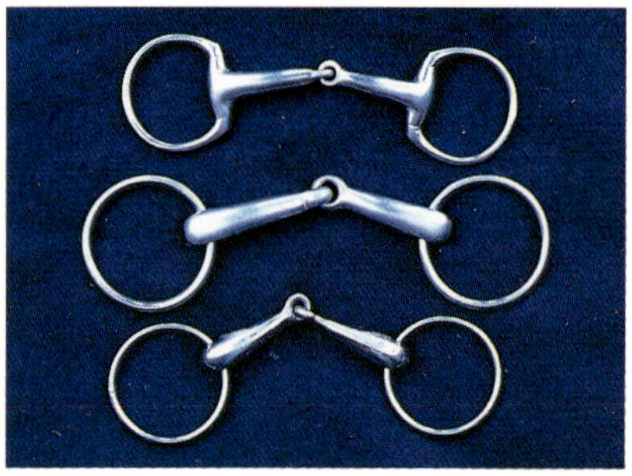

Ci-dessus, en haut : *Une bride de filet bien posée, avec une muserolle allemande.*
Ci-dessus : *Trois types de mors de filet : à olives, Chantilly et simple à canons fins.*

Ci-dessus, en haut : *Bride correctement posée. Celle-ci est réservée aux mains expertes.*
Ci-dessus : *Le mors pelham reproduit l'action de la bride en une seule embouchure.*

LES BRIDES

Le mors et les brides constituent les principaux moyens de communication entre le cavalier et son cheval. Parmi les nombreux types de mors existants, les quatre suivants sont les plus couramment utilisés : filets, brides, pelhams et filets releveurs, les embouchures sans mors offrant des options supplémentaires.

Le filet

C'est le mors le plus simple et le plus répandu. Il est disponible dans un large choix de modèles ; vous le choisirez selon que vous souhaitez qu'il reste immobile dans la bouche du cheval, ou qu'il bouge légèrement en permanence – ce dernier étant préférable pour un cheval qui a tendance à tirer.

Les principaux types d'embouchures sont les suivants : mors brisé simple, mors à double brisure, mors droit, mors à jouets mors à passage de langue, etc. Le mors droit appuyant sur la langue, les chevaux préfèrent généralement le modèle légèrement incurvé. Beaucoup de chevaux s'accommodent bien du mors à articulation simple, exerçant un mouvement doux de casse-noix, tandis que d'autres préfèrent celui à articulation double, comme le mors Chantilly à double brisure. Il est pourvu d'une articulation centrale en forme de rein, qui réduit l'effet de casse-noix, mais procure une sensation plus lâche dans les mains, pour éviter un contact trop fort non délibéré. Ce modèle ne doit pas être confondu avec le mors Verdun à double brisure, utilisé couramment sur les chevaux robustes, qui est muni d'un dispositif central aplati sur le côté, destiné à augmenter la pression sur la langue.

On distingue essentiellement le mors simple, à aiguilles, le mors à olives, le mors Chantilly et le mors Verdun. Le mors à aiguilles garantit une certaine mobilité, tandis qu'avec les mors à olives et Verdun, la mobilité est réduite. Le mors à aiguilles permet de diriger les jeunes chevaux.

Les embouchures sont fabriquées dans divers matériaux, notamment l'acier inoxydable, l'acier recouvert de caoutchouc, les alliages de cuivre et le plastique ; selon certains dresseurs, les chevaux préfèrent les mors en cuivre et en acier, en raison de leur goût agréable.

La bride anglaise

Le plus sophistiqué de tous les systèmes de mors, il permet au bon cavalier d'utiliser des aides délicates sur un cheval débourré pour procéder à de légers ajustements. Il ne doit pas être utilisé par des cavaliers débutants ni sur des chevaux non débourrés.

La bride anglaise comprend deux mors, reliés chacun à des rênes séparées ; le mors de filet s'ajuste au-dessus du mors de bride, relié à une gourmette qui prend place sous le menton du cheval.

Le pelham

Ce mors reproduit l'action de la bride en une seule embouchure, pourvue de deux séries d'anneaux pour les rênes. Bien que moins subtil, le pelham est apprécié des chevaux et il permet de bien les contrôler. Le pelham fonctionne normalement avec deux paires de rênes – celles de l'anneau inférieur exerçant une action de levier plus grande –, mais certains cavaliers préfèrent fixer au mors des alliances en cuir et n'utiliser qu'une seule paire de rênes.

Le *goyoaga* ou mors espagnol est semblable au pelham. Équipé d'une gourmette, il possède un seul anneau à chaque extrémité de l'embouchure et s'utilise avec une seule rêne. Il a une action de levier limitée, mais convient à certains chevaux.

Ci-dessus : *Un bon licol en cuir ou en coton, comme celui-ci, constitue un équipement de base.*

La martingale fixe ***(ci-dessus, à droite)*** *et la martingale à anneaux* ***(ci-dessus)*** *ont pour but de limiter l'élévation de la tête du cheval.*

Le filet releveur

Le filet releveur, qui est techniquement un mors de filet, exerce également une action de levier ; ce mors puissant exige une manipulation délicate. N'importe quelle embouchure à filet peut être équipée de filet releveur : les montants, en général en cuir, passent dans les anneaux du mors, pour arriver dans un petit anneau auquel est attachée la rêne. Une seconde rêne doit être attachée à l'anneau du mors et utilisée comme filet. L'utilisation du filet releveur doit être modérée et bien maîtrisée. Elle peut être très perturbante pour le cheval : en effet, l'action du filet lui demande de lever la tête, puis il doit faire face à une pression inverse vers le bas venant de la rêne du filet releveur. Le cheval s'arrête, mais seulement si le filet releveur est utilisé occasionnellement – sinon, le cheval se raidit. Le filet releveur convient dans certaines circonstances – par exemple, pour indiquer à un cheval qu'il peut sauter des obstacles de manière contrôlée, sans avancer à l'aveuglette –, mais elles sont rares.

Encore plus violent, le filet releveur américain exerce une action de levier considérable. Il peut s'avérer utile pour faire freiner le cheval, par exemple lorsqu'il galope à vive allure dans la nature.

Les autres embouchures

Généralement dénommée hackamore, la bride sans mors est conseillée pour certains chevaux. Agissant sur le nez, elle doit être utilisée avec autant d'attention que la bride à mors classique.

Les cavaliers d'équitation western dressent souvent leurs jeunes chevaux avec des brides sans mors avant de poursuivre avec les mors de bride. Ils comptent sur l'équilibre et la rêne d'appui (*cf.* p. 138), privilégiant une rêne lâche ou le contact le plus léger possible avec la bouche du cheval.

Choisir un mors

Le mors choisi doit être de la bonne taille et placé à la hauteur correcte dans la bouche du cheval. Dans le cas d'une embouchure articulée, redressez-la doucement dans la bouche en glissant un pouce dans chaque anneau avant d'apprécier la taille. Il ne doit pas y avoir un intervalle de plus de 1 cm de chaque côté entre d'une part la jonction de l'embouchure et les montants, d'autre part la tête du cheval. Un filet à aiguilles doit être parfois très légèrement plus large pour éviter de pincer ; des rondelles en caoutchouc peuvent remédier à ce problème.

Avec un mors de bride, la gourmette doit être posée à plat sous le menton du cheval. Il faut commencer par l'accrocher à droite, puis l'entortiller dans le sens des aiguilles d'une montre et l'accrocher à gauche. Attachez la gourmette sur les derniers maillons, en la tournant de nouveau dans le sens des aiguilles d'une montre, l'ongle du pouce vers le haut. Si elle doit être raccourcie, prenez le maillon et accrochez-le au-dessus du premier, dans le sens contraire aux aiguilles d'une montre. La gourmette doit être suffisamment serrée pour agir lorsque les branches du mors sont tirées à moins de 45°.

Les muserolles

La muserolle peut influer sur l'action du mors. La muserolle française – simple courroie posée au milieu du chanfrein – ajoute une note élégante et peut servir à attacher une martingale fixe (*cf.* ci-après). Comparable au caveçon, la muserolle allemande possède une deuxième courroie étroite qui se fixe sous le mors ; elle permet à ce dernier de maintenir sa position centrale et évite que le cheval ouvre trop grand la bouche.

La muserolle italienne, qui s'attache également sous le mors, doit se poser à au moins 8 cm des naseaux ; on doit en outre pouvoir glisser deux doigts dessous. La muserolle à croisillons, qui ressemble à un huit, assure un contrôle supplémentaire en empêchant le cheval d'ouvrir la bouche et de croiser les mâchoires. Toutefois, lorsque vous utilisez une muserolle qui s'attache sous le mors, le but n'est pas de fermer la bouche du cheval.

La muserolle française est le seul modèle convenant avec une double bride. Sinon, elle doit être assortie à un pelham ou à un kimblewick, certains cavaliers préférant cependant une muserolle allemande ou à croisillons pour ces brides.

Une bride mal posée est inconfortable pour le cheval. Vérifiez que la muserolle ne frotte pas les os de la face et que le frontal est suffisamment long pour ne pas pincer les oreilles. La sous-gorge doit être séparée de la tête du cheval par la largeur d'une main.

Les martingales

Les martingales constituent elles aussi un élément de contrôle important. Les principaux types, la martingale fixe et la martingale à anneaux, sont conçus pour s'opposer

Ci-contre : La couverture d'écurie protège le cheval du froid dans l'écurie, en hiver. Plusieurs peuvent être nécessaires par temps froid. Elles doivent être légères et lavables.

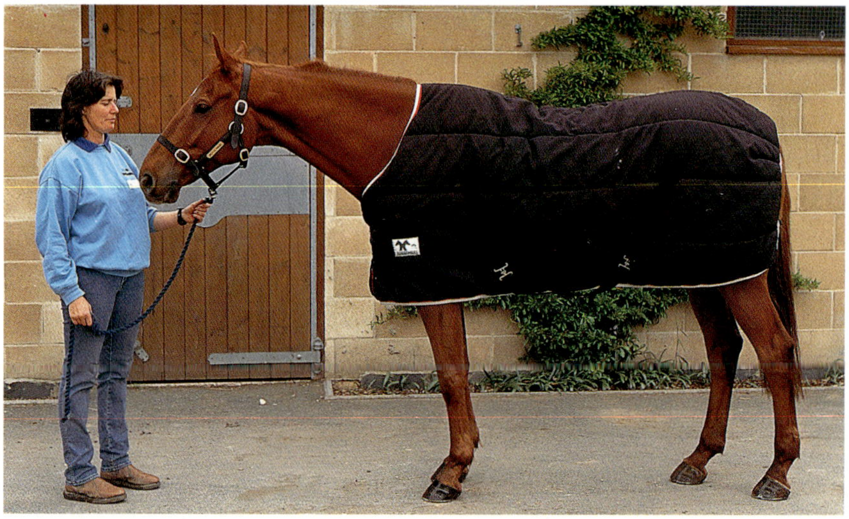

Ci-dessous : Les cavaliers western utilisent beaucoup l'équilibre et la rêne d'appui – une rêne lâche et le contact le plus léger possible avec la bouche du cheval.

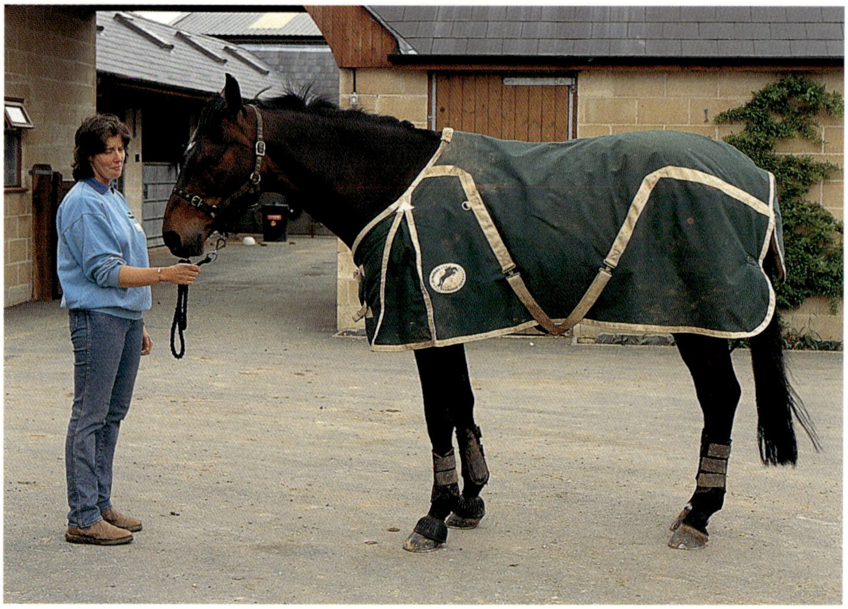

Ci-dessus : Les couvertures imperméables doivent être de bonne qualité pour protéger les chevaux du froid et de l'humidité à l'extérieur.

à l'élévation exagérée de la tête du cheval – pas pour éviter qu'elle bouge. La martingale fixe relie la muserolle à la sangle, en passant entre les antérieurs. Elle ne doit pas s'utiliser sur une muserolle italienne, pour éviter d'entraver l'apport d'air. La martingale à anneaux est constituée de deux courroies, chacune se terminant par un anneau dans lequel passent les rênes, et elle s'attache à la sangle. Une martingale fixe est bien ajustée si elle offre suffisamment de jeu pour toucher l'encolure du cheval. Une martingale à anneaux ne doit entrer en tension que lorsque le cheval lève la tête ; lorsqu'il est placé, elle doit rester lâche.

L'ENTRETIEN DU HARNACHEMENT

Le harnachement peut être fabriqué en cuir ou en matières synthétiques. Ces dernières sont moins coûteuses et faciles d'entretien, mais le cuir est plus élégant. Vérifiez le harnachement chaque fois que vous montez, car des coutures défectueuses ou un cuir endommagé peuvent provoquer des accidents. Si la selle tombe ou si le cheval se roule dessus lors d'une chute, vous devez faire vérifier l'arçon avant de la réutiliser, car il risque de blesser le dos du cheval s'il est abîmé.

Un harnachement soigneusement entretenu dure plus longtemps et assure davantage de confort au cheval. Il est conseillé de laver régulièrement le mors, d'enlever la poussière ou la boue, de vérifier la propreté de la sangle et, éventuellement, du tapis de selle chaque fois que vous montez. Retirez la sellerie pour la nettoyer entièrement une fois par semaine.

L'ÉQUIPEMENT SUPPLÉMENTAIRE

Dans l'équipement de base figurent également un licol et une longe de qualité pour conduire le cheval, une trousse de secours (demandez si besoin conseil au vétérinaire), ainsi qu'un matériel de pansage (*cf.* p. 156).

Tout équipement supplémentaire dépend des conditions de vie du cheval. Ainsi, un cheval à l'écurie doit être tondu en hiver pour éviter une transpiration excessive due

Deux types de tontes : la couverture ***(ci-contre)*** *et, plus efficace, la tonte du chasseur* ***(en bas)****. Les chevaux d'écurie qui doivent travailler en hiver sont tondus pour éviter une transpiration excessive.*

au poids de sa robe ; il aura donc besoin de couvertures (en fonction du type de tonte). Un cheval gardé au pré doit également porter une couverture par temps froid ou humide.

Parmi les couvertures traditionnelles figurent le modèle imperméable pour l'extérieur, le modèle de jour en laine et celui de nuit en toile de jute doublée de laine, pour l'écurie. Un grand choix de couvertures légères, chaudes et faciles à laver est désormais disponible. Les couvertures peuvent être maintenues par un surfaix en toile ou en cuir.

Des bandes peuvent également s'avérer utiles (*cf.* p. 177) : bande de queue, de repos et de travail. Les bandes de repos – qui couvrent le bas de la jambe, sous le genou – servent à réchauffer les jambes, à les sécher après l'activité ; elles se posent sur du coton humide pour diminuer la sensation de chaleur et les œdèmes. Les bandes de transport, pour les déplacements, sont disponibles dans un large éventail et d'un emploi très facile.

Les bandes de travail soutiennent les tendons et protègent contre les épines ; elles se posent sur du coton ; il existe aussi des protections spéciales pour tendons. Elles sont conseillées aux jeunes chevaux au début du dressage pour éviter les contusions ; certains chevaux âgés en ont aussi parfois besoin. Les jeunes chevaux doivent porter des genouillères par mesure de précaution lorsqu'ils sortent la première fois sur des surfaces dures. Les cloches, protections en caoutchouc ou en cuir, se posent sur les couronnes ; elles s'avèrent nécessaires chez les chevaux qui forgent – qui heurtent les talons des antérieurs avec les postérieurs.

MARÉCHALERIE

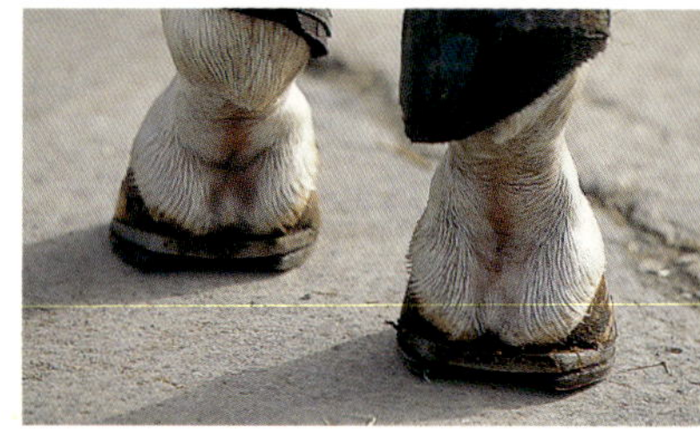

Ci-contre : *Ces fers chirurgicaux sont renforcés à l'arrière.*

ESSENTIELS À LA SANTÉ du cheval, les soins des pieds et de la ferrure font partie de l'entretien général. La consultation d'un maréchal-ferrant s'impose dès la première année, son savoir-faire lui permettant de redresser de nombreuses anomalies si elles sont détectées suffisamment tôt ; le cheval qui a eu l'expérience du maréchal-ferrant dès son plus jeune âge est en outre plus facile à manipuler. Tous les chevaux et poneys doivent se faire parer les pieds chez le maréchal-ferrant une fois toutes les cinq à six semaines, même s'ils ne travaillent pas ou ne sont pas ferrés. Cependant, la plupart doivent porter des fers pour travailler confortablement et préserver l'état de leurs pieds. Ils ne doivent pas les garder plus de six semaines, même s'ils ne sont pas usés, car la corne pousse.

Avant de commencer le travail, un bon maréchal-ferrant examine la morphologie du cheval, notamment les membres, précaution qui lui permet de déterminer la manière dont il doit faire bouger le cheval. Vous devez vous-même curer les pieds du cheval au moins une fois par jour – même si vous ne le montez pas –, ainsi que vérifier leur état et celui des fers, au cas où une intervention urgente s'avérerait nécessaire.

Vous devez également apprendre à retirer un fer descellé pour réduire les risques de blessures avant l'arrivée du maréchal-ferrant. Procédez comme suit :

- *Levez le pied du cheval et coupez les rivets avec un dérivoir ou un outil identique (pour former les rivets, on retourne l'extrémité des clous avec lesquels on fixe le fer au pied).*
- *Dégagez doucement le fer du pied avec des tricoises, en commençant par le talon, puis en continuant le long des branches (côtés) du fer.*
- *Attrapez la pince du fer avec les tenailles, et tirez dessus vers l'arrière.*

Méthodes de ferrage

Il existe deux techniques de ferrage, à chaud et à froid. Dans la première, dite à la française, le maréchal-ferrant pose le fer chauffé au rouge sur le pied ; la zone cautérisée qui en résulte révèle les irrégularités qui doivent être limées ou parées avant de clouer le fer refroidi. Cette partie du pied ne contenant pas de terminaisons nerveuses, il n'y a pas de risques de douleurs par brûlure ou fixation des clous. Dans la seconde méthode, dite à l'anglaise, le maréchal-ferrant cloue les fers façonnés sur les sabots. S'il peut modifier légèrement la forme des fers, le travail est moins précis qu'avec le ferrage à chaud. Toutefois, il est toujours préférable pour le cheval d'être bien ferré par la méthode à froid que mal par celle à chaud.

Types de fers

Les fers à chevaux sont généralement en acier. Il en existe également en aluminium léger, portés par les chevaux de course, et en plastique, qui sont collés, pour les chevaux ayant des problèmes tels que des sabots friables n'acceptant pas de rivets. Il existe en outre de nombreux types de fers chirurgicaux, de forme spécifique, utilisés dans le cas d'affections comme la fourbure et la maladie naviculaire (*cf.* p. 179). Il est alors souhaitable que le maréchal-ferrant et le vétérinaire associent leurs compétences pour soigner le cheval au mieux.

Les fers en métal sont pourvus de pinçons triangulaires qui les maintiennent en place pendant que l'artisan pose les rivets. Ceux des antérieurs ont souvent un seul pinçon en pince à l'avant, tandis que les fers des postérieurs sont généralement pourvus de deux pinçons de quartier – un de chaque côté du sabot. Ceux-ci empêchent le fer de bouger sur les côtés, permettant au maréchal-ferrant de biseauter la pince ; il l'incline légèrement pour éviter que le cheval forge (heurte le talon d'un antérieur avec la pince d'un fer postérieur) – inconvénient pouvant provoquer des blessures difficiles et longues à soigner. Des cloches permettent de remédier à ce problème (*cf.* p. 167).

Crampons

Beaucoup de cavaliers fixent des crampons aux fers de leurs chevaux afin d'augmenter leur adhérence, notamment pour le galop de course et le saut. Ils se vissent dans des mortaises, des trous percés dans le talon des fers, et se présentent sous différentes formes : pointus pour les terrains durs, carrés pour les terrains mous. Le cavalier doit les retirer lorsque le cheval ne travaille pas.

Ci-dessus : *Un fer multiusage et deux fers surgicaux : un fer en T (au centre) et un fer à planche (à droite) – ils peuvent soulager en cas de maladie naviculaire et de fourbure.*

Ci-contre : *Un maréchal-ferrant au travail. Il est important d'entretenir une bonne relation avec celui-ci ; un artisan compétent doit prendre en compte la morphologie du cheval.*

ANAMOUR

LE CORPS DU CHEVAL

LE CORPS DU CHEVAL constitue une merveilleuse illustration de la capacité de la nature à relier l'organe à la fonction ; il suffit de penser aux dents pointues du chien, qui déchire la viande pour se nourrir et mord pour se défendre, ou aux nageoires du poisson qui lui permettent de se propulser dans l'eau. Le corps du cheval est adapté à sa taille et aux vitesses dont il est capable. D'autres animaux sont aussi rapides que le cheval mais pas aussi grands, et c'est cette complémentarité qui permet d'appréhender en partie la structure corporelle du cheval. Celle-ci comprend des membres hautement spécialisés, dans lesquels le nombre d'os a été réduit au minimum, phénomène qui s'est accompagné d'une perte de muscles – ce sont ces muscles et os supplémentaires qui permettent à l'homme ou à d'autres animaux de saisir les objets. Au cours de son évolution, le cheval a perdu cette capacité, ce qui le limite à bouger ses membres uniquement vers l'avant ou vers l'arrière. Cette spécificité lui assure un moyen de propulsion optimale, la force nécessaire étant fournie par des muscles très développés, situés sur les os des avant-bras, des cuisses et du corps.

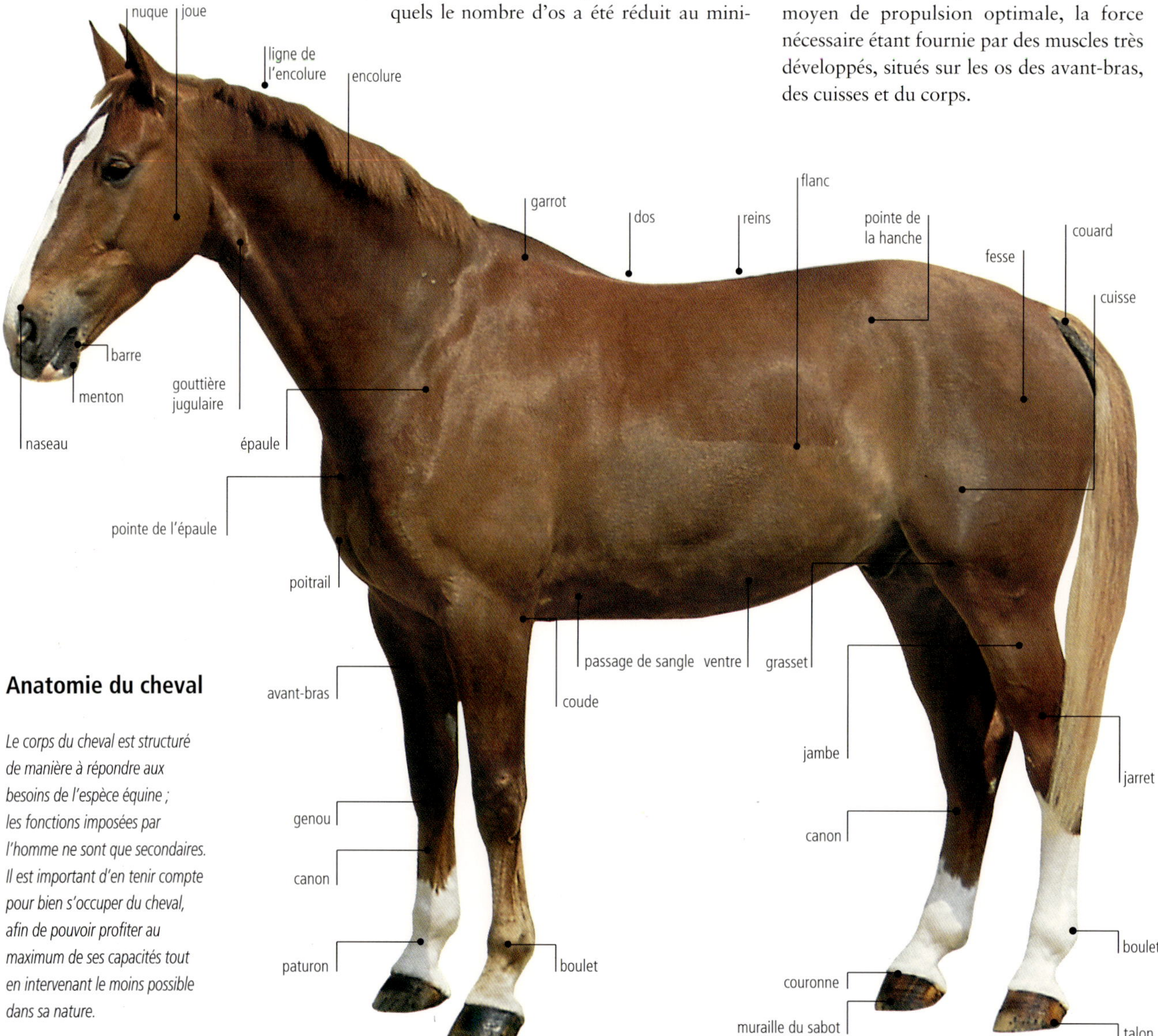

Anatomie du cheval

Le corps du cheval est structuré de manière à répondre aux besoins de l'espèce équine ; les fonctions imposées par l'homme ne sont que secondaires. Il est important d'en tenir compte pour bien s'occuper du cheval, afin de pouvoir profiter au maximum de ses capacités tout en intervenant le moins possible dans sa nature.

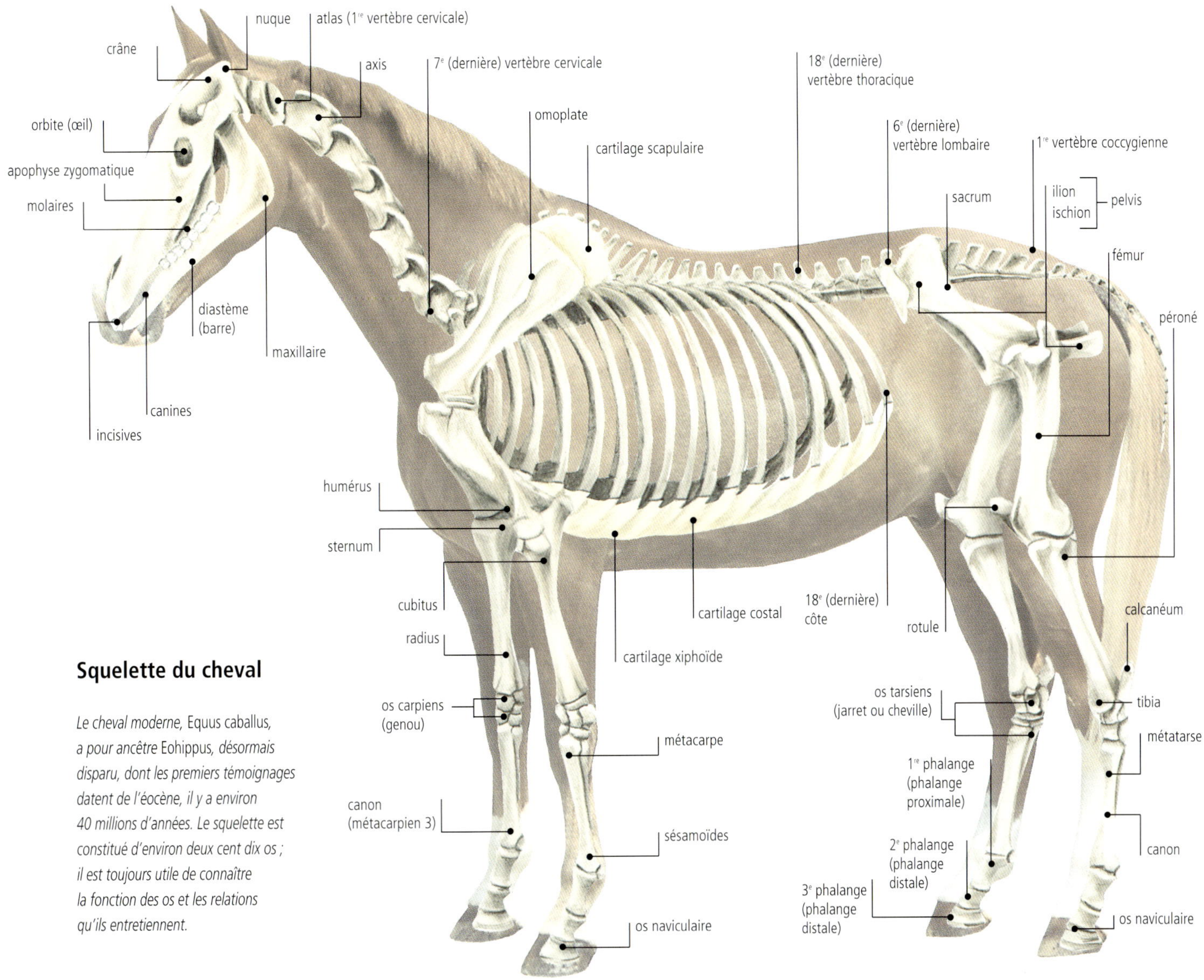

Squelette du cheval

Le cheval moderne, Equus caballus, *a pour ancêtre* Eohippus, *désormais disparu, dont les premiers témoignages datent de l'éocène, il y a environ 40 millions d'années. Le squelette est constitué d'environ deux cent dix os ; il est toujours utile de connaître la fonction des os et les relations qu'ils entretiennent.*

Le squelette

Le squelette du cheval compte environ deux cent dix os – à l'exception de ceux de la queue. Il soutient les muscles et protège les organes internes ; ses parties disposent d'une mobilité suffisante pour permettre au cheval de bouger à différentes allures, de s'étendre ou de brouter.

Divers degrés de mobilité sont possibles grâce à différentes articulations – ainsi, l'articulation située entre le fémur et le tibia, formant le grasset, assure une grande mobilité, tandis que celles situées entre les vertèbres de la colonne vertébrale ne permettent que des mouvements réduits. Les os constituant toutes les articulations sont recouverts de cartilage, moins dur que les os, et qui permet de remédier aux effets de l'usure. Les articulations sont protégées par une capsule qui sécrète la synovie (liquide visqueux qui lubrifie les articulations) et sont renforcées par les ligaments (bandes fibreuses) reliant les os de part et d'autre.

Le squelette du cheval illustre la manière dont la nature modèle la structure en fonction des besoins. Ainsi, la large surface plate des omoplates et les mécanismes transversaux des vertèbres lombaires offrent un vaste espace sur lequel viennent se fixer les puissants muscles nécessaires à la mobilité des antérieurs et des postérieurs. La forme allongée du crâne laisse suffisamment de place aux dents, tandis que les orbites des yeux sont positionnées bien au-dessus du niveau du sol lorsque le cheval broute, lui procurant un champ de vision large pour se protéger du danger.

Les muscles

Les muscles qui permettent au cheval de bouger sont des masses musculaires fixées aux os à une extrémité et aux tendons respectifs à l'autre. Ainsi, le fléchisseur superficiel du doigt du membre antérieur s'attache à l'humérus et au radius. À l'autre extrémité, il forme le tendon, situé derrière les articulations du genou et du boulet. Son action consiste à fléchir l'orteil et le genou, ainsi qu'à provoquer l'extension de l'articulation du coude.

Derrière les articulations du genou et du boulet, le tendon est enfermé dans un fourreau, la gaine synoviale. Le mince tissu fibreux qui compose ce fourreau secrète la synovie. Comme pour les articulations, les fourreaux recouvrent les tendons chaque fois qu'il y a risque de frottement entre le tendon et l'os, ou avec les autres structures. Identique, la bourse n'enveloppe pas le tendon, mais agit davantage comme un coussin séparant des éléments qui subiraient sinon un phénomène de frottement.

Comme celle des tendons, la longueur des ligaments est variable. Certains sont relativement courts, tels les ligaments articulaires déjà mentionnés. Les ligaments accessoires et suspenseurs des antérieurs représentent un cas particulier. Le ligament accessoire est attaché au ligament à l'arrière de l'articulation du genou et, à son extrémité inférieure, il rejoint le tendon du fléchisseur profond du doigt à l'arrière de l'os du canon, formant une partie du dispositif qui empêche une extension excessive de l'orteil. Le ligament suspenseur y participe également ; il est attaché en haut à l'arrière de l'os du canon et à la rangée inférieure des os du genou, en bas aux os sésamoïdes

__Le pas__ est une allure à quatre temps dans laquelle le cheval effectue quatre pas séparés correspondant, sur une surface dure, à quatre battues de durées égales. La séquence se déroule comme suit : postérieur, antérieur du même côté, postérieur opposé et enfin, antérieur opposé (par exemple, postérieur droit, antérieur droit, postérieur gauche, antérieur gauche). Chez un cheval bien équilibré, l'empreinte laissée par les postérieurs doit précéder celle laissée par les antérieurs.

__Le trot__ est une allure à deux temps dans laquelle les bipèdes diagonaux (par exemple postérieur droit et antérieur gauche, ou postérieur gauche et antérieur droit) avancent en alternance, avant d'être suivis par un bref temps de suspension. Le cavalier peut être assis sur la selle ou au-dessus.

situés derrière l'articulation du boulet. De là il envoie des ramifications sur le devant du premier os du paturon pour rejoindre le tendon de l'extenseur dorsal du doigt. Elles communiquent ensuite avec la phalange intermédiaire et la phalange distale. Les postérieurs reproduisent la même structure.

La peau

La peau du cheval se compose de trois épaisseurs : une couche extérieure cellulaire ou épithéliale, l'épiderme, capable de régénérer sa surface extérieure ; le derme, qui nourrit la couche extérieure, et dans laquelle se regroupent les terminaisons et autres structures sensibles ; enfin, l'hypoderme, qui relie la peau à l'os ou au muscle, en dessous. C'est là que naissent les follicules pileux. La peau renferme les glandes sudoripares, ainsi que les glandes sébacées, qui sécrètent une substance huileuse, le sébum ; celui-ci imperméabilise la peau, protégeant le cheval de l'humidité et du froid. Il est essentiel de connaître l'anatomie et la physiologie du cheval de manière à pouvoir exploiter son potentiel au maximum. Pour le cavalier, la compréhension du mouvement du cheval aux quatre allures – pas, trot, galop et galop de course, est important, notamment lorsqu'il est débutant. L'observation de la séquence des posers de pieds en suivant les mouvements des épaules et de l'arrière-main, l'aidera à développer son sens de l'équilibre et à maîtriser son assiette ; elle lui permettra ensuite de saisir la manière dont le cheval exécute les transitions entre les allures.

Le galop *est une allure à trois temps comprenant trois battues distinctes. Comme dans le trot, les bipèdes diagonaux travaillent successivement. La séquence se déroule comme suit : postérieur droit, suivi d'une diagonale (postérieur gauche et antérieur droit), puis antérieur gauche suivi d'un moment de suspension dans lequel les quatre membres sont au-dessus du sol. Le galop est sans doute l'allure la plus confortable pour le cavalier, qui doit s'asseoir le plus possible au fond de la selle.*

Le galop de course *est l'allure la plus rapide du cheval. C'est une allure à quatre temps à séquence suivante : postérieur gauche, postérieur droit, antérieur gauche, antérieur droit, suivie d'un temps de suspension. Le cavalier est assis vers l'avant, légèrement au-dessus de la selle.*

LE COMPORTEMENT DU CHEVAL

LE CHEVAL, animal grégaire herbivore, a toujours échappé à ses prédateurs grâce à sa vitesse. Les chevaux à l'état sauvage vivent en groupes, comprenant généralement un étalon et cinq ou six juments avec leur progéniture ; ils parviennent mieux ainsi à fuir les prédateurs et à trouver leur nourriture, augmentant par là même leur capacité à se préserver. Le comportement de tous les chevaux et poneys – montés, attelés, destinés à d'autres activités, ou vivant à l'état sauvage – est resté étroitement lié aux instincts naturels qui ont toujours constitué un facteur déterminant dans la survie des plus aptes.

Les mécanismes de défense du cheval – des sens très développés et la capacité de s'écarter rapidement du danger – lui servent principalement à fuir pour se préserver, caractéristique qui permet de mieux appréhender le tempérament équin. L'instinct de fuite face au danger apparaît nettement dans la réaction d'un cheval effarouché : même un individu expérimenté et bien dressé s'éloigne rapidement en cas de bruit ou de mouvement inattendu. Certains se montrent parfois méfiants avant de passer devant un objet déterminé, mais peu refusent de le faire si des compagnons les ont précédés en toute sécurité. Le cheval est donc avant tout un animal grégaire.

Psychologie du cheval et dressage

Il est important de comprendre la psychologie du cheval pour le dresser et en prendre soin, notamment dans le cas de jeunes animaux. Ainsi, le premier contact d'un jeune cheval avec les voitures, son premier déplacement dans un van, sa première expérience du gué lors d'un cross se révéleront éprouvantes nerveusement s'il est seul. En revanche, s'il est accompagné d'un cheval raisonnable, plus âgé, il abordera ces nouveautés dans un climat de confiance.

Depuis quelques temps, la psychologie du cheval est reconnue d'une grande importance par les dresseurs ; ils ont élaboré de nouvelles méthodes – fondées sur la compréhension du comportement équin – pour apprendre au cheval à accepter la selle et le cavalier. Ainsi, en travaillant dans un espace fermé, le dresseur mime le comportement de la jument dominante d'un groupe en poursuivant le jeune cheval jusqu'à ce qu'il se soumette et attende ses instructions (*cf.* p. 148). Après s'être acquis la confiance du cheval, le dresseur peut continuer à travailler lentement et calmement pour introduire la selle, puis le cavalier.

Conditions de vie artificielles

Le psychisme, de même que certains aspects du comportement du cheval captif sont déterminés en partie par son environnement. Dans l'idéal, dans des conditions de temps, de logement et de nourriture satisfaisantes, les chevaux devraient rester en groupes 24 heures sur 24, 365 jours par an. Cependant, en raison de la valeur marchande de nombreux chevaux – et du risque de blessures par d'autres –, ou parce que certains besoins essentiels s'imposent pour eux, les chevaux ne peuvent pas vivre le plus souvent comme ils le feraient à l'état sauvage.

Des troubles courants de comportement, tels que le tic aérophagique (aérophagie provoquant des problèmes digestifs), le tic de l'ours (balancement continu sur les antérieurs), ou l'habitude consistant à marcher sans arrêt dans l'écurie, apparaissent chez certains, notamment chez ceux qui restent à l'intérieur toute la journée. Ces types de comportement semblent induits par l'homme, car ils s'observent exclusivement chez les chevaux domestiqués, le plus souvent sujets à l'ennui. La conception des écuries modernes s'emploie à remédier à ce problème de l'isolement – les murs sont remplacés par des grilles ou des barres qui permettent aux chevaux de se voir. Dans le système américain, les chevaux sont tous rassemblés dans une même construction, solution qui tend désormais à s'imposer dans d'autres pays.

L'étalon captif

Les étalons ont sans doute les conditions de vie les plus éloignées de leur état d'origine, car ils sont souvent coupés de tout contact avec les autres chevaux, sauf au moment de l'accouplement. Cependant, dans certains haras – notamment ceux élevant des races rustiques –, des groupes de juments accueillent souvent un étalon. Bien que cette méthode comporte des risques de blessures, le cheval manifeste un potentiel de reproduction supérieur, car il évolue dans un environnement plus naturel. Cet exemple illustre une nouvelle fois l'importance de la compréhension par l'homme du comportement équin.

Ci-contre : *La loi du plus fort ; chez les animaux à l'état sauvage, les instincts naturels sont déterminants pour la survie.*

Ci-contre : *La psycholog du cheval joue un rô de plus en plus importa dans le dressag*

MALADIES DU CHEVAL

Ci-dessous : Premiers secours – on lave une blessure pour la nettoyer et diminuer l'enflure.

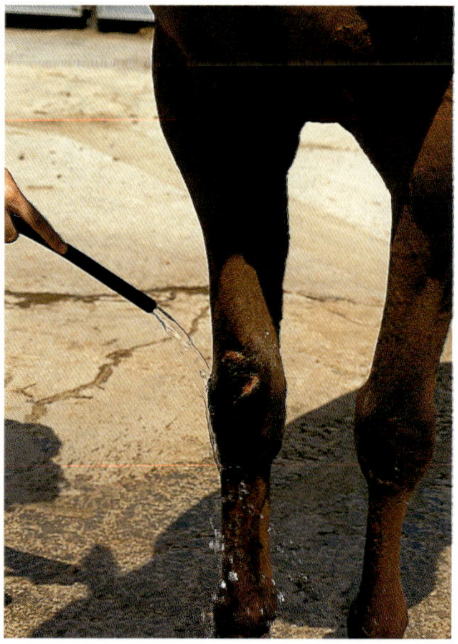

Ci-dessous : On sèche la blessure avec une compresse stérile.

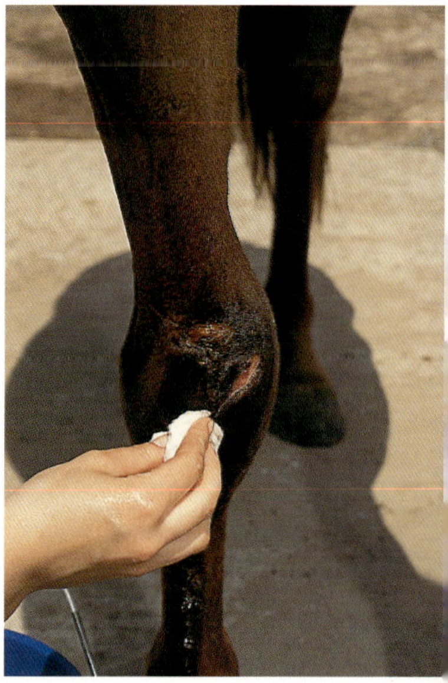

Les maladies du cheval peuvent être classées de trois manières : selon qu'elles sont infectieuses ou non ; selon leur origine (bactéries ou parasites) ; selon la partie du corps concernée (cœur, par exemple). Ainsi, la pneumonie Rhoddococus, chez le jeune poulain, peut être décrite comme une maladie infectieuse, d'origine bactérienne, touchant les poumons.

Maladies infectieuses ou non

Une maladie infectieuse se transmet souvent d'un cheval à un autre. Lorsqu'un contact physique direct entre les chevaux est nécessaire à la propagation de l'infection, la maladie ou l'affection est également définie comme contagieuse – par exemple, les poux sont contagieux parce qu'ils ne peuvent vivre que sur le corps du cheval, et que seul le contact physique leur permet de passer d'un individu à l'autre. Toutefois, les maladies contagieuses peuvent également se propager par contact indirect : en brossant un cheval infesté de poux, puis un autre non infesté, on peut transporter certains poux sur la brosse. Enfin, si toutes les maladies contagieuses sont infectieuses, le contraire n'est pas forcément vrai.

La grippe équine constitue un exemple d'infection très contagieuse – autrement dit, nécessitant un contact pour se propager. Chaque fois qu'un cheval atteint de la grippe tousse, il libère dans l'air de microscopiques gouttelettes d'eau qui transportent des particules virales ; il suffit alors qu'un cheval situé à 150 m respire l'une de ces gouttelettes pour qu'il soit atteint. Parmi les causes non infectieuses de maladies figurent les traumatismes qui, bien souvent, ne sont pas consécutifs à des actions violentes, comme les fractures, mais résultent de maladies articulaires dégénératives.

Causes des maladies

Les causes des maladies peuvent être regroupées dans les catégories suivantes.

Virus

Les virus sont de minuscules rassemblements de matériel génétique. Ils sont parfois capables d'envahir l'une des cellules saines de l'hôte et de se multiplier à l'intérieur jusqu'à sa destruction. Il n'existe pas de médicaments efficaces pour combattre les virus, nous devons donc compter sur les défenses naturelles du cheval, stimulées éventuellement par les vaccins.

Bactéries

Les bactéries sont des organismes unicellulaires, qui se multiplient en se divisant. Pourvues d'une membrane extérieure, elles sont plus résistantes que les virus aux facteurs environnementaux. Les antibiotiques permettent de tuer les bactéries, mais la réceptivité des différentes espèces de bactéries aux antibiotiques varie considérablement. Avec le temps, une bactérie peut devenir résistante à un antibiotique et, dans certains cas, cette résistance peut être transmise à une autre bactérie qui avait été jusqu'alors réceptive à ce même médicament. Il n'est donc pas justifié de prétendre qu'un antibiotique est plus fort qu'un autre dans le cas du traitement d'une infection d'origine bactérienne ; la question est de savoir si l'infection est réceptive au médicament utilisé.

Champignons

Les champignons sont des organismes unicellulaires reliés sous forme de filaments. Ils produisent souvent des spores extrêmement résistantes aux conditions environnementales, ce qui crée la survivance à long terme du champignon. Par exemple, les spores de la teigne peuvent survivre des mois dans le bois d'une écurie, ou sur des clôtures. En raison de la production de spores, les infections fongiques sont parfois difficiles à tuer avec des médicaments.

Parasites

Les parasites sont des organismes complexes. Parmi les parasites internes figurent

Ci-dessous : On pose des bandes de repos sur les deux antérieurs pour aider le membre sain à porter le poids supplémentaire qu'il récupère du membre atteint.

Ci-contre : L'art du bandage nécessite un peu de pratique. Ici, on pose d'abord un rembourrage autour de l'antérieur.

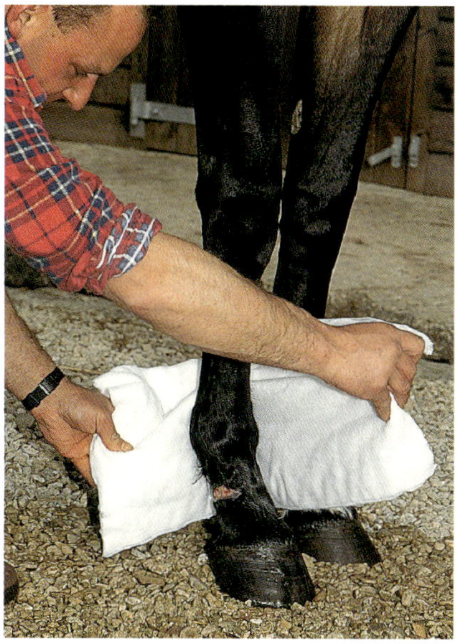

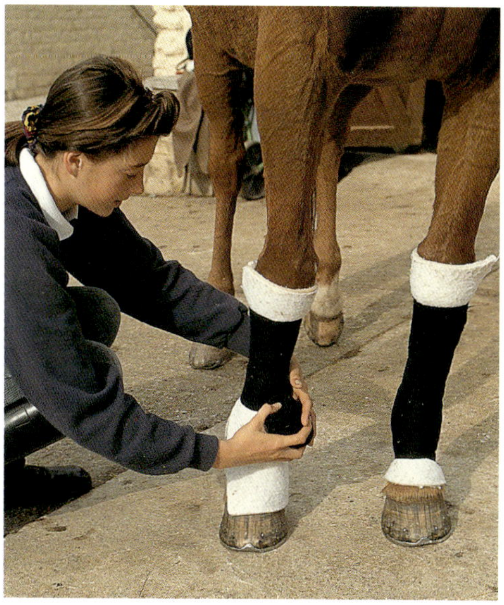

Ci-dessous : On fait marcher ce cheval devant un vétérinaire, qui vérifie s'il boite. Le test s'effectue en ligne droite, sur une surface plate et dure.

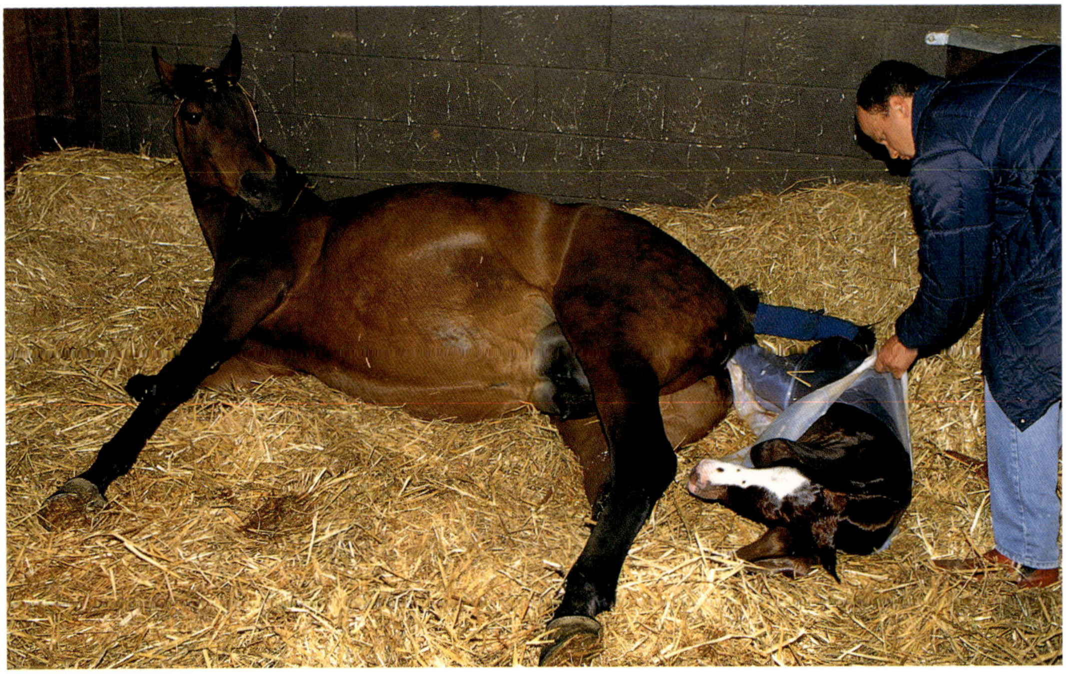

Ci-contre : *La naissance d'un poulain est toujours un événement émouvant.*

les vers qui vivent dans les intestins du cheval, les poux étant des parasites externes courants. Le trait distinctif d'un parasite est qu'il vit des aliments que lui procure l'animal hôte. Le parasite n'a donc pas intérêt à tuer son hôte, parce qu'il mourrait sans cette source de nourriture. La prévention des vers s'effectue par des traitements réguliers et par le retrait rapide des excréments de l'environnement du cheval. Des traitements efficaces sont également disponibles pour combattre des affections comme les poux.

Immunité contre la maladie

Les tissus du cheval ont la capacité de reconnaître les corps étrangers qui pénètrent dans l'organisme. Les protéines étrangères (à l'origine des virus, bactéries, etc.) sont dénommées antigènes ; lorsqu'il reconnaît un antigène, le cheval produit d'autres protéines appelées anticorps qui tentent de bloquer son activité. En mesurant le taux des anticorps dans le sang d'un cheval par rapport à un antigène donné, on peut savoir si le cheval a été exposé ou non à cet antigène. Il faut de dix à quatorze jours pour atteindre la production maximale d'anticorps ; si l'on mesure le taux d'anticorps deux fois à dix ou quatorze jours d'intervalle, un taux en augmentation indique la présence d'une infection.

À la naissance, le poulain ne possède pas d'anticorps ; il est donc incapable de faire face à la maladie. Cependant, s'il boit le premier lait de sa mère (colostrum) pendant les premières douze à dix-huit heures de sa vie, il est protégé temporairement contre toutes les maladies contre lesquelles sa mère est elle-même immunisée grâce aux vaccins. Cette protection, temporaire, diminue à partir de la douzième semaine, rendant alors la vaccination indispensable pour le poulain.

Pour combattre certaines maladies, le cheval compte non pas sur la production d'anticorps, mais sur le développement de cellules tueuses qui peuvent détruire l'antigène concerné. Ce processus est dénommé immunité cellulaire. Comme il n'est pas possible de la mesurer, dans le cas de certaines maladies, on peut penser à tort que le cheval malade n'a pas essayé de combattre l'antigène.

Les vaccins sont un moyen artificiel destiné à éviter que le cheval soit atteint par certaines infections. Les vaccins vivants contiennent des virus vivants qui ont été modifiés de manière à ne plus pouvoir provoquer la maladie, tout en stimulant l'immunité. Cette dernière fonction s'obtient en stimulant le système immunitaire du cheval à produire des anticorps, de manière qu'il puisse combattre la maladie s'il doit y faire face. Les vaccins vivants nécessitent généralement une seule injection, tandis que les vaccins morts – constitués entièrement ou en partie d'organismes tués – nécessitent deux injections, généralement à quatre ou six semaines d'intervalle. Les vaccins vivants peuvent permettre à l'organisme concerné de se propager à des chevaux non vaccinés, pouvant provoquer de légers symptômes. Les vaccins morts, qui ne comportent pas ces risques, leur sont préférés. De plus en plus, les composants actifs d'un vaccin sont mélangés à des transporteurs chimiques appelés adjuvants, qui augmentent la réponse immunitaire contre l'antigène.

Affections du système locomoteur

On dit qu'un cheval est boiteux lorsque le fait de s'appuyer sur l'une de ses jambes le fait souffrir ; cette affection peut être iden-

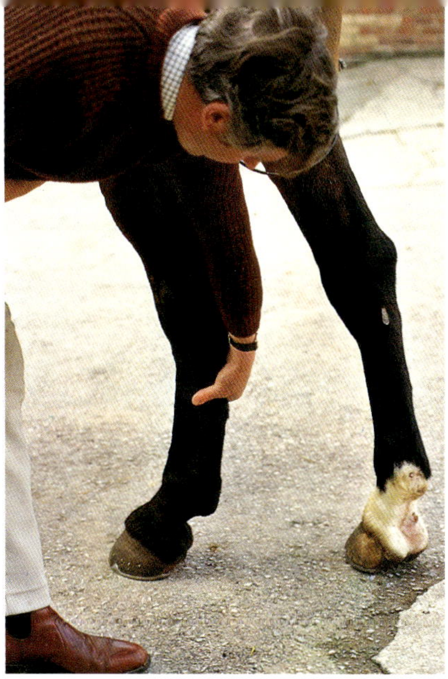

Ci-contre : Ce vétérinaire vérifie si le bas de la jambe est atteint d'une lésion. Un œdème ou une sensation de chaleur peuvent indiquer la présence d'une entorse.

Ci-dessous : Les dents doivent être limées et vérifiées une fois par an. Il est inutile de les limer plus souvent, pour éviter qu'elles perdent leur capacité à broyer la nourriture.

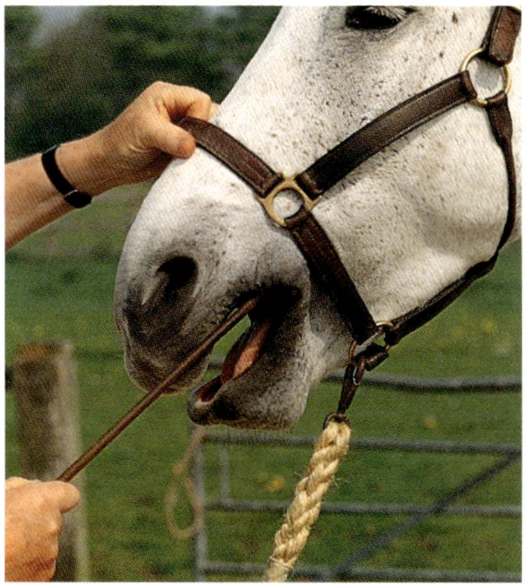

Ci-dessous : Pour déterminer l'état de santé d'un cheval, il faut commencer par prendre sa température.

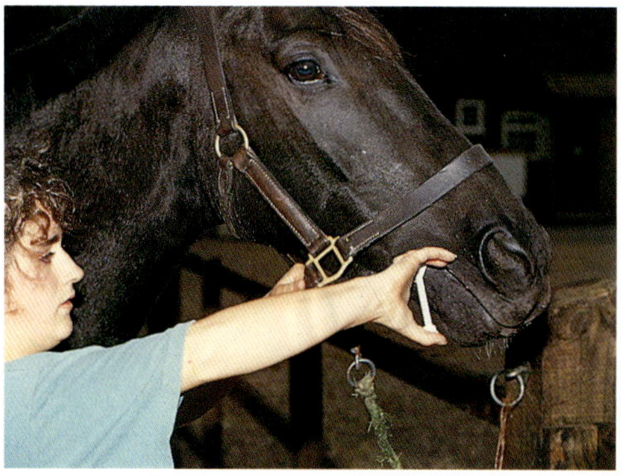

Ci-dessus : Les vers peuvent être évités par des traitements préventifs, ainsi que par le retrait des excréments des prés et des écuries.

tifiée, car le cheval compense en récupérant le supplément de poids sur l'autre jambe, en penchant la tête (pour un antérieur) ou en abaissant l'arrière-main (pour un postérieur). La partie du corps la plus vulnérable est le pied. La présence du sabot rigide provoque une pression lorsqu'un élément interne est enflé. Ainsi, lorsqu'un caillou ou un clou pénètre dans le pied et déclenche une infection, la pression résultant de la formation du pus peut être très douloureuse. Le cheval peut alors refuser de poser le pied au sol mais, si le vétérinaire parvient à localiser le pus et à l'évacuer, on constate aussitôt une amélioration.

Il est indispensable de parer régulièrement les sabots du cheval pour maintenir l'aplomb, de manière que les différents éléments ne soient pas soumis à une pression exagérée. La maladie naviculaire – cause la plus répandue de boiterie chronique d'un antérieur – est liée à un excès de poids ou de percussion sur la région du talon, où se situe l'os naviculaire. Cette affection entrave l'irrigation sanguine dans cette partie du corps. Pour y remédier, on pose un fer spécial qui apporte une protection supplémentaire sur le talon. Un médicament appelé isoxuprine contribue en outre à améliorer la circulation sanguine.

Si la boiterie peut affecter une jambe ou plus en même temps, dans le cas de la fourbure, les quatre jambes peuvent être impliquées. Dans cet état, un arrêt temporaire de l'irrigation sanguine dans le pied – souvent due à l'effet de substances chimiques libérées suite à la consommation d'herbe riche et de grains – provoque la mort par manque d'oxygène des tissus fragiles situés entre la muraille du sabot et la phalange distale. Le déséquilibre qui en résulte à l'intérieur du sabot est très douloureux, entraînant parfois une rotation de la phalange qui pénètre dans la sole. Jadis, les chevaux atteints de fourbure étaient souvent contraints à l'exercice. Nous savons désormais que l'affection ne peut que s'aggraver. Les traitements préconisés comprennent le repos total dans le box, l'utilisation d'un fer qui soutient la région de la fourchette, et des médicaments destinés à réduire la pression sanguine dans le pied.

Diagnostic et traitement de la boiterie

Diagnostiquer la cause de la boiterie revient à identifier l'origine de la douleur. Le seul moyen, pour un vétérinaire, consiste à utiliser un anesthésique local pour bloquer le fonctionnement nerveux dans la partie concernée, puis à observer si cela soulage temporairement la boiterie. Les rayons X de la région révéleront la structure de l'os, et l'échographie montrera la structure interne des tissus mous comme les tendons.

L'arthrite, ou maladie dégénérative des articulations, peut se développer dans une ou plusieurs articulations sans déclencher de symptômes cliniques, mais les rayons X

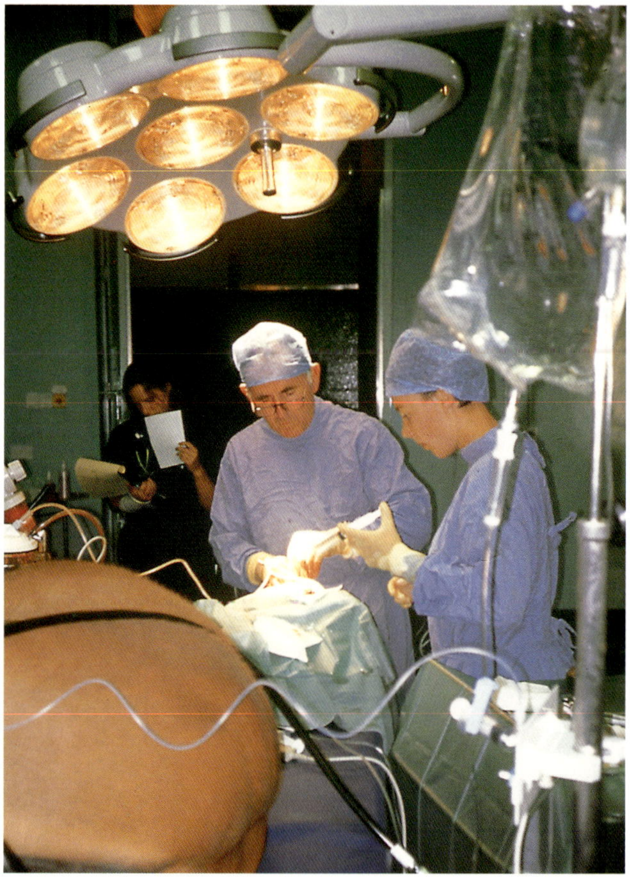

Ci-contre : La salle d'opération. Des progrès importants ont été réalisés récemment en chirurgie. Les fractures de la jambe inférieure se réparent facilement.

Ci-dessous : La teigne, affection fongique très contagieuse, se caractérise par la présence de petites plaques rondes, correspondant à la chute des poils.

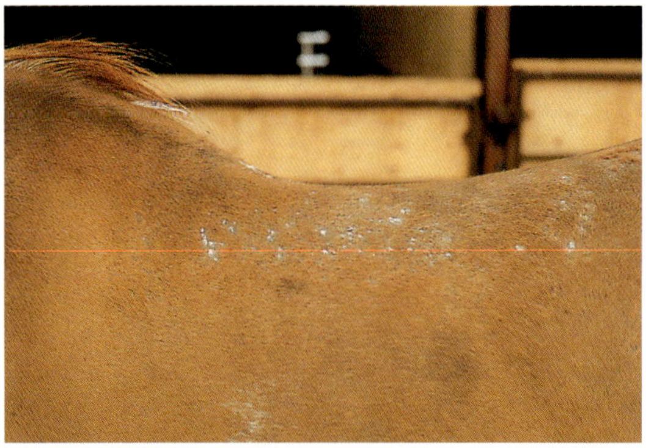

d'un cheval en bonne santé peuvent révéler de telles manifestations. Si les facteurs responsables des douleurs articulaires et de la boiterie restent méconnus, des modifications dans l'activité du cheval interviennent souvent – les périodes de repos ont tendance à stimuler la boiterie, comme les périodes d'activité intense. L'arthrite étant une maladie évolutive, aucun traitement ne peut inverser le processus, mais la boiterie peut diminuer.

Malgré les progrès réalisés récemment dans le domaine de la chirurgie orthopédique, il est toujours impossible de réparer une fracture complète de l'un des principaux os du cheval. Cependant, les fractures du genou, du jarret, ou de la jambe inférieure, se réparent le plus souvent de manière satisfaisante.

Maladies du système respiratoire

De nombreuses infections respiratoires se propagent rapidement parmi les chevaux qui sont dressés ou qui courent ensemble. Des programmes de vaccinations obligatoires ont réduit l'incidence des épidémies provoquées par le virus de la grippe, mais des infections respiratoires sont toujours responsables d'importantes pertes économiques dans l'univers des chevaux de course ainsi que dans d'autres disciplines sportives. Le virus de l'herpès, qui ne provoque pas de maladies cliniques aussi graves que la grippe, est beaucoup plus répandu. Des recherches récentes soulignent de nouveau l'importance des bactéries dans les maladies respiratoires du cheval.

L'emphysème pulmonaire chronique, consécutif à l'obstruction du passage de l'air dans les poumons du cheval, est provoqué par une réaction allergique aux spores fongiques existant sur le foin et la paille. L'incidence de cette maladie a augmenté récemment, notamment dans les suites de maladies respiratoires infectieuses.

Des déficiences physiques affectant l'entrée de l'air dans les poumons peuvent avoir des conséquences importantes sur l'état général. La paralysie du larynx – souvent identifiée par le ronflement, ou cornage, que l'on entend lorsque le cheval respire, à travers le larynx en partie obstrué – est sans doute la plus grave de toutes. L'efficacité de l'opération de Hobday, destinée à améliorer le passage de l'air, demeure un sujet de controverse. L'opération réduit le bruit en bouchant les cavités situées derrière les cordes vocales, d'où il provient, mais de nombreux chevaux ont besoin d'une intervention supplémentaire pour remettre en place les cordes vocales et le cartilage.

Maladies cardiaques

Les bruits du cœur perçus dans un stéthoscope sont tout à fait normaux. En revanche d'autres bruits, ou souffles, sont souvent la conséquence d'une irrigation anormale des cavités du cœur ; des troubles du rythme cardiaque (arythmies) reflètent des changements dans les influx électriques qui contrô-

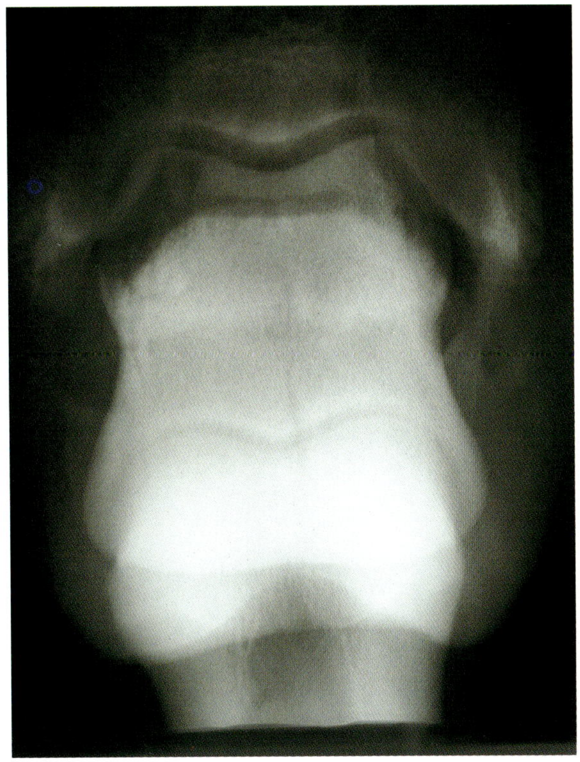

Ci-contre : *Radiographie d'un patient atteint de maladie naviculaire – cause la plus répandue de boiterie chronique d'un antérieur.*

Ci-dessous : *Test de réceptivité de cultures bactériennes à un antibiotique. La zone claire entourant le disque imprégné d'antibiotique indique que la bactérie est réceptive à celui-ci.*

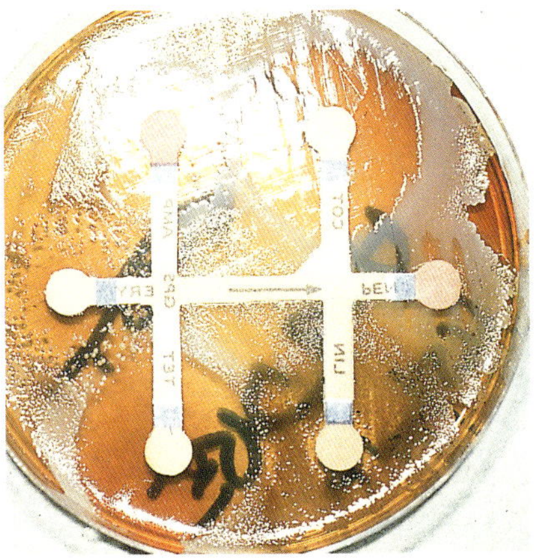

Ci-dessous : *Cheval atteint de fourbure. Le repos à l'écurie et les fers orthopédiques figurent parmi les traitements recommandés.*

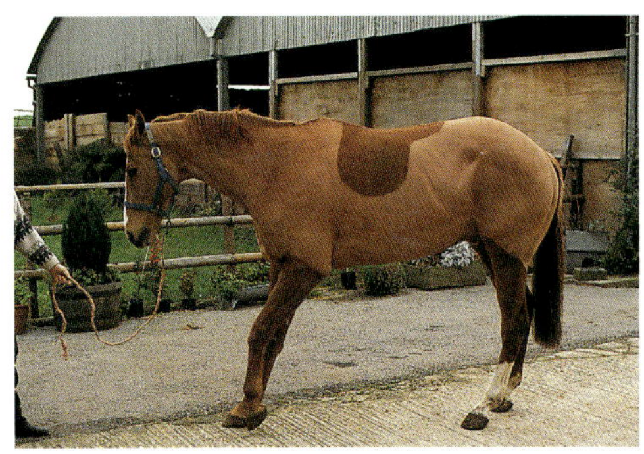

lent la contraction du muscle cardiaque. Un électrocardiogramme mesure ces influx électriques et les montre de manière visuelle, tandis que l'échographie cardiaque permet au vétérinaire de visualiser les structures internes du cœur qui bat ; il peut même mesurer la circulation sanguine à des endroits précis du cœur. On considère généralement que les arythmies sont plus sérieuses que les souffles au cœur, et que celles qui augmentent à la suite d'efforts sont plus graves que celles qui ne sont pas provoquées par l'activité. Chez le cheval, les problèmes cardiaques sont rarement mortels.

Certaines infections provoquent des détériorations des parois artérielles. Dans le cas de l'artérite infectieuse, le liquide s'écoule dans les tissus environnants, provoquant des œdèmes. Dans une autre affection, les larves du ver Strongylus Vulgaris migrent le long des vaisseaux sanguins qui irriguent l'intestin grêle, bloquant parfois complètement la circulation ; il s'ensuit la mort de la partie d'intestin concernée. Une vermifugation régulière avec des médicaments pouvant tuer les larves, comme l'Ivermectine, prévient la maladie.

Maladies du système digestif

L'homme a modifié considérablement l'alimentation naturelle du cheval ; certains changements sont difficiles à supporter par son système digestif. La consommation de foin plutôt que d'herbe, par exemple, entraîne des problèmes dentaires chez le cheval domestiqué – la conséquence étant qu'il mastique moins bien la nourriture. Il est impératif de limer régulièrement les dents pour y remédier.

Le cheval compte sur des milliers de bactéries vivant dans son gros intestin pour digérer les végétaux fibreux. Des perturbations survenant dans le nombre de ces bactéries peuvent entraîner des troubles du transit intestinal et la formation d'une obstruction. Les coliques, ensemble de symptômes plutôt que maladies à part entière, se traduisent par des douleurs abdominales – le cheval se roule par terre, se frappe l'abdomen, regarde sans cesse ses flancs et transpire par endroits. Les coliques très aiguës sont souvent provoquées par une déformation de l'intestin – torsion de l'intestin –, nécessitant une intervention chirurgicale. Souvent dues à un mauvais contrôle nerveux du phénomène de contraction/ relaxation des intestins, les coliques spasmodiques réagissent bien à des traitements qui relâchent les muscles et suppriment la douleur. Les petites coliques chroniques sont souvent associées à des obstructions physiques : elles peuvent être soignées par des laxatifs comme l'huile de paraffine, même si le recours à la chirurgie s'impose parfois.

GLOSSAIRE

Accouplement consanguin *Accouplement d'individus apparentés, tels que frère et sœur, père et fille ou mère et fils.*
Aides *Moyens utilisés par le cavalier pour donner des instructions à son cheval (cf. aussi Aides artificielles ; Aides naturelles).*
Aides artificielles *Équipement tel que cravache et éperons, utilisé par le cavalier pour transmettre des instructions à son cheval.*
Aides naturelles *Instructions données par un cavalier à son cheval en utilisant les parties de son corps – mains, jambes et voix, ainsi que le poids de son corps.*
Albinos *L'albinisme vrai n'existe pas chez les chevaux. On trouve en revanche des « crèmes » et des « perlinos » qui sont respectivement des alezans et des bais dont la robe est extrêmement diluée. Ces chevaux ne sont pas tout à fait blancs car on distingue encore chez eux les balzanes et marques en tête.*
Alezan *Cheval à robe dorée à marron rouge, avec une crinière et une queue de couleurs assorties, légèrement plus claires ou plus foncées, ou encore avec une crinière et une queue de couleur lin.*
Allure lente *L'une des cinq allures du cheval de selle américain, ressemblant au rack. Le cheval lève chaque pied l'un après l'autre, puis le maintient en suspension avant de le reposer.*
Amble *Allure sautée à deux temps qui permet des pointes plus rapides que le trot. Le cheval mobilise alors ses jambes par bipèdes latéraux et non diagonaux, comme au trot.*
Apprenti *Jockey qui fait son apprentissage.*
Appuyer *L'appuyer permet de déplacer le cheval diagonalement par léger croisement des membres. C'est une figure de dressage sur deux pistes, dans laquelle le cheval se déplace selon un angle inférieur à 30 ° sur le côté long de la carrière, avec les postérieurs sur la piste extérieure et les antérieurs sur l'intérieure. Le cheval regarde dans la direction où il va et incurve légèrement le corps autour de la jambe intérieure du cavalier.*
À réclamer *Course après laquelle n'importe quel cheval perdant peut être vendu pour un prix fixé antérieurement ; s'il s'agit du gagnant, il est vendu aux enchères.*
Arrière-main *Partie arrière du corps du cheval comprenant la croupe, les hanches, la queue et les membres postérieurs.*
Assiette *Qualité qui permet au cavalier de demeurer maître de son équilibre en toutes circonstances, quelles que soient les réactions du cheval.*
Aubin *(a) Du devant : le cheval galope avec ses antérieurs et trotte avec ses postérieurs ; (b) du derrière : le cheval galope avec ses postérieurs et trotte avec ses antérieurs.*
Au-dessus de la main *Se dit d'un cheval qui porte la tête à l'horizontale.*
Avaloire *Pièce de harnachement qui passe derrière la croupe du cheval de trait.*
Avant-main *Partie du corps du cheval située devant le cavalier, comprenant la tête, l'encolure, les épaules, le garrot et les antérieurs.*

Bai *Cheval à peau noire, présentant une robe marron foncé à marron rouge ou jaune, une crinière et une queue noires, ainsi que (généralement) des marques noires sur les jambes.*
Balzane *Marque blanche sur les membres. Un adjectif différent lui est attribué suivant sa hauteur et sa forme.*
Bandes *Disponibles sous trois formes : bandes de travail, pour protéger les jambes et soutenir les tendons pendant l'activité ; bandes de repos, pour protéger du froid et des blessures à l'écurie et pendant les déplacements ; bandes de queue, pour protéger des frottements et éviter que les poils s'aplatissent.*
Barrage *En jumping, épreuve consistant à déterminer le gagnant d'une compétition parmi des cavaliers qui ont effectué un sans-faute ; il peut y avoir plusieurs finales, la dernière se disputant contre la montre.*
Barres *Haie large utilisée sur les parcours de saut d'obstacles et de cross, comprenant deux stationatas.*
Battue *Bruit produit par le pied qui touche le sol.*
Bavette *Protection contre les blessures que peuvent occasionner les fers contre le ventre du cheval à l'obstacle ; elle se glisse dans la sangle.*
Belle-face *Se dit d'un cheval qui présente une marque blanche qui lui recouvre toute la face.*
Bleime *Contusion de la sole du sabot, entre la muraille et le talon.*
Bonne bouche *Qualité d'un cheval qui a une bouche molle et sensible.*
Bouche faite *Décrit la bouche du cheval à l'âge de six ans, lorsque toutes les dents définitives sont sorties.*
Bouchon *Accessoire de pansage en paille ou en foin, utilisé avec de fortes frictions pour lustrer la robe du cheval.*
Boulet *Partie du membre situé entre le canon et le paturon.*
Boute-en-train *Cheval qui précède l'étalon avant la saillie et qui confirme les chaleurs de la jument.*
Branches *Parties latérales d'un mors, auxquelles les rênes sont attachées.*
Bréhaigne *Se dit d'une jument qui porte des canines comme un male.*
Bride anglaise *Bride comprenant deux mors – mors de bride et de filet –, qui sont reliés à deux montants et peuvent fonctionner indépendamment en utilisant les rênes séparément.*
Bride de filet *Bride utilisée avec un mors de filet.*
Bride sans mors *Variété de bride utilisée sans mors, avec laquelle le contrôle s'obtient en exerçant une pression sur le nez du cheval et la barre plutôt que sur la bouche.*
Bronc riding *L'une des épreuves classiques du rodéo. Le seul accessoire de sellerie porté par le cheval est une large sangle de cuir posée au milieu du corps, à laquelle est attachée une poignée en cuir.*
Bronco *Nom donné aux chevaux de rodéo dressés pour effectuer des sauts-de-mouton comme un poulain non débourré.*
Brosse à chiendent *Brosse servant à nettoyer les pieds du cheval.*
Brosse douce *Brosse à poils courts et serrés servant à retirer la poussière et les peaux mortes de la robe du cheval, et à entretenir la peau.*
Brosse dure *Brosse à longs poils pour retirer la saleté ou la boue de la robe du cheval.*
Brumby *Cheval retourné à l'état sauvage, en Australie.*
Bull-riding *Épreuve classique du rodéo, dans laquelle le concurrent doit chevaucher un taureau pourvu seulement d'une corde au milieu du corps ; le cavalier n'est autorisé à la tenir que d'une seule main.*

Cabriole *Saut d'école qui associe la courbette et la croupade.*

Cadence *Fréquence du poser d'un même membre. En dressage, elle doit être la plus stable possible quelles que soient les variations de l'allure.*
Cagneux *Expression qualifiant un membre de forme concave.*
Camail *Protection du cou et de la tête, utilisée en particulier durant le transport.*
Camp drafting *Épreuve du rodéo australien, dans laquelle le cavalier doit séparer un taureau d'un troupeau et le faire courir sur un parcours balisé de poteaux verticaux.*
Canon *Partie des membres située entre le genou (pour les membres antérieurs) ou le jarret (pour les membres postérieurs) et le boulet.*
Cap de Maure *Se dit d'un cheval dont la tête est plus foncée que le reste du corps.*
Capuchon *Pièce de tissu couvrant la tête du cheval, les oreilles et une partie de la nuque, utilisée pour les déplacements ou pour la protection contre le froid à l'intérieur et à l'extérieur.*
Casaque *Veste en soie ou en laine portée par un jockey pendant les courses, et portant les couleurs du propriétaire du cheval.*
Cavalettis *Succession de petits obstacles en bois utilisés au début du dressage pour encourager le cheval à allonger sa foulée, améliorer son équilibre, détendre et renforcer ses muscles.*
Caveçon *Pièce de harnachement pourvue d'une muserolle renforcée qui sert à longer les chevaux.*
Chabraque *Tapis posé sous la selle pour éviter une trop forte pression sur le dos du cheval. Il est un peu plus grand que la selle, dont il épouse la forme. Les matériaux les plus courants sont la peau de chamois, la feutrine ou la mousse recouverte de tissu.*
Chambrière *Sorte de fouet utilisé pour le travail à la longe. Elle se compose d'un manche, d'une pointe et d'une mèche.*
Chanfrein *Partie avant de la tête, allant du front aux naseaux.*
Châtaigne *Petite excroissance cornée que l'on trouve sur la face interne des jambes. Il s'agit d'un vestige des doigts perdus par le cheval au cours de son évolution.*
Chef de piste *Personne spécialisée qui construit le parcours d'obstacles ou de complet.*
Chef d'équipe *Manager d'une équipe équestre, responsable de toute l'organisation – sur le terrain et en dehors – lorsqu'une équipe nationale court à l'étranger.*
Cheval de concours complet *Cheval qui participe ou est capable de participer à une compétition de concours complet.*
Cheval de tri *Cheval dressé pour séparer des animaux d'un troupeau.*
Cheval lourd *Cheval appartenant à une race de chevaux de trait, par exemple Percheron, Clydesdale, Shire ou Suffolk.*
Chukka *L'une des quatre parties du jeu de polo (cf. aussi Polo).*
Classiques *Les cinq principales courses de plat anglaises pour les cheveux de trois ans : Derby, Oaks, St Léger, 1 000 Guinées et 2 000 Guinées.*
Cloche *Protection de caoutchouc que l'on glisse autour du sabot pour éviter les chocs.*
Cob *Type plutôt que race ; animal à membres courts, d'une hauteur maximale de 1,53 m au garrot, présentant l'ossature et le physique d'un hunter lourd, et capable de porter un cavalier lourd.*
Coliques *Douleurs abdominales aiguës, nécessitant l'intervention d'un vétérinaire ; souvent symptomatiques de troubles tels que flatulence, occlusion intestinale ou excréments dans les intestins. Cet état peut être fatal.*
Collier de chasse *Pièce de harnachement utilisée pour éviter à la selle de glisser vers l'arrière ; relie l'avant de la selle à la sangle, en passant autour de l'encolure du cheval et entre ses antérieurs.*
Collier d'écurie *Harnais de tête en corde de chanvre pourvu d'une corde servant à conduire un cheval lorsqu'il n'est pas bridé, ou à attacher le cheval à l'écurie.*
Combinaison *Dans une épreuve de saut d'obstacles, obstacle comprenant deux sauts ou plus qui sont notés comme un seul obstacle.*
Commissaire officiel d'une course *Il est chargé de s'assurer que la compétition se déroule dans le respect du règlement.*
Concours complet *Compétition, pour le cheval et le cavalier, comprenant trois étapes – dressage, cross et saut d'obstacles – qui se déroulent sur une période de un, deux ou trois jours.*
Concours d'élevage *Concours dans lesquels les chevaux sont jugés d'après leur morphologie, leurs allures et/ou leurs compétences dans la fonction à laquelle ils sont destinés.*
Contact *Lien entre les mains du cavalier et la bouche du cheval, par l'intermédiaire des rênes.*
Contre la montre *Épreuve chronométrée, en saut d'obstacles ; le gagnant est le concurrent qui obtient le moins de pénalités dans le temps minimal.*
Côté hors montoir *Côté droit du cheval.*
Côté montoir *Côté gauche du cheval.*
Couard *Partie supérieure charnue et osseuse de la queue.*
Courbette *Saut d'école dans lequel le cheval se dresse élégamment sur ses postérieurs.*
Couronne *Partie des membres comprise entre le paturon et le sabot.*
Course de plat *Course ne comportant aucun obstacle à sauter.*
Couteau de chaleur *Lame métallique incurvée, pourvue d'un manche en bois, servant à éliminer l'excès d'eau ou de sueur sur le poil du cheval.*
Crampon *Vis métallique fixée dans les fers des chevaux pour assurer une meilleure adhérence sur les surfaces glissantes.*
Cravache de dressage ou stick *Cravache plus longue que la cravache d'obstacle.*
Crevasses *Gerçures dans le pli du paturon.*
Crinière *Longs poils poussant sur le front du cheval et le long de l'encolure.*
Croupade *Saut d'école composé d'une détente haute des postérieurs avec une bascule de l'avant-main.*
Croupière *Pièce de harnachement attachée à l'arrière de la selle, ajustée sous le haut de la queue pour éviter que la selle glisse vers l'avant ; s'utilise sur les petits poneys et en attelage.*
Cure-pieds *Instrument en métal à bout recourbé, servant à retirer les cailloux et la saleté des pieds du cheval.*
Curer *Nettoyer les pieds du cheval avec un cure-pieds pour retirer les cailloux et la saleté.*

Débourrage *Dressage initial d'un cheval pour la fonction qui lui est attribuée.*
Dents *Une fois complète, la dentition du cheval comprend 40 dents : 12 incisives (6 sur chaque mâchoire), 4 canines (une de chaque côté de la mâchoire supérieure et inférieure) et 24 molaires (6 en haut et 6 en bas, de chaque côté). Les juments n'ont pas de canines.*
Dermite estivale *Allergie aux piqûres d'insectes survenant surtout au printemps et en été. Elle affecte notamment le dessous de la crinière, la croupe et le garrot, provoquant des irritations intenses et des formations écailleuses et parfois ulcérées sur la peau, que le cheval gratte à vif pour tenter de se soulager.*
Dérober *Éviter un obstacle à sauter en passant à côté ou passer du mauvais côté d'un fanion.*
Désarçonné *Désigne un cavalier qui a été éjecté de la selle par le cheval.*
Dressage *(a) L'art de dresser un cheval pour qu'il acquière les mouvements de manière équilibrée, souple, soumise et active ; (b) compétition à part entière, ou première étape du concours complet.*
Dresseur *Personne qualifiée pour superviser le dressage d'un cheval pour un usage ou une discipline équestre déterminés.*

Droit *Sur un parcours de jumping ou de cross, obstacle dont tous les éléments figurent dans le même plan vertical – barrière, planches, poteaux et barres.*

Échauffement de la fourchette *Inflammation de la fourchette du pied du cheval, caractérisée par une odeur fétide.*
Écurie *(a) Construction dans laquelle un ou plusieurs chevaux sont gardés ; (b) ensemble de chevaux appartenant à une personne – propriétaire de chevaux de course ou directeur d'un centre équestre –, ou gardés dans un haras.*
Empreinte *Trace laissée sur le sol par le pied.*
Enclume *Bloc de fer lourd à la surface lisse, généralement en acier, sur lequel sont fabriqués les fers à chevaux.*
Encolure *Partie du corps du cheval qui s'étend entre la tête, le garrot, les épaules et le poitrail.*
En dedans de la main *Se dit d'un cheval qui ne prend pas contact avec son mors.*
En main *Se dit d'un cheval qui travaille dans l'impulsion tout en maintenant la position de la tête correcte, et avec un contact léger des rênes de la bouche aux mains du cavalier.*
Entier *Cheval mâle non castré.*
Épaule en dedans *Figure de dressage dans laquelle les épaules du cheval travaillent sur une piste différente de celle de l'arrière-main ; utilisée souvent comme exercice d'assouplissement.*
Éperon *Pièce de métal, à bout arrondi, fixée au talon des bottes du cavalier, destinée à faire avancer le cheval.*
Épreuve de dressage *Épreuve comprenant une suite de figures obligatoires à exécuter dans un manège ou une carrière, et notée par un jury.*
Épreuve standard *L'une des cinq épreuves figurant traditionnellement au programme des rodéos : bareback riding, bull-riding, calf-roping, saddle-bronc riding, steer-wrestling.*
Équilibré *Cheval qui se déplace correctement et efficacement, et qui se comporte bien avec un cavalier sur son dos.*
Étalon *Cheval mâle non castré de quatre ans ou plus assurant la reproduction de la race à laquelle il appartient.*
État du sol *État d'une piste de courses, d'un parcours de cross ou de tout autre terrain sur lequel un cheval se déplace ; peut être mou, dur, etc.*
Étrier *Boucle, anneau ou pièce identique en métal, bois, cuir, etc., suspendue à la selle pour soutenir le pied du cavalier.*
Étrille *Accessoire de pansage en métal ou en caoutchouc, comprenant un côté plat et un autre réunissant plusieurs rangées de petites pointes. Il sert à décrasser la brosse douce. Le modèle en caoutchouc peut s'utiliser délicatement pour retirer la boue de la robe du cheval.*
Étrivière *Courroie en cuir réglable, permettant de relier l'étrier à la selle.*

Fanion blanc *Dans les sports équestres, il indique l'extrémité gauche d'un obstacle ; il sert aussi à baliser un parcours déterminé, les cavaliers devant passer à sa droite.*
Fanion rouge *S'utilise dans les sports équestres pour indiquer l'extrémité droite d'un obstacle ; il balise également les parcours (par exemple dans l'épreuve sur routes et chemins du concours complet), les cavaliers devant passer à sa gauche.*
Fanons *Touffe de crins derrière le boulet.*
Faute *En saut d'obstacles ou en cross, point correspondant à un choc, un refus, une chute ou un détournement sur un parcours.*
Fédération Équestre Internationale (FEI) *Institution qui gère les sports équestres au niveau international. Fondée en 1921 par le commandant français G. Hector, elle siège à Bruxelles. La FEI établit la réglementation concernant les trois disciplines équestres des jeux Olympiques – saut d'obstacles, concours complet et dressage –, ainsi que les concours internationaux d'attelages. Toutes les fédérations doivent respecter cette réglementation dans les compétitions internationales.*
Fédération Française d'Équitation (FFE) *Bureau affilié à la Fédération Équestre Internationale (FEI) qui gère les affaires équestres pour la France.*
Fer à cheval *Pièce incurvée, généralement en métal, clouée aux sabots des chevaux qui travaillent pour les protéger et éviter qu'ils s'effritent (cf. aussi Fers de course).*
Ferrer *Poser des fers à un cheval. Un cheval doit être ferré environ toutes les six semaines, en fonction de son activité, de la nature du sol sur lequel il travaille, et de la croissance de ses pieds.*
Fers de course *Fers minces et très légers pour les chevaux de course.*
Foal *Poulain de un an maximum.*
Foin *Herbe coupée et séchée à un moment précis de l'année pour servir de fourrage.*
Forger *Se dit d'un cheval qui heurte les sabots antérieurs avec les postérieurs.*
Foulée *Distance comprise entre deux posers successifs du même pied.*
Fourbure *Inflammation très douloureuse des tissus sensibles séparant la muraille cornée du sabot du cheval et la phalange distale.*
Fourchette *Partie molle, sensible, en forme de triangle, située à la base du pied du cheval.*
Fourreau *Enveloppe protectrice du pénis.*
Frontal *Partie de la bride placée en travers du front du cheval, sous les oreilles.*

Gale de boue *Inflammation de la couche supérieure de la peau du cheval, provoquée par un contact prolongé avec la boue et l'humidité.*
Galop *Allure sautée dissymétrique à trois temps dont une phase de projection. Le galop à quatre temps est fréquent à vitesse très élevée.*
Garrot *Partie du corps du cheval située à la base de l'encolure, entre les omoplates ; c'est l'endroit le plus haut du dos, d'où l'on mesure la taille du cheval jusqu'au sol.*
Gestation *Période comprise entre la conception et la mise bas (normalement onze mois).*
Gonfle *Œdème provoqué par pression ou frottement d'une pièce de harnachement sale ou mal adaptée.*
Gourme *Maladie infectieuse et très contagieuse provoquée par le Streptococcus equi, affectant principalement les jeunes chevaux. Se caractérise par de la fièvre, un écoulement nasal important, l'inflammation des ganglions sous-maxillaires et des ganglions lymphatiques de la tête, avec formation d'abcès.*
Gourmette *Chaînette métallique reliant les deux parties externes du mors de bride ; elle procure un contrôle plus grand du cavalier sur son cheval.*
Graines de lin *S'utilisent comme laxatif sous forme de gelée, d'huile ou de thé, ou pour améliorer l'état et le lustre de la robe du cheval.*
Gris *Cheval à peau foncée portant une robe de poils noirs et blancs, les poils du garrot s'épaississant à chaque changement de robe.*
Gué *Traversée d'eau que l'on rencontre fréquemment en concours complet et parfois en concours hippique (dans les derbys).*
Guêtre *Protection des membres antérieurs qui se place entre le genou et le sabot ; utile pour tous les parcours de saut.*

Hackamore *Type de harnachement sans mors où l'action de la main est transmise par une muserolle faisant levier sur le chanfrein.*
Haie *Obstacle à sauter dans le steeple-chase, le cross, le saut d'obstacles ou la chasse.*
Hanches en dedans *Figure de dressage dans laquelle l'arrière-main du cheval travaille sur une piste différente de celle de l'avant-main ; sert souvent d'exercice d'assouplissement.*
Handicap *(a) Poids attribué à un cheval dans une course ; (b) course dans laquelle on estime le poids devant être porté par les chevaux pour leur donner des chances égales.*

Haras *(a) Établissement spécialisé dans l'élevage des chevaux ; (b) tout établissement réunissant chevaux de course, hunters, etc., appartenant à un propriétaire privé.*
Haute École *Art équestre classique.*
Hongre *Cheval mâle castré.*
Hunter *Espèce de cheval élevé et dressé pour la chasse.*

Impulsion *Qualité du cheval à se porter en avant.*

Jockey *Cavalier participant à une course.*
Jument *Cheval femelle de quatre ans ou plus.*
Jument suitée *Jument accompagnée d'un poulain non sevré (jument allaitant).*

Ladre *Partie dépigmentée de la robe que l'on trouve fréquemment autour de l'œil et de la bouche.*
Large *Dans le jumping et le cross, l'un des divers obstacles larges, et pas simplement hauts, tels que les barres parallèles et triples, ou le gué.*
Levade *Figure de haute école dans laquelle le cheval s'enlève de l'avant-main, en pliant ses antérieurs, et s'assoit sur les jarrets.*
Licol *Harnais de tête avec muserolle, dépourvu de mors, généralement en cuir ou en toile, servant à tenir en main un cheval qui ne porte pas de bride, ou à l'attacher à l'écurie.*
Liste *Marque blanche sur le chanfrein.*
Litière *Paille, sciure de bois, tourbe ou papier déchiré utilisés pour garnir le sol d'une écurie afin de protéger le cheval du froid, absorber son urine et éviter qu'il se blesse en s'allongeant ou en se roulant par terre.*
Longues rênes *Méthode de dressage des jeunes chevaux, dans laquelle le dresseur suit le cheval et le dirige au moyen de longues rênes situées de part et d'autre de son corps ; cette technique s'utilise dans les entraînements de haute école pour certaines figures élaborées.*

Maladie du lundi *Maladie qui affecte les chevaux mis au repos quelques jours avec une ration trop riche.*
Maréchal-ferrant *Personne qui fabrique les fers à chevaux, les pose et pare la corne des sabots.*
Martingale *Pièce de harnachement servant à maintenir la tête du cheval dans la position correcte. Il existe des modèles à une ou deux courroies, reliant la sangle aux rênes, à la muserolle ou au mors, en passant par les antérieurs.*
Matériel de pansage *Ensemble des brosses et autres accessoires nécessaires pour panser un cheval.*
Montant *Partie en cuir de la bride à laquelle le mors est attaché à une extrémité, la têtière à l'autre.*
Mors *Pièce de harnachement, généralement en métal ou en caoutchouc, attachée à la bride et placée dans la bouche du cheval (sur la langue) afin de contrôler la position de sa tête, ainsi que son allure et sa direction. Le mors se manipule à l'aide des rênes.*
Mors de bride *Type de mors utilisé avec un mors de filet dans une bride anglaise, comprenant deux branches en métal et une embouchure incurvée au centre.*
Mors de filet *Forme la plus ancienne et la plus simple de mors, existant dans une variété de modèles, mais consistant principalement en un seul canon pourvu à chaque extrémité d'un anneau auquel est attachée une paire de rênes.*
Muraille du sabot *Partie du sabot visible lorsque le pied est posé à plat sur le sol ; elle comprend la pince, les mamelles, les quartiers et le talon.*
Muserolle *Partie d'une bride placée sur le nez du cheval, consistant en une bande de cuir posée sur une pièce de harnais indépendante, portée sous les joues et au-dessus du mors.*
Muserolle allemande *Pièce de harnachement qui passe autour du nez, comportant deux lanières de cuir croisées.*
Muserolle française *Pièce de harnachement qui passe autour du nez du cheval, constituée d'une seule bande de cuir.*

Naviculaire *Os situé dans la région du talon du cheval ; lorsqu'il est mal irrigué, il provoque une boiterie.*
Noir *Cheval dont le poil et les crins sont noirs, mais qui peut arborer des marques blanches (balzane, liste, etc.).*
Novice *Cheval mâle ou femelle qui n'a pas encore gagné de course.*

Œillères *Protections en cuir pour les yeux, attachées à la bride ou à la têtière, utilisées dans les attelages et les courses, pour empêcher le cheval de regarder ailleurs que devant lui.*
Oreilles *Paire d'éléments verticaux pourvus de coupes ou de dispositifs semblables, destinés à soutenir les barres ou autres parties suspendues d'un obstacle de jumping.*

Palanque *Obstacle de saut formé de planches superposées horizontalement, d'environ 3 m de large chacune.*
Panser *Nettoyer le cheval et prendre soin de lui.*
Parcours sans fautes *En saut d'obstacles ou en cross, parcours qui doit être effectué sans fautes de sauts ni dépassement de temps.*
Parer les pieds *Tailler l'excès de corne, en respectant les aplombs du pied.*
Partant *Cheval participant à une course.*
Pas *Allure marchée, symétrique à quatre temps dans laquelle les sabots frappent le sol dans l'ordre suivant : postérieur gauche, antérieur gauche, postérieur droit, antérieur droit.*
Passage *L'un des airs classiques de Haute École, comprenant un trot élevé spectaculaire à vitesse lente.*
Passage de sangle *Partie du ventre située derrière les antérieurs et où passe la sangle.*
Paturon *Partie des membres comprise entre le boulet et la couronne.*
Peigne à crinière et à queue *Petit peigne en métal, à dents longues, servant à nettoyer ou à épiler la crinière et la queue (retirer des poils pour les régulariser).*
Pelham *Mors conçu de manière à obtenir en une seule embouchure les effets conjugués du mors de filet et du mors de bride d'une bride anglaise. En métal, ébonite ou caoutchouc, il s'utilise avec deux paires de rênes ou une seule ; dans ce cas, un disque de cuivre relie l'anneau supérieur et l'anneau inférieur de chaque côté du mors.*
Pension *Système selon lequel des locataires gardent les chevaux de propriétaires, en les soignant et en les faisant travailler moyennant paiement.*
Pesée *Dans les sports équestres – comme les courses et le jumping –, où les chevaux doivent porter des poids déterminés, chaque cavalier doit être pesé aussitôt après la fin de la course, ou après un parcours, pour vérifier que le cheval portait le poids correct.*
Piaffer *Air bas de Haute École, comprenant un trot spectaculaire exécuté sur place à cadence lente.*
Pie *Se dit d'un cheval qui arbore de larges plages blanches sur sa robe de base. On trouve des noir-pie, alezan-pie, bai-pie, palomino-pie, etc. On distingue différents patrons de robe pie en fonction du dessin des taches blanches : tobiano, overo, etc.*
Pinto *Cheval pie.*
Pirouette *En dressage, air relevé dans lequel le cheval exécute un tour sur lui-même en pivotant sur l'un des postérieurs. Il existe trois types de pirouettes : pirouette renversée, demi-pirouette, demi-pirouette renversée.*
Pirouette autour des épaules *Mouvement dans lequel le cheval pivote sur les antérieurs tout en décrivant des cercles concentriques avec les postérieurs.*

Pirouette autour des hanches *Mouvement dans lequel le cheval pivote sur les postérieurs tout en décrivant des cercles concentriques avec les antérieurs.*
Placé *Cheval terminant deuxième dans une course.*
Placer *Attitude du cheval qui se rassemble avec, notamment, une position ramenée de sa tête.*
Pleine *Désigne une jument gravide.*
Polo *Jeu monté ressemblant au hockey, opposant deux équipes de quatre. Populaire dans de nombreux pays du monde, il remonte au règne de Darius I de Perse (521-486 av. J.-C.).*
Polo-cross *Jeu équestre australien ressemblant à une version à cheval de la crosse : les deux équipes de trois joueurs essaient de faire parvenir une grosse balle de cuir entre les poteaux adverses, avec une longue raquette.*
Pommeau *Partie avant de la selle relevée pour permettre le passage du garrot.*
Pommelé *Se dit d'une robe qui comporte des taches rondes légèrement plus foncées sur une robe assez claire. Fréquent chez les chevaux gris.*
Poney *Cheval ne dépassant pas 1,48 m de haut à la maturité.*
Pony games *Jeux en selle, le plus souvent pour des enfants de moins de 16 ans, la plupart étant des adaptations de jeux collectifs.*
Poulain *Cheval mâle de moins de quatre ans.*
Pouliche *Cheval femelle âgé de moins de quatre ans.*
Poulinière *Jument utilisée pour la reproduction.*
Présentation en main *Présentation dans laquelle les chevaux sont tenus à la main – généralement avec un licol, mais sans selle (à l'exception des chevaux lourds, souvent présentés avec leur harnais) ; ils sont jugés principalement sur leur conformation et/ou leur condition physique.*
Projection *Période pendant laquelle aucun membre n'est à l'appui.*
Protections *Pour les membres du cheval. Il en existe différents types, pour diverses fonctions : éviter le frottement d'un sabot contre le membre opposé ; protéger les genoux des jeunes chevaux en cas de chute (genouillères) ; éviter que les sabots postérieurs heurtent les antérieurs (cloches) ; soutenir et protéger les tendons.*
Pur-sang *Race de cheval créée au XVIIIe siècle par le croisement de juments anglaises et d'étalons orientaux.*

Queue *La queue du cheval comprend le couard et tous les poils, qui peuvent descendre jusqu'à 10 cm en dessous de la pointe du jarret.*

Race *Type de cheval ou de poney. On distingue les races à sang chaud (selle) et les races à sang froid (trait).*
Rack *La plus spectaculaire des cinq allures du cheval de selle américain ; allure régulière, très rapide, dans laquelle chaque pied frappe le sol séparément et rapidement.*
Raie de mulet *Bande sombre qui va de la crinière à la racine de la queue.*
Rassembler *Diminuer l'allure du cheval par un léger contact des mains du cavalier et une pression constante des jambes pour obliger le cheval à fléchir l'encolure, relâcher ses mâchoires et engager ses postérieurs, de manière à ce qu'il soit bien équilibré.*
Reculer *Le reculer est une allure marchée, rétrograde, dans laquelle les membres se lèvent et se posent par bipèdes diagonaux.*
Rêne directe *Effet de rêne réalisé du même côté que la direction demandée.*
Rêne directe d'opposition *Effet de rêne réalisé du côté opposé à la direction demandée.*
Rênes *Paire de longues courroies étroites attachées au mors ou à la bride, et utilisées par le cavalier ou le meneur pour guider et contrôler le cheval.*
Rênes allemandes *Enrênement coulissant reliant le filet à la sangle jusqu'à la main du cavalier.*
Résistance *Refus du cheval d'avancer, de s'arrêter, de reculer ou de se cabrer.*
Robe *On appelle ainsi l'ensemble des couleurs du poil et des crins d'un cheval. Depuis janvier 1999, l'ancienne classification BANC, BIS, GAL (quatre robes simples et huit robes composées) établie par les militaires a été remplacée par une description plus réaliste de l'apparence des chevaux. Leur robe de base est celle qu'ils auraient en faisant abstraction de tous leurs poils blancs. Les plus fréquentes portent le nom de baie, alezane et noire ; la répartition du blanc vient enrichir cette gamme.*
Rouan *Se dit d'un cheval bai dont la robe est parsemée de poils et de crins blancs (rouannage).*
Ruban rouge *Morceau de ruban rouge enroulé autour de la queue d'un cheval, notamment pendant la chasse, pour indiquer qu'il a tendance à ruer lorsqu'il est en groupe, et pour prévenir les autres cavaliers de garder leurs distances.*

Sabot *Protection insensible, à base de corne, qui couvre les parties sensibles du pied du cheval.*
Saillie *Accouplement d'une jument et d'un étalon.*
Saillie en main *Saillie durant laquelle l'homme est présent pour immobiliser la jument et aider l'étalon.*
Sain *Désigne un cheval dépourvu de toute affection, maladie, blessure, défaut ou imperfection physiques pouvant affecter sa fonction ou sa capacité à travailler.*
Sang *Dans le corps du cheval, le sang représente environ 1/18e du poids total.*
Sangle *Courroie, généralement en cuir, toile ou nylon, que l'on passe sous le ventre du cheval et qui sert à maintenir la selle en place.*
Saut d'école *Figure de Haute École effectuée au-dessus du sol avec les antérieurs, ou avec les antérieurs et les postérieurs (cf. Cabriole, Courbette, Croupade, Levade).*
Saut de mouton *Saut du cheval dans lequel il courbe le dos et retombe les antérieurs raides et la tête baissée.*
Se cabrer *Mouvement dans lequel le cheval se dresse sur ses postérieurs par peur, obstination, ou pour essayer de désarçonner son cavalier.*
Selle *Siège du cavalier posé sur le dos du cheval, de différents types – dressage, mixte, jumping, courses, amazone – selon la fonction à laquelle elle est destinée.*
Selle américaine *Selle de cow-boy à pommeau et troussequin surélevés, pourvue de longs quartiers.*
Selle d'amazone *Selle conçue pour une femme, sur laquelle la cavalière s'assoit les deux jambes du même côté du cheval (généralement à gauche), la jambe supérieure soutenue par la fourche et le pied inférieur reposant sur un étrier.*
Selle de course *Selle conçue pour les chevaux de course, variant du modèle très léger pesant moins de 1 kg, pour les courses de plat, au modèle plus lourd et plus solide pour les sauts d'obstacles et le steeple-chase.*
Sellerie *Bride, selle et autres pièces de harnachement utilisées sur un cheval qui doit être monté, et non tenu en main.*
Sellier *Artisan qui fabrique, vend et ajuste les pièces de sellerie et de harnachement.*
Sire *Le père d'un poulain.*
Smegma *Substance sécrétée par le prépuce des chevaux mâles.*
Sous-gorge *Courroie faisant partie du harnais de tête, qui s'attache sous la gorge du cheval pour empêcher la bride de glisser sur la tête.*
Spa *En jumping, large obstacle comprenant trois séries de barres en escalier, le plus haut étant situé à l'arrière.*
Sprinter *Cheval de course capable de se déplacer à grande vitesse sur une courte distance, mais qui peut rarement maintenir l'allure sur de longues distances.*
Stationata *Obstacle figurant sur les parcours de jumping et de cross, composé de barres superposées comprises entre des poteaux verticaux.*

Dans le jumping, les barres sont simplement soutenues par les poteaux ; dans le cross, elles y sont fixées.
Stayer *Désigne un cheval doté d'une grande force et d'une bonne capacité d'endurance, et qui a donc des chances de gagner dans un raid d'endurance.*
Steeple-chase *Course qui se dispute sur un parcours d'une distance déterminée, comportant différents obstacles à sauter.*
Steer-wrestling *L'une des épreuves standard du rodéo. Le concurrent avance à cheval à côté d'un bouvillon qui court, et il s'éjecte de la selle pour saisir la tête de l'animal, l'arrêter, le plaquer au sol et le maintenir avec la tête et les quatre pattes dans la même direction. Le gagnant est le concurrent qui réalise l'épreuve dans le minimum de temps.*
Surfaix *Large sangle qui entoure le corps du cheval et sert à maintenir une couverture ; des coussinets sont situés de part et d'autre pour alléger la pression.*
Sur l'œil *Se dit d'un cheval qui s'effraie facilement et qui manifeste des mouvements brusques en voyant un obstacle ou en entendant un bruit.*
Suros *Excroissance osseuse qui se forme progressivement entre l'os du canon et l'un des métacarpiens, conséquence d'un excès de travail ou d'une commotion.*

Taille *La taille d'un cheval se mesure selon une ligne perpendiculaire depuis le haut du garrot jusqu'au sol.*
Température *La température normale du cheval en bonne santé est de 38 °C.*
Tétanos *Maladie infectieuse, souvent fatale, provoquée par le micro-organisme* Tetanus bacillus, *qui vit dans la terre et pénètre dans le corps du cheval par les blessures, notamment du pied.*
Tic à l'air (ou aérophagique) *Habitude consistant à avaler de l'air, provoquant des indigestions.*
Tic de l'ours *Balancement continu du cheval de gauche à droite sur les antérieurs, souvent provoqué par l'ennui à l'écurie.*
Tondre *Raser la robe du cheval en partie ou entièrement avec un appareil électrique, par temps froid, pour éviter une transpiration excessive et une perte de condition physique pendant le travail. Il existe différents types de tontes : la tonte complète (raser entièrement la robe), la tonte de chasse (la partie comprise entre les jambes et les coudes/cuisses n'est pas rasée pour protéger du froid et des blessures), la tonte couverture (le dessous du ventre et l'encolure sont tondus) et la tonte trace (le bas de l'encolure et le ventre, jusqu'aux avant-bras et aux cuisses, sont tondus).*
Tölt *Amble décomposé à quatre temps. C'est l'allure naturelle du poney islandais.*
Tord nez *Ustensile servant à immobiliser le cheval, constitué d'un manche et d'une cordelette qui s'enroule autour de la lèvre supérieure du cheval.*
Toupet *Touffe de crins qui retombe sur le front.*
Trajectoire *Arc de cercle décrit par un cheval lorsqu'il saute un obstacle, du point de départ au point d'arrivée.*
Transitions *(a) Montante : passage d'une allure inférieure à une allure supérieure ; (b) descendante : passage d'une allure supérieure à une allure inférieure ; (c) dans l'allure : modification de vitesse dans la même allure.*
Travail à la longe *Moyen de dressage d'un cheval à pied, en travaillant sur un cercle. Ce travail permet aussi au cheval de se muscler et de se détendre.*
Triple *En jumping, obstacle nécessitant trois sauts séparés.*
Trot *Allure sautée à deux temps (plus un temps de projection) dans laquelle les membres du cheval se déplacent par bipèdes diagonaux.*
Trot rassemblé *Trot à foulées courtes.*
Troussequin *Partie arrière, relevée, de la selle.*
Turf *(a) Terrain sur lequel se dispute une course de chevaux ; (b) ensemble des activités qui se rapportent au monde des courses.*
Tutoyer un obstacle *Toucher légèrement la barre avec les antérieurs.*

Vairon *Se dit d'un œil dépigmenté, en général gris ou bleu clair.*
Vessigon *Œdème des articulations du jarret, provoqué par une sécrétion excessive de synovie (liquide qui lubrifie les articulations).*
Vers *Les chevaux souffrent d'infestations par les vers à moins d'être régulièrement vermifugés ; demander l'avis d'un vétérinaire pour choisir le traitement et l'administrer.*
Voltige *Discipline équestre constituée de figures réalisées sur le dos du cheval.*

Zain *Se dit d'un cheval dont la robe ne contient aucun poil blanc.*

INDEX

Les numéros de pages en *italique* renvoient aux légendes des photos ; ceux en **gras** à l'article principal relatif à chaque race.

a

b

c

d

REMERCIEMENTS

Préface : **Frédéric Chéhu**
Introduction : **Elizabeth Peplow**
Le cheval pré-domestique : **Juliet Clutton-Brock**
La domestication et les premiers hommes de chevaux : **Marsha Levine** *(adapté du Oxford Companion to Archaeology, édité par Brian M. Fagan, Oxford, 1996. Copyright © Oxford University Press, Inc. Avec l'autorisation de Oxford University Press, Inc.)*
L'évolution de l'équitation classique : **Leslie Grossmith & Jennifer Baker**
L'histoire de l'équitation américaine : **Nancy Jaffer & Charles Chevenix Trench**
Le cheval de guerre : **Allan Mallinson**
Le cheval au travail : **Allan Mallinson**
L'influence du cheval Arabe : **Marcy Pavord & Margaret Greely**
Le Pur-Sang : **Jane Kidd**
L'Andalou, Pure Race Espagnole (PRE) : **Leslie Grossmith**
Le puzzle génétique : **Sue Montgomery & Elizabeth Peplow**
Les principales races de chevaux : **Deborah Frowen & Judith Draper**
Les principales races de poneys : **Deborah Frowen & Jennifer Baker**
Dressage : **Leslie Grossmith & A.P.C. Crossley**
Saut d'obstacles : **Annabel Kendal & Alan Smith**
Concours complet : **Annabel Kendal & Jane Pontifex**
Courses : **Diana Butler & Hugh Condry**
Endurance : **Marcy Pavord & Ann Hyland**
Polo : **Diana Butler & Pamela MacGregor-Morris**
Concours d'élevage : **Deborah Frowen & Pamela MacGregor-Morris**
Chasse à courre : **Elizabeth Peplow & Michael Clayton**
Attelage : **Andrew Cowdery**
Courses de trot attelé : **Stella Havard**
Sports western : **Nancy Jaffer & Steven D. Price**
Apprendre à monter : **Carolyn Henderson**
Dresser un jeune cheval : **Carolyn Henderson**
S'occuper d'un cheval : **Carolyn Henderson**
Alimentation et nutrition : **Ruth Bishop**
Sellerie et équipement : **Carolyn Henderson**
Maréchalerie : **Carolyn Henderson**
Le corps du cheval : **Elizabeth Peplow & Peter D. Rossdale**
Le comportement du cheval : **Jane Barron**
Maladies du cheval : **Colin J. Vogel B. VET. MED., M.R.C.V.S. & Peter D. Rossdale**
Glossaire : **Elizabeth Peplow**
L'éditeur remercie également **Cheryl Lutring** *de l'American Saddlebred Association, pour ses conseils sur la sellerie et l'équipement américain.*

Couverture : **Gabrielle Boiselle**
Toutes les photographies de l'intérieur sont de **Bob Langrish** *à l'exception des suivantes : Photographies d'animaux/***Sally Anne Thompson** *61 en bas, 76 au centre, 78 au centre/***R. Wilbie** *87 en bas.* **Bridgeman Art Library/***Grottes de Lascaux, Dordogne 8–9/***Christie's, Londres** *34/***City Art Gallery, Leeds** *26 en bas/***Galleria degli Uffizi, Florence** *24–25/***Jockey Club, Newmarket, Suffolk** *118/***Library of Congress, Washington D.C.** *21 au centre/***Roy Miles Gallery** *38/***Schloss Schonbrunn, Vienne** *17 en bas/***Victoria & Albert Museum, Londres** *128.* **Corbis UK Ltd/Kevin Morris** *122 en haut/***Bettmann/UPI** *123.* **Mary Evans Picture Library** *16 en haut, 17 en haut.***Werner Forman Archive/Schimmel Collection, New York** *13 au centre/***The Egyptian Museum, Le Caire** *12.* **Elizabeth Furth** *102 en haut à gauche.* **Reed Consumer Books Ltd.** *13 en bas à droite, 13 en bas à gauche, 24 en haut, 25 en bas, 27 en haut, 27 en bas, 28 en bas, 28 en haut, 32–33, 41, 132/***Palazzo Publico, Sienne** *24 au centre.* **Robert Harding Picture Library/Robert McLeod** *29 en bas.* **Horse and Hound/Trevor Meeks** *18, 19 en bas, 104, 105.* **Houghton's Horses** *40, 50 en bas, 56 en haut, 57 en bas, 58 en haut, 62 au centre, 63 au centre, 65 au centre, 86 en bas, 89 en haut, 100, 119.* **Dr D. C. Knottenbelt** *180 en haut à droite, 181 en haut, 181 en haut à gauche.* **Peter Newark's American Pictures** *20 en haut, 20 au centre, 21 en haut à droite, 21 en haut à gauche, 26 en haut/***Edward S. Curtis** *20 en bas.* **Lizzie Orcott** *161. Dr J F Pycock 47 au centre, 47 au centre à droite, 47 au centre à gauche.* **George Selwyn** *46–47.*

9